Himmelstürmer
Verlag

Himmelstürmer Verlag, Ortstr.6, 31619 Binnen
www.himmelstuermer.de
E-Mail: info@himmelstuermer.de
Originalausgabe, Juli 2022

Rechtschreibung nach Duden, 24. Auflage
Umschlaggestaltung: Olaf Welling, Grafik-Designer AGD, Hamburg www.olafwelling.de
Covermotiv: shutterstock.com

ISBN print 978-3-98758-018-5
ISBN e-pub 978-3-98758-019-2
ISBN pdf 978-3-98758-020-8

Eliot

Als Patrick Mac Laurin seine Unschuld verlor

Ein historischer Roman

Himmelstürmer Verlag

Ich widme dieses Buch den Tausenden vergessener Opfer,
die gejagt, gequält und hingerichtet wurden, weil sie
das Verbrechen begangen hatten, homosexuell zu sein.

Eliot,10.11.2021

Inhalt

Allans Rückkehr

Im Jahre 1779 n. Chr., am River Nairn, beim Dorf Nairn, Schottland

Träge summten die Fliegen in der Mittagssonne. Ein Pferd stand fast regungslos am Hang und zupfte friedlich an den Grashalmen. Nur ab und zu flog der kräftige Schweif durch die Luft, um die kleinen Plagegeister zu vertreiben.

Ganz in der Nähe des Pferdes lag dessen Besitzer im Gras.

Der junge Patrick Mac Laurin kaute am Stengel einer abgerissenen Feldblume herum und träumte vor sich hin. Die roten Blütenblätter lagen noch verstreut auf dem Boden. Vor wenigen Augenblicken erst hatte Catherine, die Wirtstochter, alle Blätter abgerissen. Halb im Ernst, halb im Spaß, sollte die Blume ihr eine Frage beantworten, die Patrick scheinbar überhört hatte. Als das Stelldichein zu Ende gegangen war und Catherine leichtfüßig und mit wehenden Röcken nach Hause lief, blieb er noch eine Weile liegen und faulenzte.

Eine Schramme am Kinn und die aufgeschürften Knöchel an der rechten Hand erinnerten ihn recht schmerzhaft an die Prügelei vor zwei Tagen. Da war er dem langen Leach begegnet, der auch ein Auge auf die schöne Wirtstochter geworfen hatte. Pat solle die Finger von Cathy lassen, hatte er gedroht. Die „feinen Herren vom Schloss“ hätten doch ohnehin hier unten im Dorf nichts zu suchen.

Patrick musste lachen. „Schloss“ war eine ziemlich übertriebene Bezeichnung für die alte, finstere Burg mit den niedrigen Stallungen und der brüchigen Steinmauer. Na gut, die Kapelle war gut in Schuss, aber für den Clanchef, seinen Vater, war es eine Frage der Tradition, alles beim Alten zu belassen. Nur keine neuen Ideen! Die Vorfahren der Mac Laurins, ein ziemlich kriegerischer Haufen, hatten eine uneinnehmbare Festung im Sinn, als sie die Burg vor Jahrhunderten erbauten. Graue Steinquader aneinandergefügt. Innen waren die meisten Räume wohnlich mit Holz vertäfelt. Das machte die Winter nicht so eisig. Fast jedes Zimmer hatte einen riesigen Kamin, in dem das ganze Jahr über Torf verbrannt wurde, denn auch im Sommer waren die großen Räume empfindlich kühl. Doch so, wie es sich für einen Clanchef gehörte, lebte der alte William Mac Laurin auch heute noch nach den unumstößlichen Regeln seines Standes: Das

Überleben des Clans zu sichern und in Notzeiten Himmel und Hölle in Bewegung zu setzen, um alle, die unter seinem Schutz lebten durch gefährliche Zeiten zu bringen. Und gefährlich waren die Zeiten schon immer gewesen. Es war gar nicht so lange her, da hatte der alte William die Reitertrupps selbst angeführt, um den Viehdieben ihre Beute wieder abzujagen. Die Diebe wurden kurzerhand gehängt oder geköpft, je nachdem wie er gelaunt war, oder ob es einen passenden Baum in der Nähe gab.

Es schien, dass Patrick das heiße Blut seines Vaters geerbt hatte, denn man konnte ihn immer zu einer Rauferei aufgelegt finden. So war es nur natürlich, dass er und der lange Leach sich erst vor zwei Tagen auf dem Boden hinter der „Goldenen Gans" im Matsch gewälzt hatten, bis sie vor Erschöpfung die Schlägerei beendeten.

Pat fühlte sich als Sieger, obwohl er genau so viel eingesteckt hatte wie Leach auch.

Als er in jener Nacht ziemlich betrunken nach Mac Laurin Castle zurückritt, war er froh, dass alle schon schliefen. Auf Zehenspitzen schlich er durch die dunklen Flure. Nur nicht auf eine der quietschenden Holzdielen treten! Bloß nicht erwischen lassen! Der alte William war auf seinen jüngsten Sohn ohnehin nicht gut zu sprechen. Die Sache mit dem verlorenen Kartenspiel und den verlorenen 12 Schilling hing immer in der Luft. Pat wusste genau, dass er sich auf Nelly, die alte Kinderfrau, verlassen konnte. Sie würde mal wieder den lehmigen Kilt reinigen und die Schrammen verarzten. Ja, natürlich würde er um ihre derbe Gardinenpredigt nicht herumkommen. Das Recht nahm sich Nelly. Auch wenn Pat schon 18 Jahre alt war und ein Mann, so sah sie in ihm immer noch den süßen, kleinen Jungen, den sie nach dem Tod der Mutter wie ihren eigenen Sohn auf den Knien geschaukelt hatte. Lady Elisabeth Mac Laurin war bei der Geburt ihres dritten Kindes, der kleinen Rose, im Kindbett gestorben. Damals war Pat zwei Jahre alt. Selbst Allan, der älteste Bruder, war mit seinen 8 Jahren nur ein kleines Häufchen Elend, in jener traurigen Zeit. Und so liebte Nelly die drei Kinder wie ihre eigenen, zog sie auf, und würde nie begreifen, dass die jüngste Generation der Mac Laurins schon längst dem Kinderzimmer entwachsen war.

Patrick lag im Gras und träumte. Es war seit vielen Monaten der erste Tag, der ohne Regen begonnen hatte, obwohl der Frühling fast schon zu

Ende war.

Der junge Schotte hatte sich nicht besonders um die Verzweiflung der vielen Kleinbauern gekümmert, die seinem Vater Pacht zahlten. Seit Wochen hatte es ohne Unterbrechung geregnet. Alle fürchteten, dass die Saat in der nassen Erde verfaulen würde, ohne überhaupt aufgegangen zu sein. So war es auch in den vergangenen zwei Jahren gewesen. Die Folge davon waren Missernten und Hunger gewesen. Wieder traten die Flüsse über die Ufer und wieder verwandelten sie das nahe gelegene Moor in ein Binnenmeer. Man hatte sogar Bittgottesdienste abgehalten, um für besseres Wetter zu beten. Was für ein Blödsinn!

Pat seufzte. Nun, scheinbar hatte das ewige Gejammer doch geholfen. Die Sonne brannte und die Bienen flogen fleißig über sumpfiges Gelände, das sich über Nacht in eine prächtige Blumenwiese verwandelt hatte.

Dann lächelte Pat verächtlich mit geschlossenen Augen. Die armen Schweine fanden doch immer etwas zu jammern! Für ihn bedeutete der Beginn der warmen Jahreszeit nur, dass er sich mit der wilden Catherine Burns endlich nicht mehr in stinkenden Scheunen treffen würde, sondern in der Nähe des Dorfes, irgendwo, unter freiem Himmel, im weichen Gras, wo es nach Heidekraut duftete und nach Westwind.

Patrick spuckte den Halm aus und sein Gesicht wurde ernst.

Schon seit Wochen war Cathy seine heimliche Geliebte. Er hatte sie erobert, so wie man es von einem echten Mac Laurin erwartete. Von einem richtigen Mann.

Er hatte Catherine geküsst, hatte ihre vollen kirschroten Lippen geschmeckt.

Aber begehrt hatte er sie nicht!

Das leidenschaftliche Mädchen hatte nur zu willig die Schnüre ihres Mieders geöffnet. Und Patrick hatte ihre zarte Haut gestreichelt, hatte ihre Brüste mit kleinen Küssen übersäht und ihr niedliche Kosenamen ins Ohr geflüstert, als sie ihm alles gab, was sie zu geben hatte.

Aber begehrt hatte er sie nicht.

Wieso nicht? Cathy war der Traum eines jeden Burschen im Ort. Viele hätten wer weiß was für ein Stelldichein mit der schönen, wilden Cathy gegeben.

Patrick mochte das Mädchen gern und hatte die Gelegenheit genutzt, aber genossen hatte er in Cathy's Armen nicht. Alles nur Getue, entschied

Patrick. War das alles, was es an Lust und Glück zu erleben gab? Wahrscheinlich machte man einfach zu viel Aufhebens um die Liebe.

„Nick! Alter! Komm her. Schön brav!“ Das mächtige Pferd kam angetrottet, rieb den Kopf an Patricks Schulter und er streichelte sanft über die weichen, rosigen Nüstern.

„Komm, Nick! Wir gehen heim.“

Pat fuhr sich mit allen zehn Fingern durch die kastanienbraunen Locken und band sie mit dem schwarzen Samtband im Nacken zusammen. Dann versuchte er Nicks zerzauste Mähne in Ordnung zu bringen, indem er die Finger krümmte und sie wie einen Kamm durch das struppige Rosshaar zog. Aber es war hoffnungslos. Das würde der Pferdeknecht heute noch tüchtig bearbeiten müssen. Als Pat aufsitzen wollte, schlug ihm sein abgetragener Kilt wie ein nasser Lappen um die Schenkel. Verflucht! Auch das Hemd war am Rücken patschnass. Naja! Macht nichts! Niemand würde es ihm übelnehmen, wenn er in diesem Zustand durch das Burgtor ritt. Wie sehr hatte er noch vor kurzem seinen Bruder um dessen elegante Kleidung beneidet.

Der Vater übertrug Allan jetzt immer häufiger verantwortungsvolle Aufgaben und Arbeiten. Allan empfing Bittsteller, verhandelte mit den Aufkäufern von Hafer und Gerste, kümmerte sich um Preise und Zinsen.

Er ging im Rüschenhemd, Hose und maßgeschneidertem Rock einher, alles aus feinstem englischem Tuch. Zuweilen setzte er auch seine gepuderte Perücke auf. Armer Allan, wie er sie hasste! Doch dies tat er nur, wenn er zu den Sitzungen des Adels nach Aberdeen reisen musste oder zum Kirchgang. Allan hatte auch an den Bittgottesdiensten teilgenommen. Überhaupt hatte er sich weit mehr um die Angelegenheiten dieser ewig jammernden Pächter gekümmert, als Patrick es jemals für möglich gehalten hatte. Manchmal schien es, als wäre Allan schon der neue Clanchef, als wäre der Machtwechsel still und heimlich über die Bühne gegangen. Na gut, warum nicht? Der Vater war ohnehin oft krank und bettlägerig. Pat grinste stillvergnügt und kraulte Nick zwischen den Ohren. Wie sehr hatte er früher seinen älteren Bruder beneidet. Im Augenblick schien es aber so, als hätte es durchaus auch seine guten Seiten, nur der „kleine“ Bruder von Allan Mac Laurin zu sein. Patrick sprang auf den Rücken seines Pferdes und ritt gemächlich nach Hause.

Die Hügelketten des Hochlandes zogen sich nach Norden. Sie waren zu niedrig, um sie Berge zu nennen. An manchen Stellen wurde die wellige Moorlandschaft von felsigen Klippen durchbrochen. Pat ritt an einer Handvoll Höfen vorbei, die weit auseinanderlagen. Manche waren große Besitzungen, andere eher bescheidene Katen. Die meisten waren gut gepflegt und strahlten eine Schönheit und Ordnung aus, die sich nur durch harte Arbeit erklären ließ. Pat atmete tief durch und ließ sich vom Duft des Heidekrautes einhüllen.

Verdammt, es war ein schöner Anblick, dieses Land, aber eigentlich eher für Schafe und Kühe geeignet, nicht für Hafer und Gerste. Die Hügelkuppen waren meist kahl, nur die unteren Hänge boten reichlich Weideland. Sämtliche Schäfer hatten Hunde dabei, die noch grimmiger dreinschauten als ihre Herren.

Und das alles, dieses raue Paradies auf Erden, gehörte den Mac Laurins.

Mac Laurin Castle lag etwas erhöht, mit Blick auf das Moor auf der einen Seite und auf den Mac Laurin See auf der anderen Seite. Na ja, eigentlich war es kein See, sondern ein Fjord, doch der Zugang zum Meer war so schmal, dass der See von oben betrachtet wie ein längliches Ei aussah. Dieses Ei hieß Moray Firth. Aber da war der River Nairn und jede Menge Quellen und Bäche, die in den See mündeten. Darum enthielt er Süßwasser und die Leute nannten ihn nur den „Mac Laurin See“.

Als Patrick durch das Tor in die Burg ritt, wurde er von einigen Hunden stürmisch begrüßt, die sich frei im Hof tummelten. Im Schloss selbst schlich eine ganze Menge Katzen durch Flure und Räume, um die Ratten kurz zu halten. Die Hunde im Hof hatten ihrerseits die Aufgabe die Katzen nicht überhand nehmen zu lassen. Schon von weitem kam ihm seine Schwester Rose entgegengelaufen. Sie trug ihr gutes, hellgraues Kleid mit den dunkelblauen Stickereien am Saum. Schon vor Jahren waren die Clankaros von der englischen Regierung in London verboten worden und immer noch fiel es den Highlandern schwer, auf diese Muster zu verzichten. So hatte Rose sich ein Kleid genäht, das die Farben des Clans innehatte, aber auch ohne Karomuster auskam. Trotz ihrer 16 Jahre führte sie den Haushalt der Mac Laurins. Das Hausgesinde befolgte ihre Anweisungen ohne Zögern, seit man erkannt hatte, dass sie auch mit den männlichen Familienmitgliedern umzuspringen verstand.

„Patrick, wo bleibst du denn? Und wie du aussiehst!“ Rose war aufgeregt und ihre Wangen glühten.

Der junge Schotte sprang vom Pferd und nahm seine Schwester übermütig in die Arme.

„Pfui, Patrick, lass das doch“, schimpfte Rose und rümpfte das Näschen. „Du zerdrückst ja mein gutes Kleid.“ Das Mädchen wand sich aus der brüderlichen Umarmung.

„Rosi, Rosi, sei nicht so zänkisch, meine Kleine. Weißt du denn nicht, dass Mädchen, die mit ihren großen Brüdern zanken, einen Schnurrbart bekommen? Du wirst sehen, dann kriegen wir keinen Mann für dich und du musst hierbleiben und dich ein Leben lang mit mir herumärgern.“

Aber so leicht ließ sich die süße Rose nicht beeindrucken. Ein kräftiger Stoß in die Rippen ließ Pat zusammenzucken.

„Geh, Patrick, mach keine Geschichten! Du musst dich sogleich waschen und umziehen. Hast du vergessen, dass Pater Mackanzie heute zu uns kommt? Er sollte eigentlich schon da sein.“ Rose warf einen prüfenden Blick über Patricks Schulter hinweg zum Tor hinaus. „Er kann jeden Augenblick eintreffen und du musst ihn empfangen. Also reiß dich zusammen, mein Lieber! Zumindest, bis der Pater wieder weg ist ...“

„Ich sehe Vater nicht“, sagte Pat und seine Augen streifte über den ganzen Innenhof, „Ist er nicht hier? Schließlich will der alte Mackanzie doch nicht mich besuchen, sondern ihn, nicht wahr?“

Das Lächeln im Gesicht seiner Schwester erstarb. „Es geht Vater nicht gut. Er ist schon wieder krank. Sein Herz, weißt du ... Dabei ist er so niedergeschlagen ... So habe ich ihn noch nie gesehen. Ich war richtig erschrocken. Er wird heute das Bett wohl nicht verlassen können. Ich glaube, du wirst mit dem Pater reden müssen.“

„Wer, ich? Nein, nein! Verdammt noch mal! Das kannst du mir nicht antun. Ich glaube, ich versteck‘ mich lieber im Stall bei ...“

Rose sah streng auf zu ihrem Bruder. „Hier wird sich nicht versteckt, Patrick Mac Laurin! Ein bisschen mehr Mut, Sir! Oh, Gott, ich höre den Wagen ... schnell Pat, geh und ...“

„Schon zu spät“, brummelte Pat und drehte sich zum Tor, durch das soeben der alte Einspänner des Paters fuhr. Der Schlag wurde geöffnet und Pater Mackanzie, der Seelsorger einer eher weitläufigen und recht widerspenstigen Gemeinde, stieg aus.

Obwohl er die sechzig schon überschritten hatte, war der Pater eine imponierende Gestalt. Ganz in schwarzes Tuch gekleidet, groß, mit einem mächtigen weißen Bart und strengem Blick, glich er eher einem General als einem Mann Gottes.

Rose beschloss blitzschnell die Situation zu retten und trat mutig einige Schritte auf den Pater zu. Sie setzte ihr strahlendes Lächeln auf und begrüßte den Besucher. Hatte sie gehofft, so von Pat abzulenken, war ihr Plan gänzlich fehlgeschlagen. Mackanzie kam entschlossen auf den jungen Mac Laurin zu.

„Na, und Euch hat es wohl die Sprache verschlagen, Master Mac Laurin?"

Unter dem harten Blick seines gegenüber fühlte sich Pat sogleich in seine Kindheit zurückversetzt und da waren ihm die Religionsunterweisungen in besonders lebhafter Erinnerung.

„Bitte? Nein, nein! Ich meine, herzlich willkommen! Ich kam erst jetzt nach Hause und hatte noch keine Zeit ... Ich meine, Rose hat alles Wichtige schon gesagt."

Nach dieser etwas verwirrenden Begrüßung, glaubte Patrick, sich ganz gut aus der Affäre gezogen zu haben. Aber der Pater packte ihn an der Schulter und besah sich den jungen Mann etwas genauer.

„Hast du den Verstand verloren, Bursche, dass du im Kilt unterwegs bist? Wenn dich einer aus der englischen Garnison so sieht, wanderst du für drei Monate in den Kerker. Und einen englischen Kerker wünsche ich meinem ärgsten Feind nicht. Es muss doch selbst in deinen Holzkopf gehen, in welche Gefahr du damit deine ganze Familie bringst. Die Engländer kennen da kein Pardon. In Frankreich darfst du Schotte sein, in dem neuen Land, hinter dem Ozean, darfst du Schotte sein, auf der ganzen Welt darfst du es sein... nur in unserem Schottland nicht. Aaah ... zum Teufel mit den verdammten Rotröcken! Und was ist das: Der Rücken nass, die Brust trocken. Du bist in der Wiese gelegen?" Die Augen des Paters bohrten sich in Patricks Seele.

„Nein! Was? Warum? Ja, ja ich musste Nick verschnaufen lassen, meinen Braunen. Es ist doch so schönes Wetter heute, nicht? Und so heiß und wo doch der elende Regen endlich aufgehört hat, hab ich mich ins Gras gelegt. Ich glaube, ich bin sogar kurz eingeschlafen."

Ob ihm der Pater die Lüge abnahm? Patrick musste schlucken.

„Komm, Rose", Mackanzie nahm das gespannt lauschende Mädchen bei der Hand, „gehen wir ins Haus. Und dieser Naturfreund da, mag sich etwas Trockenes anziehen. Es genügt, wenn der Vater krank ist."

Patrick atmete zischend aus. Phuuuu! Das war noch mal gut gegangen. Er musste sich demnächst vorsehen. Die kleine Catherine vertraute auf seine Verschwiegenheit und er wollte sie nicht enttäuschen.

Pat sah sich nach Jack um, dem Pferdeknecht. Jack's Eltern waren an einem Fieber gestorben und so hatte der alte William Mac Laurin damals das Kind aus Mitleid mit auf die Burg genommen, wo er sein Auskommen als Pferdeknecht hatte. Jack war so alt wie Patrick, nur eine Handbreit größer und muskelbepackt wie ein Ochse. Kleine Rempeleien zwischen Pat und Jack waren an der Tagesordnung und eher freundschaftlich gedacht. Jetzt kam Jack, um das dampfende Pferd in den Stall zu führen.

Pat warf ihm das Halfter zu und stieß Jack dabei kräftig mit der Schulter zur Seite. Nur dass der junge Pferdeknecht davon völlig unbeeindruckt blieb. Jack rieb dem Pferd einige Male freundlich am Hals entlang, stieß seinerseits Patrick tüchtig in die Rippen und fragte gespielt höflich:

„Soll ich Nick die Mähne bürsten, Master? Sieht ziemlich wild aus, meint Ihr nicht?" Dabei lächelte er triumphierend, denn Pat hatte bei dem Stoß fast das Gleichgewicht verloren. Im Weggehen trat er Pat noch herzhaft auf den Fuß, so dass dieser stöhnte.

„Ich krieg' dich, Jack, warte nur! Am Samstag, beim St. Andrews Fest, gibt's einen Boxkampf. Wenn du dich traust, treten wir gegeneinander an."

Pat lachte, humpelte zum Eingang, während Jack langsam in Richtung Stall stolzierte, sich aber noch einmal umdrehte und sich mit dem Finger gegen die Stirn tippte. „Würde ich Euch nicht raten, Master. Ihr werdet verlieren!"

Pat wollte noch etwas Sinniges erwidern, aber dann blieben ihm die Worte im Hals stecken. Er starrte den Pferdeknecht an, als würde er ihn heute das erste Mal sehn.

Jack hatte nur eine alte verwaschene Hose an, die ihm gerade Mal bis unters Knie reichte und mit einem Strick in der Taille zusammengebunden war. Sein nackter Oberkörper glänzte verschwitzt. Mit einer unbekümmerten Geste strich er sich die schwarzen Haare aus der Stirn, als er sich noch einmal zu Patrick umschaute und herausfordernd lachte.

Pat kannte den Jungen schon viele Jahre lang und heute, heute fiel ihm erst auf, was für ein Mann aus ihm geworden war. Das war nicht mehr der kleine, weinende Jack, der, mager und hoch aufgeschossen, jeden Mac Laurin mit gesenktem Kopf und ängstlichem Schweigen gegenübertrat.

Patrick wurde bewusst, dass er die Luft anhielt. Trotzdem konnte er den Blick nicht von Jack wenden. Eine heiße Woge stürmte durch Pat's Körper und bewirkte zwei Dinge: Erstens erglühten seine Wangen vor Scham, weil sich zweitens unter seinem Kilt etwas regte, was sich niemals bei dem Anblick eines prachtvollen Männerkörpers regen durfte! Niemals! Du bist verrückt, Patrick, dachte er. Das ist nicht möglich. Ich bin ein Mac Laurin und kein verdammter Sodomit! Verflucht, was ist nur los mit mir?

Und trotzdem gelang es ihm nicht wegzuschauen, bis Jack im Stall verschwunden war.

Er trollte sich ohne Eile ins Haus. In der großen Eingangshalle traf er Rose. Sie war allein.

„Was ist denn mit dir los, Pat? Ist dir nicht gut? Du bist völlig außer Atem ..."

„Ach was! Jack ist mir auf den Fuß getreten, dieser Büffel. Aber nächstes Mal werde ich ihn ... Sag mal, wo hast du denn die Krähe Mackanzie gelassen? Es ist immer das Gleiche. Wenn's irgendwo Ärger gibt, ist sicher ein verdammter Mackanzie in der Nähe!"

Rose schüttelte ernst den Kopf.

„Er ist einfach in Vaters Schlafzimmer gegangen. Seine Sache dulde keinen Aufschub. Hat geheimnisvoll getan! Pat, ich mache mir große Sorgen. Vater hat heute Morgen schon so merkwürdige Andeutungen gemacht. Und jetzt Pater Mackanzie. Mir gefällt das alles nicht. Wenn nur Allan schon wieder zu Hause wäre!" Rose seufzte.

Patrick nahm seine Schwester in den Arm. „Reg dich nicht auf, Rosi! Alte Männer müssen sich immer wichtigmachen und jede Kleinigkeit gleich aufblasen. Es gibt bestimmt keinen Grund, weshalb du dir den Kopf zerbrechen solltest. Schließlich bin ich auch noch da. Und damit du siehst, dass auch der unnütze Patrick nicht nur Stroh im Kopf hat, werde ich mich umziehen und dann den beiden Krähen dort oben ein Schlückchen hinaufbringen. Mal hören, was die so Wichtiges zu bereden haben."

Rose schenkte ihrem Bruder ein dankbares Lächeln und einen lauten

Schmatz auf die Wange.

Mit langen Schritten stürmte Patrick die große Treppe hinauf, in den ersten Stock des Hauptgebäudes, in dem sich die Schlafzimmer der Mac Laurins befanden. Er nahm dabei drei Stufen auf einmal und trat nach wenigen Augenblicken durch die Tür seines Zimmers. Dort erwartete ihn schon Nelly, seine alte Kinderfrau. Sie hatte frische Kleider und den guten Rock auf dem Bett ausgebreitet.

„Nun aber flink, Master Patrick", kommandierte sie in ihrer liebenswürdigen Art. „Wir wollen die Herren doch nicht noch länger warten lassen."

Sie wies mit der Hand auf die Waschschüssel und den danebenstehenden Zinnkrug mit warmem Wasser. Auf Patricks Gesicht erschien eine Gewitterwolke.

„Was! Die neue schwarze Hose? Ich mag sie nicht, sie kratzt. Gib mir etwas anderes, Nelly!"

Unerbittlich schüttelte die alte Kinderfrau den grauen Kopf, auf dem ein weißes Häubchen saß.

„Nichts da, der Herr hat diese Hose für genau solche Anlässe anfertigen lassen. Auch Master Allan trägt Hosen. Also keine Widerrede!" Dann streichelte Nelly sanft über Patricks Wange. „Vor dreiunddreißig Jahren, mein Junge, vor dreiunddreißig Jahren verloren wir alles, was uns lieb ist. Ich verlor meinen Andrew", mit nassen Augen schlug sie ein Kreutz vor der Brust, „und Schottland verlor seine Freiheit. Der Kilt wurde verboten, mein Herz, so wie vieles andere auch."

Pat wollte aufbrausen, doch dazu schätzte er Nelly zu sehr. Also fügte er sich brummend in sein Schicksal.

Nach kurzer Zeit hatte Pat sich in einen völlig anderen Menschen verwandelt.

Das weiße Hemd mit den Spitzenmanschetten, die enge schwarze Hose und der maßgeschneiderte Rock hatten ihn in einen vollkommenen Gentleman verwandelt. Die braunen Locken zurückgebürstet und von einer schwarzen Samtschleife gebändigt, machte er vor Nelly einen Diener.

„Nun, werte Mistress Ramsay, ist dies zu Eurer Zufriedenheit?"

Nelly schlug vor Erstaunen die Hände zusammen. „Mein Gott, Pat, du siehst ja aus wie ein erwachsener Mann!"

Durch diese wenig schmeichelhafte Äußerung nicht zu erschüttern, verdrehte Patrick nur die Augen und ging grußlos aus dem Zimmer. Auf dem Flur traf er seine Schwester.

„Hier bringe ich einen Krug Ale und zwei Becher. Ein Imbiss für später steht in der Bibliothek. Also ich muss schon sagen", Rose musterte ihren Bruder kritisch von Kopf bis Fuß, „wenn ich dich so ansehe, kann ich Cathrine Burns verstehen."

„Was weißt du von Cathrine Burns?", brauste Pat auf. Konnte man in diesem Hause denn nichts geheim halten?

„Schon gut, schon gut!", beruhigte ihn seine Schwester. „Geh nur und spitz die Ohren." Damit machte sich Patrick mit dem Tablett auf den Weg, den langen Korridor entlang, dann rechts um die Ecke zwei Stufen hinauf und da stand er auch schon vor der Schlafzimmertür seines Vaters. Die dicken, wollenen Teppiche, die in den Fluren ausgelegt waren, dämpften seine Schritte.

Er warf einen kurzen Blick in den goldumrahmten Wandspiegel. Saß dieser verflixte Spitzenkragen auch richtig?

„So schlimm steht es also um Mac Laurin Castle?" Pater Mackanzie's Stimme drang durch die geschlossene Tür. Patrick, die Hand schon an der Türklinke, wagte nicht sie herunterzudrücken. Mit angehaltenem Atem horchte er auf das Gespräch der beiden Männer.

Drinnen ging der Pater mit dröhnenden Schritten auf und ab. Der alte William Mac Laurin saß mit einem Berg von Kissen im Rücken, in seinem riesigen, aus geschnitztem Eichenholz gefertigten Bett. Es erinnerte weit mehr an einen Thron als an ein Bett.

Williams Stimme hatte alle Kraft verloren, als er müde erklärte: „Es ist verteufelt ernst, Angus. Es könnte eng werden, dieses Mal, verflucht eng. Und wir werden den Bauch kräftig einziehen müssen, wenn wir uns durch irgendein Schlupfloch durchwinden wollen."

Der Pater hielt in seinem Rundgang inne. „Ich kam als Bittsteller für die Pächter und nun das! Hast du in Aberdeen um Aufschub gebeten?"

Der alte William Mac Laurin keuchte mehr als dass er sprach.

„Schon vor zwei Jahren, Angus, schon vor zwei Jahren. Da war Allan in Aberdeen und hat einen Aufschub erwirkt. Du weißt, Angus, dass damals die Ernte verfault ist. Der verfluchte Regen, der verfluchte ... Die

Bauern sind mir die Pacht schuldig geblieben. Mir aber hat man die Steuern nicht erlassen. Was hätte ich tun sollen? Die Pächter von meinem Land jagen? Und wer hätte dann die Felder bestellt? In diesem verdammten Regen hätten sie besser Fische angebaut und nicht Korn!"

„Fluche nicht William! Du solltest mehr auf den Herren vertrauen. Sieh doch selbst. Die Sonne hat ihr gutes Werk schon begonnen."

Zweifelnd antwortete William: „Letztes Jahr war es dasselbe. Das bisschen, das wir für die neue Aussaat zurückbehalten hatten, keimte nicht einmal. Das Wetter hat uns wieder eine Hungerernte beschert. Hätten wir die Schafe nicht verkauft, wäre der Kredit in London niemals bewilligt worden."

„Du hast Geld geliehen?" Die tiefe Stimme des Paters wurde laut. Er war entsetzt.

„Was hätte ich denn tun sollen? Allan hat in Aberdeen um einen Steueraufschub verhandelt und was war das Resultat? Sie haben uns die Steuern erhöht! Verstehst du? Erhöht! Ahhh ... Der Krieg in der Neuen Welt geht nun ins fünfte Jahr, die Kassen in London sind leer. Die Truppen und Vorräte sind erschöpft. London braucht Steuern. Das war die Antwort. Also bin ich mit Allan letztes Jahr nach London gereist. Nur dort hieß es, könne man in der Sache entscheiden. Wir erhielten Aufschub und Kredit. Der Kredit ist für das neue Saatgut drauf gegangen. Die Steuern für letztes und vorletztes Jahr stehen immer noch aus. Selbst wenn dieses Jahr die Ernte fantastisch wird, was wieder mal vom Wetter abhängt ... ich weiß nicht, wie es weitergehen soll."

„Konntest du nicht verhandeln?"

Der alte Mac Laurin lachte spöttisch auf: „Verhandeln? Weißt du wie sie uns in London behandelt haben? Du kennst meinen Allan, Angus. Du weißt, dass er nicht leicht aus der Ruhe zu bringen ist, aber man hat ihn abgefertigt wie einen lästigen Bettler."

Die Bitterkeit des alten Mannes war nicht zu überhören. Patrick, der an der Tür stand und lauschte, fühlte sich wie in einem Albtraum. Das konnte doch alles nicht wahr sein!

„Was sagen die Nachbarn?", wollte der Pater wissen.

„Was wohl? Den meisten geht es wie uns. Selbst der alte Dunbar, dieser sture Esel! Er hat sich lange gesträubt. Jetzt hat er verkauft und ist wohl schon auf dem Weg nach Liverpool. Von dort aus segelt er mit der ganzen

Familie in die Neue Welt. Und ich bin sicher, er wird nicht der Letzte sein."

„Was wirst du also tun, William? Hast du dich schon mit deinen Kindern beraten?"

„Nein, wieso auch? Allan weiß Bescheid. Er unternimmt einen letzten Versuch in London wegen der Schulden. Mein Bruder Murdoch begleitet ihn. Und was soll ich Patrick denn sagen? Nein! Nein, nein. Der Junge ist viel zu wild und ungestüm. Der würde irgendeine Dummheit machen ... Haah ...", der alte William lachte auf. „Pat ist wie ich, Angus. Er ist genauso wie ich, als ich jung war. Weißt du noch? Als ich dem englischen Offizier eine ..."

Mackanzie unterbrach ernst. „Ein wenig mehr Verantwortungsbewusstsein könnte deinem Patrick nicht schaden, William. Er könnte heiraten. Eine reiche Erbin, mit Landbesitz und Vermögen. Was hältst du davon? Würde das helfen?"

„Diesen Gedanken habe ich mit Allan schon besprochen. Nicht mit Patrick. Der soll sich erst mal die Hörner an den willigen Mädchen im Dorf abstoßen. Allan hat die Augen offengehalten, als er in Edinburgh war. Die reichen Erbinnen sind in Schottland rar gesät, mein Lieber. Die wenigen, die in Frage kamen, wollten allerdings bessere Partien als nur einen mittellosen Mac Laurin."

„Du malst ein düsteres Bild von der Zukunft, William. Dann bleibt auch euch nur noch der Weg in die Neue Welt."

Zornig fuhr William auf. „Was? Niemals! Niemals verlasse ich mein Land! Vielleicht findet Allan doch einen Ausweg. Er wird versuchen, die gesamte Ernte zu verkaufen. Wenn er 1500 Pfund Sterling bekommt, oder auch nur 1000, sind wir gerettet."

Der Pater war misstrauisch. „Aber William ... wie kann er eine Ernte verkaufen, die noch nicht einmal gekeimt hat? Ich weiß, du traust Allan viel zu, aber das ..."

„Das ist gar nicht so unüblich, mein Lieber. Allerdings höllisch riskant. Es wird ein Mindestgewicht festgesetzt. Wenn dieses Gewicht in Korn nicht erreicht wird, verfällt das hinterlegte Pfand."

„Und welches Pfand wird Allan anbieten?"

„Er wird Mac Laurin Castle anbieten. Mit allem umliegenden Land dazu."

„Du spielst ein riskantes Spiel, William."

„Ich habe keine andere Wahl, Angus. Entweder die Ernte wird gut, oder wir sind Bettler."

Patrick wurde schwindlig. Warum wusste er nichts von den Sorgen seines Vaters, von den Geldnöten? Niemand hatte ihn ins Vertrauen gezogen.

Der Pater schritt nahe an das Bett seines Freundes und sagte leise: „Du kannst nicht ohne Mac Laurin Castle leben, William."

Pat konnte nicht hören wie der Vater flüsterte: „Wenn es keinen anderen Ausweg gibt, dann sterbe ich lieber hier. So, wie es meine Pflicht ist."

Plötzlich wurde die Tür aufgerissen und Pater Mackanzie stand vor Patrick. Fragend hob der alte Mann die buschigen Augenbrauen.

Ob Pat etwas von dem vertraulichen Gespräch dort drinnen gehört hatte?

Doch der spielte den Überraschten. „Oh, das trifft sich gut, Pater. Hätte sowieso nicht klopfen können. Rose meinte, ein Becher Ale würde Euch und meinem Vater guttun."

„Sehr liebenswürdig von deiner Schwester, danke, mein Junge. Aber heute wird nichts draus. Ich habe es eilig und die Zeit drängt. Komm, begleite mich zu meinem Wagen."

Die beiden gingen schweigend nebeneinander. Pat stellte unterwegs irgendwo sein Tablett ab und fragte sich, ob man nicht vielleicht seinen lauten Herzschlag hören konnte, denn sein Herz schlug so schnell und laut, dass es ihm selbst in den Ohren dröhnte.

„Wann kommt dein Bruder heim, mein Junge?", fragte der Pater ungewohnt mild.

„Das kann noch dauern Pater." Patrick tat gut aufgelegt wie immer. „Vielleicht in vier, fünf Tagen? So war es jedenfalls geplant. Er wird versuchen, von London aus mit dem Schiff an der Ostküste hinaufzufahren. Wenn sich die Möglichkeit bietet."

„Du solltest dir ein Beispiel an ihm nehmen, Patrick." Mackanzie legte seine Hand schwer auf Pats Schulter. „Er entlastet deinen Vater, wo er kann. Manchmal denke ich, er hat die Würde des Clanchefs schon übernommen, ohne dass wir anderen es überhaupt gemerkt haben. Gib dir ein wenig mehr Mühe, Pat. Und habe etwas Gottvertrauen. Glaube mir, Gott hilft denen, die sich seiner Liebe würdig erweisen. Und mach deinem Vater keinen Kummer, denn mit seiner Krankheit ist nicht zu spaßen."

Verdammt, was wollte der alte Mackanzie jetzt von ihm? Es war doch nicht seine Schuld, dass alles so ..."

„Ich mache ihm keinen Kummer, Pater." Die Worte kamen schroffer, als Pat es eigentlich gewollt hatte.

Doch der alte Mackanzie ließ nicht locker. „Was ist das für eine Geschichte mit der kleinen Cathrine Burns?" Sie waren in der großen Eingangshalle angelangt. Hier blieben beide einen Augenblick stehen. „Wie konntest du annehmen, Pat, dass die Sache in einem so kleinen Dorf wie unserem verborgen bleibt? Nein, nein, erzähle mir keine Lügen. Wenn du dir nur einen Spaß machen willst, dann rate ich dir, mein Junge, dich nach einer anderen Herzallerliebsten umzusehen. Cathrine ist ein anständiges Mädchen und ihr Vater ein gottesfürchtiger Mann. Es gibt schon übles Gerede genug."

„Ich habe nichts Unehrenhaftes mit Cathrine Burns im Sinn, Pater!" Pat staunte über sich selbst, wie selbstsicher er dem Pater die Hand zum Abschied reichte.

„Dann ist es ja gut!"

Sie waren beim Einspänner des Paters angekommen und Rose gesellte sich zu ihnen, um brav Lebewohl zu sagen.

Kaum hatte das Gefährt den Burghof verlassen, bombardierte Rose ihren Bruder mit Fragen.

Patrick winkte gelangweilt ab. „Ach, es war gar nichts. Wieder mal viel Wind um eine Kleinigkeit. Es ging um Cathy. Der Pater hat Angst um ihr und mein Seelenheil." Patrick tat spöttisch, als schenke er der Angelegenheit nicht die geringste Beachtung.

„War das wirkliche alles, Pat? Verschweigst du mir auch nichts? Mir kam es vor, als gäbe es Schwierigkeiten mit den Pächtern."

„Mach dir keine Gedanken, es ist alles in Ordnung." Er nahm seine Schwester in die Arme und drückte sie an sich. Sie sollte sich keine Sorgen machen. Vielleicht kam Allan ja mit guten Nachrichten nach Hause und dann war alles vergessen.

In diesem Augenblick seufzte Rose: „Ich werde froh sein, wenn Allan wieder da ist!"

„Ich möchte mal wissen, was ihr alle mit Allan habt", brauste Pat auf, „Man könnte meinen, er wäre ein Heiliger, oder besser ein Zauberer, der nur mit den Fingern schnippen muss und schon ist jedes Problem gelöst." Zornig fuchtelte er mit den Armen in der Luft herum. „Allan weiß ... Allan kann ... ach, wäre Allan nur schon wieder da! Was ist eigentlich so Wunderbares an ihm?"

Rose war überrascht über diesen Ausbruch brüderlicher Eifersucht. „Was ist denn in dich gefahren? Du verlässt dich doch auch auf ihn. Und Vater sagt ..."

„Ach was, Vater sagt, Vater sagt! Nur weil Allan älter ist als ich, hat er noch lange nicht die Weisheit mit Löffeln gefressen. Meinst du denn ich bin ein Idiot, der nur zum Raufen und Saufen zu gebrauchen ist?"

Bereit zurückzuzanken stemmte Rose die Hände in die Seiten und schimpfte wütend. „Ihr, Master Patrick seit aber nie da, wenn mal Not am Mann ist! Allan plagt sich mit der Arbeit herum und den Pächtern und den englischen Soldaten, die überall herumschnüffeln. Und was machst du? Du bist im Moor jagen, oder am See fischen oder schlägst dich mit irgendwelchem Gesindel in den Schenken herum. Überleg einmal was Allan alles aufgehalst wird und was du dir für faule Tage machst. Wundere dich also nicht, wenn seine Abwesenheit auffällt."

„Wenn du jetzt auch noch mit Cathrine Burns anfängst..."

„Cathrine Burns ist das einzig Vernünftige, was dir in letzter Zeit über den Weg gelaufen ist, mein Lieber!" Mit zornig rotem Gesicht und blitzenden Augen stampfte Rose aus der Eingangshalle und ließ ihren Bruder stehen.

Tief gekränkt, verließ Patrick die Burg und ging zu Fuß an den kleinen Bach hinunter. Dort angekommen, nahm er eine Handvoll Steine vom Boden und begann sie geräuschvoll ins kristallklare Wasser zu werfen. Von je her war er an diesen Ort gegangen, wenn er mit sich allein zu Rate ging. Es war nicht gerade wenig, was auf den jungen Schotten heute eingestürmt war.

Er drehte sich um und besah sich die alte Festung in seinem Rücken. Die Sonne war schon am frühen Nachmittag hinter einem Dunstschleier verschwunden. Vom großen See her wehte eine leichte Brise. Eine einsame Möwe drehte am Himmel ihre Runde und schrie heiser. Alles war wie immer, alles war friedlich und geordnet. Und doch hatte sich für Patrick alles verändert. Insgeheim sehnte auch er sich nach der Rückkehr des Bruders.

Allan war von je her überlegt und vernünftig gewesen. Pat traute ihm schon zu, im letzten Moment die Katastrophe abzuwenden. Wenn es jemandem möglich war, dann würde Allan es sicher schaffen. Aber auch Allan konnte nicht zaubern. Und das Wetter war unberechenbar, wie immer in den Highlands. Was Pat aber am meisten verbitterte war, dass er selbst so wenig in den Augen seiner Familie galt. Man betrachtete ihn als lästigen, jungen Raufbold, der sich nur um sein Vergnügen kümmerte und ansonsten doch recht überflüssig war. Pat warf den Rest der Steine allesamt ins Wasser. Er würde ihnen schon zeigen, dass er zu mehr imstande war. Er war entschlossen zu handeln.

*

Patrick holte Nick aus dem Stall und machte sich auf den Weg ins Dorf. Die Straße war fast unpassierbar, so sehr hatten die Regenfälle sie aufgeweicht. Riesige Lachen und klebriger Morast bedeckten den Weg. Einige Male wäre der gute, alte Nick fast ausgeglitten. Doch seine jahrelange Erfahrung auf den rutschigen Wiesen und nassen Straßen machte sich bemerkbar. Über und über mit Erde und Schmutz bespritzt, kam Pat zu später Stunde im Dorf an. Ohne zu zögern, ging er in das Wirtshaus von Oliver Burns.

„Willkommen, Master Patrick“, grüßte der junge Burns, Cathrines Bruder.

„Hallo, Tom“, antwortete Pat noch ganz außer Atem von seinem riskanten Ritt.

„Ist deine Schwester in der Nähe? Ich muss mit ihr reden.“

Tom, der gerade den Boden aufgewischt hatte und nun mit dem Wassereimer hinauswollte, trocknete sich hastig die Hände an seinem Hemd ab.

„Ich weiß nicht recht, Master Patrick, der Vater ist zu Hause und er sieht es nicht gern, wenn Cathy mit jungen Burschen spricht. Verzeiht, Master Patrick“, Tom zog ängstlich den Kopf zwischen die Schultern. „Es schadet ihrem Ruf, sagt er.“ Ein scheues Lächeln in einem jungen Gesicht, große dunkle Augen, die schon manches gesehen hatten, was ihnen besser erspart geblieben wäre.

Doch Pat war ungeduldig. Was sollte dieses Theater?

„Hör mal, Tom, lass mich mit diesen Albernheiten zufrieden. Ich will sie nur etwas fragen. Von mir aus hier, hier drin, und du kannst ruhig dabeibleiben. Wenn du dabei bist, kann es doch nicht schädlich für den Ruf deiner Schwester sein, oder?“

In diesem Augenblick kam der alte Burns die Treppe zur Gaststube herunter. Er hatte Stimmen gehört und wollte mal nach dem Rechten sehen. Die Bauern kamen jetzt nicht mehr so oft in das Wirtshaus, denn sie hatten die letzten Monate alle bei ihm anschreiben lassen und die schlechten Ernten hatten verhindert, dass sie ihre Schulden hatten tilgen können. So blieb auch seine Gaststube immer häufiger leer.

„Oh, der junge Master Patrick.“ Obwohl die Stimme keine besondere Freude über das Erscheinen des Gastes verriet, war sie doch auch nicht feindselig. „Was führt Euch zu uns kleinen Leuten, Master?“

Patrick wurde unsicher. Er fühlte sich nicht willkommen.

„Was mich herführt, Burns? Eure Tochter, Master. Ich würde sie gerne sprechen, wenn Ihr es erlaubt.“

Burns zog unwillig die Mundwinkel herab.

„Was habt Ihr für Geschäfte mit ihr? Ihr könnt doch sicher ein offenes Wort vertragen, Master Patrick? Hört, es gefällt mir nicht, wenn der Name meiner Tochter Euch so leicht über die Zunge geht. Meine Cathy ist ein ehrbares Mädchen und taugt nicht zur Unterhaltung für hohe Herren.“

Pat konnte die verhaltene Wut vom alten Burns fast mit den Händen greifen. Doch Friedfertigkeit war nicht eine von Patricks hervorstechendsten Eigenschaften. War es denn ein so großes Unrecht von ihm, wenn er mit dem Mädchen sprechen wollte?

„Ich achte Euer Haus und Eure Tochter, Master Burns. Verzeiht mir, wenn ich einen falschen Eindruck erweckt habe, aber ich wollte nur einige vertrauliche Worte mit ihr wechseln. Sie sollte mir eine Auskunft geben.“

Der alte Burns lief puterrot an. „Auskunft, was? Da könntet Ihr doch auch mich fragen oder meinen Tom, was? Nein! Cathy muss es sein. Vertrauliche Worte! Hört, Master Mac Laurin, vertrauliche Worte gibt es in meinem Haus nicht. Schon gar nicht zwischen meiner Tochter und den Herren vom Schloss. Versteht Ihr mich, Master? Das Elend ist schon so groß genug, auch ohne Euer Zutun. Vielleicht sollte ich ein Wort mit Eurem Vater wechseln über Euch und meine Tochter, ein vertrauliches Wort!“ Der alte Burns hatte sich in Hitze geredet, doch auch Patricks Stolz war verletzt.

Hochmütig gab er zurück, wobei er die Worte auszuspucken schien: „Das, Master, was ich Eure Tochter zu fragen beabsichtigte, hätte zu unser aller Vorteil dienen sollen. Doch so, muss ich leider unverrichteter Dinge gehen. Ich werde wieder kommen, wenn Ihr Euren Verstand wieder gefunden habt, Master Burns." Danach verbeugte er sich übertrieben höflich vor dem wütenden Wirt und verließ das Haus. Der Sohn des Clanchefs konnte sich manche Frechheit erlauben, die man einem anderen mit einem Dolchstich in den Rücken beantwortet hätte.

Patrick ergriff die Zügel seines Pferdes. Zum Teufel, was wollte dieser blöde Burns bloß? Wenn er nur wüsste wo Cathy ...

„Master Mac Laurin ... Master ..." Tom stand hinter ihm und schüttete das Putzwasser in das kleine Blumenbeet neben der Eingangstür. „Hinter dem Haus, Master Patrick", der Junge flüsterte so leise, dass man hätte meinen können, es sei nur der Wind, der durch die Baumkronen wehte. „Hinter dem Haus, Master Patrick. Sie hängt die Wäsche ab."

Patrick schenkte dem jungen Tom einen freundlichen Blick und ein dankbares Lächeln, mehr war nicht möglich, denn drinnen am Fenster, stand sicher der knurrige Burns und beobachtete alles, was draußen vorging.

Also ritt Pat bis zur nächsten hohen Hecke, band dort Nick an und schlich dann vorsichtig zurück. Hinter dem Gartenzaun, mit dem Abhängen der getrockneten Wäsche beschäftigt, fand er Cathy. Im Dämmerlicht, zwischen den üppigen Sträuchern, stand sie, die roten Haare unter einem sittsamen Häubchen verborgen und kämpfte mit den großen Lacken, die der Wind ihr fast aus den Händen riss.

„Mein Gott, Pat, hast du mich erschreckt. Wo kommst du denn so plötzlich her?"

Pat legte ihr einen Finger quer über die Lippen. „Pssst, nicht so laut! Dein Vater hat mich eben rausgeschmissen. Ich soll mich von dir fernhalten, meint er. Er war fuchsteufelswild. Ich muss mit dir reden, Cathy, aber nicht hier. Wenn er uns erwischt ..."

„Ach was!" Cathy wickelte das Laken in ihren Händen erbarmungslos zusammen und stopfte es in ihren Korb, „Das liegt nur am alten Pater Mackanzie. Der war heute früh schon da und hat auf meinen Vater eingeredet. Er hat ihm den Kopf vollgemacht mit allen möglichen verrückten

Sachen. Aber was gibt es denn so Wichtiges zu bereden, dass du extra dafür ins Dorf kommst? Sonst kommt ihr Mac Laurins doch nicht von eurem Berg herunter."

„Cathy, sei einmal ernst, ich bitte dich. Ich habe Wichtiges zu besprechen, aber nicht hier."

„Dann reite hinunter zur alten Mühle, da mahlt schon seit Wochen keiner Korn. Reite voraus, ich komme bald nach." Ihr hübsches Gesicht verschwand wieder hinter den wehenden Wäschestücken und Patrick ging zurück zu seinem Pferd.

Die alte Mühle stand hinter einer Bodenwelle, etwas tiefer in einer Senke und der Bach floss rauschend daran vorbei. Nur, dass die Mühle jetzt nicht betrieben wurde. Sie stand schon seit Monaten verwaist und verlassen da. Das Mühlrad stand still. Um die geringen Mengen für den Eigenbedarf zu mahlen genügte die kleine Mühle von Bauer Fletcher. Pat setzte sich auf die gemauerte Umzäunung und wartete auf Cathy. Die Sonne war schon untergegangen, aber ein letzter Rest von Tageslicht erhellt noch den Himmel.

Komisch, dachte Pat, dass der junge Tom Burns so gar keine Ähnlichkeit mit seiner Schwester hatte. Cathy war eher stämmig, mit lustigen Grübchen im Gesicht, rotem Haar und einer unbändigen Energie und Lebensfreuden, die jeden in ihrer Umgebung gefangen nahm. Tom war eher zierlich, sein Haar war dunkler. Zurückhaltend und scheu wie eine Jungfrau, lästerten die anderen Jungs im Dorf. Pat lächelte, ohne dass er es wusste. Ihm gefiel Tom so, wie er war. Die feinen Züge und die dunklen Augen, die so oft verträumt in die Ferne blickten. Was wusste er eigentlich über Tom? Nicht viel, gestand sich Pat ein. Oft hatte Pat den Wunsch gehabt, über das schmale Gesicht zu streichen, ihn zu beschützen, wenn die anderen grob zum jungen Burns waren. Zu dem Jungen, der keiner Fliege etwas zu Leide tun konnte. Blöde Bande, Pat zog die Augenbrauen finster zusammen. Mussten immer jemand haben, auf dem sie herumhacken konnten. Nächstes Mal, ja, nächstes Mal würde er es nicht mehr zulassen. Tom war ein feinfühliger, netter Bursche, der ... Pat schloss die Augen und atmete tief ein. Ach, wie gern würde er Tom umarmen, ihn an sich pressen, seinen Körper spüren, überall ...

Plötzlich dröhnte die Stimme vom alten Mackanzie in seinen Ohren.

„Gotteslästerung, Teufelsbrut, Sodomie ... du sollst in der Hölle schmoren, allein schon für diese Gedanken. Deine Seele wird in ewige Verdammnis stürzen und deine Familie wird dich verfluchen."

Entsetzt riss Pat die Augen auf. Kein Mackanzie zu sehen. Gott sei Dank! Aber die Gedanken an Tom waren immer noch da. Und der Wunsch ihn zu umarmen und zu küssen. Pat spürte wie seine Männlichkeit sich prall füllte, mit heißem Blut. Er fühlte sein Herz gegen die Rippen schlagen. Es zog und kribbelte zwischen seinen Schenkeln, wie er es noch nie erlebt hatte. Er griff in sein sehnsüchtiges Fleisch und drückte und rieb, aber die Hose, die eng war, störte und Pat hätte sie am liebsten in Fetzen gerissen. Runter mit ihr! Nur schnell die Knöpfe öffnen ... aber da stand Cathy vor ihm, ganz außer Atem, so schnell war sie den Weg zur alten Mühle gerannt.

„Also, du schrecklicher Mensch! Was ist nun so wichtig, dass du so einen Wirbel machst. Tom sagt, du hättest mit meinem Vater gestritten?"

Es schmeichelte ihr, dass Pat in aller Offenheit dem Vater entgegengetreten war. Das war bei den Herren vom Schloss durchaus nicht immer der Fall gewesen.

Pat wischte sich mit dem Arm seine Träume aus dem Gesicht, als wäre er in ein Spinnennetz geraten. Er ließ den Atem hörbar durch die Zähne pfeifen.

„Hör mal, Cathy, du musst mir helfen. Wenn du mich jetzt im Stich lässt, dann ist alles aus. Die Mac Laurins stehen vor dem Ruin. Wenn nicht noch ein Wunder geschieht, verlieren wir das Land, das Schloss, überhaupt alles."

„Was redest du da, Pat! Wenn das wieder so ein Spaß sein soll, dann kann ich nur sagen ..."

„Ach was, Spaß! Es ist bitterernst! Die schlechten Ernten, die Steuerschulden, die Pacht ist seit zwei Jahren ausgeblieben ... und dann noch das elende Wetter, das jedes Körnchen im Boden verfaulen lässt. Allan ist in London und versucht Geld aufzutreiben. Wenn das nicht klappt, ist der Clan am Ende. Du musst mir helfen, Cathy!"

„Ich? Wie könnte ich helfen? Aber das alles, Pat, das kann nicht stimmen. Ihr vom Schloss, ihr habt doch immer mehr gehabt als wir im Dorf. Dem Clanchef gehört so viel. Ihr habt das Land und die Pächter und ... Niemand besitzt so viel wie die Mac Laurins."

Der Tag war für Patrick ein Albtraum gewesen. Er war müde, erschöpft und Cathy wollte nicht verstehen. Ungeduldig stampfte er mit dem Fuß auf den Boden. „Es ist aber so! Lass es damit gut sein! Aber du darfst mit keiner Menschenseele darüber sprechen, versprich mir das, Cathy!"

Das Mädchen nickte gehorsam. „Und wie kann gerade ich dir helfen, Pat? Ich verstehe immer noch nicht."

Wie sollte Pat das nur erklären? Er begriff es selbst nicht ganz. Aufgeregt begann er herumzugehen. Die Hände im Rücken verschränkt, den Blick auf die eigenen Fußabdrücke gerichtet, die in der feuchten Erde zurückblieben.

„Ich kann doch nicht immer alles Allan aufhalsen, oder? Das Problem ist: Wir müssen zu Geld kommen! Du hast mir doch mal erzählt, dass dein Vater ab und zu Geschäfte mit Red Hugh Standish macht. Kauft er nicht geschmuggelten Branntwein von ihm?"

Cathy erzitterte bei der bloßen Erwähnung dieses Namens. Ängstlich spähte sie nach allen Seiten. Hatte auch niemand mitgehört?

„Heiliger Herr Jesus! Nicht so laut, Pat, nicht so laut! Du hast mir doch versprochen, alles sofort wieder zu vergessen, was ich dir darüber erzählt habe. Oh Gott, ich hätte es dir nicht verraten sollen. Wie konnte ich nur so dumm sein."

Cathy vergrub ihr Gesicht in beiden Händen und schüttelte die roten Löckchen.

Patrick zog ihr sanft die Hände vom Gesicht und küsste sie leicht auf die Stirn.

„Hab keine Angst, Cathy. Es ist doch alles gut, alles gut. Aber ich denke, es wäre eine gute Idee, diesen Mann zu treffen. Ich denke, er könnte mir einen Weg zeigen, wie ich schnell zu Geld kommen kann."

Erschrocken weiteten sich Cathys Augen. Das Licht des aufgehenden Mondes machte ihr Gesicht noch blasser, als es in diesem Augenblick wurde. „Heiliger Herr Jesus, Pat, das kannst du doch nicht im Ernst meinen. Red Hugh Standish ist ein Gesetzloser, ein Schmuggler und Verbrecher. Wenn ihn die Patrouille erwischt, wird er gehängt, wenn nicht schlimmeres. Du willst dich doch nicht mit diesem Halsabschneider einlassen? Wie sollte er dir helfen können?"

Cathy war von den Patricks Plänen alles andere als begeistert. Der versuchte sich zu rechtfertigen.

„Ich kann doch nicht einfach nur dasitzen und darauf warten, bis sie uns von unserem Land jagen! Vielleicht kann Allan in London etwas erreichen ... aber wenn nicht?“ Pat spürte jetzt, als er Cathys entsetztes Gesicht sah, jetzt in diesem Augenblick zum ersten Mal in seinem Leben, die wirkliche Schwere und Verantwortung, die auf einem Clanführer lastete. Er erkannte in Cathys Augen ihre Angst um ihn. Aber da war noch mehr. Da war auch die Angst um die anderen: ihre Familie, die Pächter, das Dorf, in dem sie lebte. Das alles sah Pat in ihren Augen und wusste plötzlich, welches Schicksal durch den Verlust von Mac-Laurin-Land auf hunderte von Menschen zukam. Es drohte ihnen die Vernichtung ihrer Lebensgrundlage.

„Was soll ich tun, Cathy, wenn Allan keinen Ausweg findet? Was? Kannst du es mir sagen? Es hängt vom verdammten Wetter ab, ob die Ernte gut wird. Red Hugh Standish ist das Wetter egal. Er handelt mit Waffen, Pulver, Brandy, was immer. Er verdient schneller Geld als die armseligen Pächter mit ihrer ewigen Plackerei.“

Cathy legte beide Hände flach auf Patricks Brust und erklärte ernst: „Aber wir sind doch ehrliche Leute, Pat. Wir haben nichts gemein mit diesem Gesindel. Was soll denn aus dem guten Namen der Mac Laurins werden?“

Patrick fühlte sich unverstanden und verraten. „Das lass nur meine Sorge sein. Hättest du lieber einen Mac Laurin ohne Land, ohne Heim, verschuldet und verachtet?“ Cathy schwieg beleidigt. Auch Pat sagte nichts mehr. So saßen sie eine Weile stumm, jeder mit seinen eigenen Gedanken beschäftigt.

Plötzlich schrak das Mädchen zusammen. „Was war das? Hast du das gehört?“

„Ich weiß nicht, was du meinst.“

„Jetzt wieder, Pat so hör doch!“ Cathy drängte sich ängstlich nah an Pat und griff nach seiner Hand.

„Ach, das ist nichts. Der Wind trägt die Geräusche aus dem Dorf herunter zu uns.“

„Aber nein, das kommt von dort her, vom See!“ Cathy zeigte mit ausgestrecktem Arm in Richtung See. Sie presste sich noch enger an Pat. „Da! Noch einmal! Eine Stimme, ganz leise. Weißt du, was Peggy Mackanzie, die Hebamme, gestern erzählt hat?“ Kathy flüsterte atemlos, nicht einmal Pat konnte sie richtig verstehen.

„Nein, weiß ich nicht. Und ich will es auch nicht wissen. Von einem Mackanzie ist noch nie etwas Gutes gekommen.“ Patrick schnaubte verächtlich. Hatte er nicht auch ohne Altweibergewäsch Sorgen genug?

Aber Kathy achtete nicht auf ihn. „Sie hat gemeint, dass uns allen ein großes Unglück bevorsteht. Sie hat gemeint, jedes Mal, wenn man die Stimmen vom Mac Laurin See hört, geschehen schreckliche Dinge.“

Cathy, die Augen starr auf die dunklen Umrisse des Sees gerichtet, hatte Patricks Hand losgelassen und machte einige Schritte in Richtung See. Auf die finstere Dunkelheit zu.

„Vor dreiunddreißig Jahren, vor der Schlacht von Culloden, hörte man die Stimmen. Und auch vor über neunzig Jahren hörte man sie, als Lilith Mac Laurin verschwand.“ Mit einem Ruck drehte sich das Mädchen um und sah Pat fragend an. „Weißt du das denn nicht? Sie gehörte doch zu deiner Familie.“

Pat verschränkte die Arme vor der Brust und antwortete grimmig: „So, und das alles hast du von der alten Peggy, ja? Lass dich nicht auslachen, Mädchen! Wie kannst du nur an solche Ammenmärchen glauben! Lilith verschwand nicht, sondern sie brannte durch. Und zwar mit einem Bauersburschen aus Aberdeen. Aber frag nur deine allwissende Peggy. Scheinbar war sie dabei ...“

„Aber Patrick! So hör doch ... da ist es wieder ...“ Pat horchte ins Dunkel hinaus. Ja, wirklich, da war etwas, ein Ton, ein klagender Ton, weit weg, wie ein Windhauch, ein Seufzer? Er erfüllte die Nacht ganz und verschwand wie ein Flüstern.

Patrick kroch ein Schauder über den Rücken, aber er ließ sich nichts anmerken. Er knurrte nur: „Ach was, alles nur Einbildung! Lass die Gruselgeschichten und sag mir lieber, wo Red Hugh Standish zu finden ist.“

Das Mädchen war aber von der Nacht und ihren Geräuschen so verstört, dass es keine Lust mehr auf fruchtlose Auseinandersetzungen hatte.

„Ich bin müde, Pat“, seufzte Cathrine und schmiegte sich in die Arme des jungen Schotten, „Bring mich nach Hause. Ich kann dir sowieso nicht weiterhelfen. Glaubst du denn, mein Vater vertraut mir solche Dinge an? Ich habe dir schon alles gesagt, was ich weiß. Bitte Pat, ich hab‘ Angst und will nach Hause!“

Pat war enttäuscht. „Ach, Cathy, warum willst du mich nicht verstehen." Er gab es auf. Er begleitete sie bis in die Nähe des väterlichen Hauses und blickte ihr noch lange nach. Bevor sie in der Tür verschwand, sah sie sich noch einmal um und lächelte ihm verliebt zu. Für ihn war es wie ein Stich ins Herz.

Der Heimweg in der nächtlichen Finsternis war mühselig. Wolken verdüsterten das spärliche Mondlicht und es war dem alten Nick und seinem unfehlbaren Instinkt zu verdanken, dass Pat heil nach Hause kam. Jetzt lagen seine feinen Kleider verdreckt auf dem Boden seines Zimmers, über und über mit Schlamm bespritzt. Und obwohl er todmüde war, fand Patrick keinen Schlaf. Er lag in dem riesigen Bett, und starrte auf die Reste des Feuers im großen Kamin. Das heißt, Feuer war keines mehr vorhanden, nur noch Glut, rote, heiße Glut und sie warf ihren Widerschein an die Wände des Zimmers.

Er dachte an Tom Burns, an den schüchternen, ängstlichen Tom Burns. Der schlank und feingliedrig war, der keine Lust hatte auf Streit oder Saufen. Tom Burns, der gerne die alten Lieder sang, dem keine Arbeit in der Schenke zu viel wurde und der trotzdem immer nur Spott und Hohn erntete. Pat schloss die Augen und streckte sich genießerisch unter den dicken Schafswolldecken. Diesen Jungen einmal in den Armen halten. Einmal küssen, ihm zwischen die Beine greifen ... verflucht Pat, was tust du? Bist du irre geworden? Tom ist ein Kerl, ein Mann, wie du! Pater Mackenzies Worte dröhnten hasserfüllt in Patricks Ohren und seine strengen Augen ließen Pat bis ins Mark erbeben. Hastig zog er seine Hand weg vom eigenen Glied, das sich mit Leben füllte und begann, groß und steif zu werden.

Ich bin kein Sodomit, ganz sicher nicht! Es ist doch nur ein bisschen Spaß, nur so. Wieder griff er nach seinem Glied, rieb es einige Male und eine Lust durchströmte ihn, wie er sie noch nie erlebt hatte. Die Muskeln an seinen Schenkeln begannen zu zittern, sein Schädel drohte zu platzen. Er stieß rhythmisch in die eigene Faust, die sich fest um sein steifes Glied geschlossen hatte. Und was war mit Jack, dem Pferdeknecht? Sein Körper, der von Schweiß glänzte und dessen Muskeln nur so vor Kraft strotzten. Wie würde sich eine Umarmung anfühlen? Fest und männlich. Er würde hart zugreifen und alles festhalten, was man ihm bot. Wie sah er wohl nackt aus? Wie sah er aus, wenn sein Glied erregt war, wenn er auf dem Bauch lag und die Muskeln auf seinem Hinterteil sich abzeichneten? Wenn er sich bewegte, um sich Befriedigung zu verschaffen? Patrick rieb und rieb und rieb, ah, wie gut das tat, nur nicht aufhören ... und dann kam die Entladung, heiß ersehnt, andauernd und fürchterlich wohltuend. Alle Muskeln zogen sich zusammen, entspannten sich, zogen sich zusammen und entspannten sich wieder und wieder und wieder.

Patrick wischte sich mit einem Taschentuch, dass unter seinem Kissen lag den Samen vom Körper. Gute alte Nelly! Sie hasste laufende Kindernasen. Dass Patrick das Taschentuch auf diese Weise nutzen würde, hatte sie sicher nicht vorausgesehen. Pat wühlte sich zwischen die warmen Decken, fühlte sich behaglich und zufrieden. Ach was, das war doch alles nicht ernst gemeint! Ein Spiel, weiter nichts. Schließlich waren unkeusche Gedanken an Mädchen von der Kirche verboten. Pater Mackanzie hatte es im Religionsunterricht oft genug gepredigt. An einen Mann zu denken hatte der Pater nicht verboten. Das hatte er nie gepredigt! Da war doch nichts dabei. Es gab keinen Grund sich Sorgen zu machen. Schließlich war er kein Sodomit. Nein, im Leben nicht! Mit so einem Teufelszeug hatte er nichts zu tun. Entschlossen löschte Pat die Kerze auf seinem Nachttisch und schlief ein.

Der Tag begann früh auf Mac Laurin Castle. Das Gesinde machte sich in den frühen Morgenstunden schon im Stall und in der Meierei zu schaffen. Die Leute wohnten in kleinen, Stroh gedeckten Katen, die sich vor der Schlossmauer dicht aneinanderdrängten. Dort lärmten die Kinder schon seit den ersten Sonnenstrahlen. In der Küche klapperte das Geschirr und die Töpfe gaben dichte Dampfwolken von sich. Auch an diesem Morgen schien die Sonne heiß vom Himmel und die Bauern, die schon frühzeitig auf den Feldern arbeiteten, hofften wieder und meinten, dass der liebe Gott sie doch nicht im Stich lassen werde. Es lag etwas Frohes, Zuversichtliches in der Luft. Ja, sogar der alte Schlossherr hatte sein riesiges Bett verlassen und stand voller Tatendrang im Hof, um die Arbeit einzuteilen. Der Nebel lag noch in den Tälern, das warme Sonnenlicht hatte die Höhen aber schon erreicht. Von Patrick allerdings fehlte jede Spur. Er lag noch in tiefem Schlaf in seinem Bett und dachte nicht ans Aufstehen. Das änderte sich schlagartig, als plötzlich die Zimmertür aufgerissen wurde und Nelly, die alte Kinderfrau, mit eiligen Schritten hereinstürmte. Sie zog die schweren Samtvorhänge auseinander.

„Aufstehen, Master Patrick, der Herr sucht Euch bereits. Geschwind. Oh, lieber Herr Jesus, sind das die feinen Kleider, die Ihr gestern angezogen habt? Ich werde sie gleich in die Küche mitnehmen. Nein, so eine Schande! Seid Ihr etwa gestern Nacht noch durch das Moor geritten? Seid Ihr des Teufels, Master?“ Erbarmungslos flutete das Licht nun in das düstere Zimmer und Pat zog sich das Kissen über den Kopf. „Ich ziehe Euch die Decke weg, wenn Ihr nicht sogleich aufsteht. Ihr wisst, dass sich der Herr nicht aufregen soll, also ärgert ihn nicht. Wo es heute doch so ein schöner Tag ist, Gott sei‘s gedankt!“

Patrick schielte unter der Decke hervor. „Wenn es so bleibt, Nelly, haben wir vielleicht ganz anständige Aussichten auf eine gute Ernte, was meinst du?“

Nelly hielt inne in ihrer Arbeit und faltete die Hände. „Wollte Gott, das Wetter hält an. Wir haben die Sonne bitter nötig auf den Äckern. Mag sein, dass die bösen Vorzeichen nur Hirngespinste waren.“

Patrick stand auf, lachend. Es war ein verächtliches Lachen. „Altweibergeschwätz“ murmelte er. Aber Nelly hatte feine Ohren und hatte ihn gehört. Bedeutungsvoll hob sie den Zeigefinger, so als horche sie jetzt noch nach draußen.

„Ihr seid doch gestern Nacht draußen gewesen, habt Ihr denn da nichts gehört? War alles still, wie immer?“

„Natürlich!“ Patrick wusste ganz genau, was Nelly meinte.

„Dann habt Ihr doch auch die Stimmen vom See gehört? Fragt einmal den alten Hamish, unseren Pferdeknecht. Der weiß eine ganze Menge darüber. Er sagt, es wohnen Feen im See, die über das Unglück klagen, das den Mac Laurins bevorsteht.“ Nelly hatte flüsternd gesprochen und ihre immer noch dunklen und leidenschaftlichen Augen waren bei diesen Worten groß und rund geworden.

Patrick winkte ab. „Glaub du nur an klagende Feen, Nelly. Ich habe nichts anderes gehört als ein paar heisere Möwen, die sich auf den See verirrt hatten.“

„Mach keine Witze, Pat. Mit solchen Dingen scherzt man nicht. Wenn du mir nicht glaubst, dann frag doch deinen Onkel Murdoch, der kann dir ein Lied davon singen, was für dunkle Mächte da am Werke sind.“

„Ich nehme dich beim Wort, Nelly. Sobald er mit Allan zurückkehrt, werde ich ihn fragen.“ Doch Nelly war schon wieder bis über beide Ohren mit Patricks Unordnung beschäftigt.

Man kann sagen, dass sich Pat an diesem Tage die größte Mühe gab. Er ging dem Vater zur Hand, wo immer es sich anbot. Der alte William bemerkte diese Veränderung an seinem jüngsten Sohn mit Wohlwollen. Sollte er doch langsam erwachsen werden?

Am Mittag, als ausgeruhte Pferdeknechte die Männer auf den Koppeln ablösten, die über Nacht draußen gewacht hatten, erinnerte sich Patrick an etwas.

„Hamish, warte mal! Komm doch mal her.“ Der alte Pferdeknecht führte müde eine Stute in Richtung Stall, um sie zu versorgen. Das Tier humpelte. Hamish humpelte auch. Die ganze Nacht durch bis zum Mittag war er bei der Pferdekoppel draußen vor dem Schloss gewesen, denn jetzt, zu dieser Jahreszeit, brachten die Stuten ihre Fohlen zur Welt und der alte Hamish war ein alter Praktikus. Sonst ein verschlossener und ruppiger Kerl, gab es keinen sanfteren und geduldigeren Geburtshelfer, zumindest wenn es sich um Pferde handelte. Hamish hielt nicht viel von Patrick. Ein Nichtsnutz und Rumtreiber war er in seinen Augen. Also brummelte er etwas von nassem Fell und abreiben. Dann setzte er seinen Trott fort. Es blieb Pat nichts anderes übrig, als ihm hinterher zu laufen.

„Hamish, jetzt warte doch mal. Ich muss dich was fragen. Nelly, du weißt doch, meine Nelly? Sie hat so eine Anspielung gemacht. Was ist das für ein Gerede von Stimmen und Feen im großen See? Hat es wirklich Unglück zu bedeuten, wenn man diese … dieses … na, eben, diese Laute hört?“

Hamish kniff die wässrig blauen Augen zusammen und sie verschwanden in den unzähligen Fältchen in dem vom Wetter gebräunten Gesicht. Der graue, dichte Schnurrbart war weit über die Oberlippe herab gewachsen, so dass der Mund beim Sprechen unsichtbar blieb.

„So sagt man, Master!“, antwortete der Mann einsilbig.

Pat ließ nicht locker. „Und woher weißt du das?“

Hamish, der einen krummen Rücken hatte, richtete sich auf, soweit es ihm möglich war.

„Die Frage ist doch: Wieso wisst Ihr das nicht, Master? Der See gehört seit jeher zu Mac Laurin Castle. Es ist der Schicksalssee des Clans. Und Ihr habt noch nie davon gehört? Seltsam!“ Damit sackte Hamish wieder in sich zusammen und trottete langsam weiter, ohne sich auch nur nach Patrick umzudrehen.

Pat ging ins Haus. Mochte doch der Alte denken was er wollte.

In der Küche schnappte sich Pat eine Schüssel und füllte sie mit Eintopf. Der große Kessel stand schon seit dem Morgen auf dem Herd und blubberte leise vor sich hin. Hammelfleisch, weiße Rüben, Kräuter und Rinderknochen. Dazu ein frisch gebackener Fladen Brot, den Pat ab und zu in die herrlich duftende Mischung tauchte, hmmmm ...!

Rose stürmte herein. „Pat, Pat, schnell, wo bist du ...? Na ja, wo sonst! Lass stehen und komm raus. Da ist gerade Besuch angekommen."

Schon hatte sie ihren Bruder am Hemdsärmel gepackt und zog ihn mit sich. Er hatte noch Zeit seine Schüssel abzustellen und sich mit dem Ärmel über den Mund zu wischen. „Waf zift du denn an mif hefum?"

„Was? Jetzt komm halt!"

Pat schluckte hastig und fragte noch mal: „Was ziehst du denn an mir herum? Ist womöglich schon wieder der alte Mackanzie ..."

„Was? Nein ... was du wieder denkst ... Vater ist zur Pferdekoppel, wegen der neuen Fohlen ... sicher kommt er gleich zurück, aber wie sieht das denn aus, wenn ich allein dastehe, um ..."

Aber da standen sie auch schon im Burghof.

Aus einem überdachten Einspänner stieg eine Gestalt aus. Eine hohe, schlanke Gestalt, ganz in dunkelrotes Tuch gekleidet. Der schwarze Dreispitz war mit einer auffälligen und sehr modischen Feder geschmückt. Spitzen schauten aus den Ärmeln des enganliegenden Rockes und Spitzen umschmeichelten das Kinn des Fremden. Eine enge schwarze Hose und glänzend polierte Reitstiefel vervollkommneten die elegante Erscheinung. Nur eine gepuderte Perücke hätte noch gefehlt, doch stattdessen trug dieser Gentleman das dunkelblonde Haar in einem straffen Zopf zusammengebunden, so wie es im fernen Frankreich üblich war und seit kurzem auch in London.

Rose erzitterte vor Schreck. „Gott helfe uns, ein Engländer!"

Das Reitpferd des Mannes, hinten an den Wagen gebunden, stand unruhig tänzelnd da. Der alte Hamish war bereits mit dem Wassereimer unterwegs, um es zu versorgen. Alle Anwesenden, Knechte, Mägde, sogar die Hunde verhielten sich abwartend und sahen misstrauisch auf den Fremden.

„Wer zum Teufel …?“ Pat ließ den Satz unvollendet, denn der Fremde hatte sich umgedreht und kam nun mit ausgestreckter Hand auf Patrick zu.

„Pat, alter Knabe, wie gut dich zu sehen! Was starrst du mich so an, hee? Erkennst du mich denn nicht? Ich glaube, ich muss meinem Schneider eine Gallone Whiskey spendieren, er scheint einen anderen Menschen aus mir gemacht zu haben.“ Die schlanke Hand schloss sich fest um Patricks Schulter und die sehr blauen Augen blickten offen und freundlich.

Pat zögerte. „Mc Intyre? … Fingal Mc Intyre? Bei Gott, du hast dich verändert!“ Er machte einen Schritt zurück, um sich die ganze Gestalt nochmals genau anzusehen. „Und wie du daherkommst! Wir haben dich glatt für einen Engländer gehalten.“ Laut rief er in die Runde, „Keine Sorge. Einer von uns.“ Zu Mc Intyre gewandt zuckte er mit den Achseln. „Brauchst dich gar nicht zu wundern, Fin. So aufgeputzt, wie du daherkommst.“

Der Besucher lächelte säuerlich, ließ einen skeptischen Blick an Patrick auf und ab gleiten. „Ja, sehr witzig. Ich hingegen habe dich sofort erkannt, mein Lieber. Scheint mir immer noch die gleiche Hose zu sein wie vor vier Jahren, nicht?“

Pat zog ärgerlich die Augenbrauen zusammen. Dachte er doch, er hätte sich heute richtig präsentabel angezogen.

Fin drehte sich zu Rose und verneigte sich elegant. „Verzeiht mir, Mylady, dass ich Euch so direkt anspreche, aber ich habe erwartet, Euch vorgestellt zu werden. Leider scheint dieser Bursche hier“, Fin deutete auf Patrick, der mit verschränkten Armen grinsend dastand, „dieser ungehobelte Bursche scheint überhaupt nicht die Absicht zu haben mich vorzustellen. Darum denke ich, werden wir uns der Sache selbst annehmen müssen. Zu Euer Ladyschaft Diensten, Fingal Mc Intyre, Euer ergebenster Diener.“ Wieder verneigte sich Fin vor Rose, die gar nicht wusste, wo ihr der Kopf stand.

Pat winkte lauthals ab. „Ist ja lächerlich. Das ist Rose, meine kleine Schwester. Weißt du noch? Mach doch nicht so ein Theater.“

Rose stampfte zornig mit dem Fuß auf. „Sei sofort still, Pat. Ich möchte sehr gerne, dass er Theater macht. Ich meine“, schüchtern und mit rosigen Wangen streckte Rose Fin die Hand entgegen, „ich meine, es ist mir eine Ehre einen so höflichen und wohlerzogenen Gentleman hier in unserem bescheidenen Heim empfangen zu dürfen."

Pat schlug sich mit der flachen Hand gegen die Stirn und seufzte: „Gott steh uns bei."

Fin beugte sich über die Hand des Mädchens und deutete einen Kuss an. „Rose ... Ein Name, Mylady, der nie treffender gewählt wurde. " Wieder beugte er sich über die Fingerspitzen des Mädchens und diesmal setzte er einen zarten Kuss drauf. Rose wurde purpurrot und fiel fast in Ohnmacht.

„Eine Bitte, Pat! Dieser Einspänner gehört einem gewissen Pater, der die Güte hatte, ihn mir zur Verfügung zu stellen, nachdem er hörte, wohin mich mein Weg führt. Er war wohl zufällig unten am Hafen, unten in Nairn. Mein Boxer", Fin zeigte auf sein Reitpferd, „hätte mein Gepäck und mich obendrauf nicht tragen können. Würdest du bitte dafür sorgen, dass der Pater ..."

Pat strahlte. Da bot sich eine gute Gelegenheit eine kleine Rechnung zu begleichen. „Jack!" brüllte er quer über den Hof in Richtung Stallungen.

*

Kurze Zeit später, als der alte William das große Kaminzimmer betrat, saßen sein Sohn, Rose und Fingal Mc Intyre bequem zusammen und schlürften heißen Tee. William kannte Fin sehr gut. Er war Allans bester Freund, seit sie in Aberdeen die Schule besucht hatten. Oft war Fin in den Schulferien zu Gast auf Mac Laurin Castle gewesen. Später auch das eine oder andere Mal zum Jagen und Fischen.

„Wie lange ist dein letzter Besuch jetzt her, Fin? Vier Jahre, fünf?" William war ehrlich erfreut über den plötzlichen Besucher.

Fin lächelte und nickte. „So ungefähr, Mylord, so ungefähr. Ich freue mich, euch alle so munter wieder zu sehen. Am meisten, aber freut es mich, dass Allan nicht da ist."

William horchte auf. „Wie? Wieso? Ist etwas zwischen euch vorgefallen?"

Fin nickte und beruhigte sofort seinen Gastgeber. „Aye, Mylord, es ist etwas vorgefallen: nämlich eine Wette!"

Das hörte sich interessant an. Patrick, der quer im Sessel saß und die Beine über die Armlehne baumeln ließ, war begeistert. „Ahhhh, interessant! Erzähl mal. Was für eine Wette?"

Fin schlug die Beine lässig übereinander und stellte seine Teetasse auf den kleinen, niedrigen Tisch in der Mitte. „Nun, Mylord, ich traf vor, drei, vier Wochen meinen alten Freund Allan in London, im Vorzimmer des Lordkanzlers wieder, zusammen mit seinem Onkel. Allan wartete vergeblich auf eine Audienz. Und, nebenbei bemerkt, hätte er mich nicht getroffen, würde er heute noch vergeblich dort sitzen und warten. Kurz und gut: wir trafen uns, ich verschaffte ihm die Audienz und auch den daraus resultierenden Vertrag mit einem überaus angesehenen Bankinstitut, mit der Bank of England. Er konnte dort, wie er sich auszudrücken pflegte „ein märchenhaftes Geschäft" abschließen und er verbrachte die nächsten Tage bei mir in London, bei meiner Familie. Sein Onkel Murdoch weigerte sich allerdings, unsere Gastfreundschaft anzunehmen. Er mietete ein Zimmer in der Nähe. Aber ich muss sagen, er hat meine Mutter tief beeindruckt. Ich glaube, sie hat alle Freundinnen zum Tee eingeladen und er musste ihnen von Mac Laurin Castle erzählen. Aus alter Freundschaft hat Allan mich dann eingeladen, einige Tage hier zu verbringen. Das habe ich gerne angenommen. Wir haben aber gewettet, dass ... nun ja, es ging darum, wer als erster hier ankommt." Fin stand auf und machte einige Schritte zum Kamin, in dem das Feuer angenehm behaglich brannte. „Wir nahmen zwei verschiedene Schiffe und verloren uns auf See natürlich aus den Augen. Wie es aber jetzt aussieht, kommt Allan viel später an und da er der Verlierer ist, wird er für die Hochzeit aufkommen müssen."

Drei Augenpaare starrten stumm auf den jungen Gentleman. William fand als erster seine Sprache wieder. „Hochzeit? Was ...", er musste sich räuspern. „Welche Hochzeit meinst du, Mc Intyre?"

Rose verfolgte atemlos das Gespräch.

„Nun, Mylord, nachdem das Bankgeschäft so vorteilhaft abgeschlossen war, befand sich Allan natürlich in Hochform. Wir haben alle viel gelacht und in Erinnerungen geschwelgt. Meine Schwester Mary ... die beiden haben sich gleich gut verstanden, Mary und Allan. Kurz, die beiden haben sich noch in London verlobt und wollen so schnell wie möglich heiraten. Und so, Mylord kam es zu der Wette. Wer als Letzter ankommt, muss die Hochzeit ausrichten."

Keiner sagte ein Wort. Mit solchen Neuigkeiten hatte niemand gerechnet. William zwinkerte ungläubig, Rose lächelte selig über die romantische Geschichte und Patrick hatte an seinem Bruder noch nie eine so impulsive Seite entdeckt.

Fin nahm diese Betroffenheit als Ablehnung. Man merkte seiner Stimme an, wie gekränkt er war, als er kühl entgegnete: „Ich weiß natürlich, Mylord, dass Ihr Euch für den zukünftigen Clanführer und Erben von Mac Laurin Castle eine andere Partie gewünscht habt. Eine Dame mit Vermögen und Landbesitz. Leider kann ich meiner Schwester keines von beiden mit in die Ehe geben, doch seit gewiss..."

William sprang förmlich auf und wischte mit einer entschlossenen Armbewegung alle Worte beiseite.

„Wenn Allan unsere Sache erfolgreich zu Ende gebracht hat, dann pfeife ich auf eine reiche Erbin, hörst du, Mc Intyre! Ach, wie gut, wie gut!" Der alte William strich sich zufrieden über den grauen wolligen Bart und versicherte: „Die Mac Laurins haben genug Land. Hauptsache, mein Sohn nimmt eine waschechte Schottin zur Frau. Das ist das Wichtigste! Potztausend, das ist wieder typisch für Allan. Macht keine halben Sachen. Freut mich, Fin, freut mich außerordentlich. Na, da wird es wohl wieder ein Fest in unserem alten Steinkasten geben, das seinesgleichen sucht. Das ist ein Grund zum Anstoßen, Kinder. Rose, gib uns doch mal von diesem fabelhaften Whiskey, den ich vor 7 Jahren ..."

Rose war schon aufgestanden und zu dem alten, polierten Intarsien Schränkchen gegangen, welches einige besondere Kostbarkeiten aus der eigenen Destillerie enthielt und hatte eingeschenkt.

William lächelte breit. „Und nun, mein Junge, lass doch dieses britische „Mylord". Höre ich gar nicht gern. Mir ist unser altes „Master" viel lieber. Ehrlicher. Du weißt, dass sie den Clanoberhäuptern den Adel abgesprochen haben, damals, nach dem großen Schlachten! Hmmm ... weißt du was? Ich schicke die Mädchen jetzt hinauf, um ein Zimmer für dich herzurichten. Und ein Feuer im Kamin brauchst du auch. Du bist selbstverständlich unser Gast, Mc Intyre. Nein, keine Widerrede." William schlug Fin kräftig auf die Schultern und verließ das Zimmer.

„Was machst du überhaupt in London? Und wieso konntest du ... ich meine ... was hast du mit dem Lordkanzler zu schaffen?" Patricks Frage kam derber aus seinem Mund, als er es eigentlich gewollt hatte.

Fin lächelte sein umwerfend charmantes Lächeln und verneigte sich leicht. „Eine gute Frage, Patrick, wirklich eine gute Frage. Wir leben in bescheidenen Verhältnissen in London. Meine Mutter, Mary und ich. Eine kleine Wohnung, mehr gibt mein Gehalt nicht her. Auf Mainland gab es kein Auskommen mehr für uns. Damals, als ich mit der Schule fertig war und der Vater starb, versuchten wir es mit Schafen. Das funktionierte nicht. Wir haben Robben gejagt und Wale. Aber die stürmische See war für unsere Schiffe zu …"

Pat war völlig fassungslos. „Du bist auf Walfang gewesen? Gibt's ja nicht." Er gluckste vor Vergnügen.

Fin ließ die Schultern hängen und seufzte. „Mainland ist eine verdammt raue Gegend, Pat, verdammt rau. Und wenn du keinen Clan hast, der dir hilft …"

Rose, von Fin völlig fasziniert, fragte impulsiv: „Mainland? Ist das noch Schottland? Nie davon gehört."

Pat schlug sich auf die Schenkel und fiel vor Lachen fast vom Sessel, Rose fühlte sich blamiert und verstummte.

Fin ergriff die Hand des Mädchens und drückte sie auf die linke Seite seiner Brust. „Aye, Missy. Eine kleine Insel, die nördlichste, die unser Schottland hat. Stürmisch und kalt. Selbst den Wikingern wurde es damals bei uns zu ungemütlich und sie ließen uns dort in Ruhe."

Rose hatte das Gefühl, diesem lieben, vornehmen Mann gegen alle kalten Stürme dieser Welt beistehen zu müssen. Sie wollte gerade etwas antworten, als Pat wie von der Tarantel gestochen auf die Füße sprang.

„Heee, was fällt dir ein! Lass meine Schwester los, du, du …! Allan ist der Bräutigam, nicht du! Das kannst du dir mit deinen Londoner Damen erlauben, aber nicht hier!"

Patrick funkelte den Besucher zornig an. Er liebte Fin vom ersten Augenblick an, er wusste es nur noch nicht. William kam wieder und setzte sich in seinen Sessel.

„Ist was?" William sah, dass sich hier zwei Männer sprungbereit gegenüberstanden. „Was ist denn los?"

Rose ergriff wütend Partei und nahm Patrick das Whiskeyglas weg. „Pat ist betrunken und unhöflich, das ist los. Beleidigt unseren Besuch."

„Waaas?" Pat war kurz davor zu platzen. „Dieser aufgetakelte Pfau schleicht hier um dich rum und du verteidigst ihn auch noch? Wir haben Mc Intyre vor vier Jahren zum letzten Mal gesehen. Jetzt kommt er aus London daher, will sich an Rose ran machen und …Was wissen wir denn schon von ihm? Dass er mit den Engländern unter einer Decke steckt. Seht ihn doch an. Und kennt auch noch den Lordkanzler!"

Rose wollte wütend auf ihren Bruder losgehen, als der alte William sich auf Fins Arm stützte und ihn zur Tür hinauszog. „Achte nicht auf die beiden. Komm, Fin, ich zeige dir dein Zimmer."

Fin verneigte sich elegant gegen William und verließ mit ihm langsam das Zimmer. Fin Mc Intyre liebte Patrick vom ersten Augenblick an und er wusste es auch.

*

Am Abend, als man sich zum Dinner im Speisezimmer traf, hatte Rose sich für den Abend besonders hübsch gemacht. Sie trug ihr gutes Kleid und hatte sich auch ihre kleinen goldenen Ohrringe angesteckt. William hatte sich in seinen bequemen Sessel gesetzt und prostete den Anwesenden mit einem kleinen Sherry zu. „Auf unser aller Wohl! Nicht mal diesen lausigen Sherry würde der Doktor mir erlauben. Aber heute soll's mir egal sein. Heute ist ein besonders glücklicher Tag. Mc Intyre, du weißt gar nicht, wie willkommen deine Neuigkeiten waren."

Fin hatte ein grobes Leinenhemd und eine dunkle Hose angezogen.

Er wollte mit seiner englischen Kleidung keinen Ärger machen. Allerdings war auch dieses Hemd mit Spitzen an Ärmeln und Kragen versehen. Pat sah grollend auf den Besucher. So leicht würde er sich nicht von diesem hochnäsigen Affen einfangen lassen.

Zwei Mägde trugen das Essen auf. Gedämpfter Lachs, mit Kräutern und saurer Sahne, mit Erbsen und Gerstenbrei. Danach ein scharfer Hasenpfeffer mit weißen Rüben, hinterher geröstete Äpfel mit Bisquitbröseln und Honig.

„Den Lachs hat mir einer meiner Knechte gefangen, Fin. Ich kann dir sagen: Das Tier war so lang, wie ein erwachsener Mann. Muss ein harter Kampf gewesen sein, bis er den Riesen endlich an Land ziehen konnte. In unserem See gibt es ab und an solche Monster." William genoss das Mahl sichtlich.

„Nelly hat mir von ganz anderen Monstern in unserem See erzählt." Pat nutzte die Gelegenheit. Würde er etwas über diesen albernen Aberglauben erfahren?

„Nelly und der alte Hamish. Faseln da etwas von Stimmen und Feen in den Tiefen des Sees."

William ließ seine Gabel laut auf den Teller fallen. „Alles Unsinn, Patrick. Hör nicht auf sowas! Das sind Überbleibsel aus heidnischen, dunklen Zeiten. Damit wollen wir hier auf Mac Laurin Castle nichts zu tun haben!"

Fin trank einen Schluck Ale, räusperte sich und wandte sich dann an William. „Meine Mutter hat uns Kindern immer erzählt, in den Flüssen würden Kelpies hausen. Die Flüsse auf Mainland sind höllisch reißend und viele stürzen über die Klippen ins Meer. Angeblich lauern dort die Kelpies auf dem Grund, bis ein Kind ins Wasser steigt. Dann schnellen sie hervor, packen das Kind und ziehen es in die Tiefe."

Kelpies waren der Legende nach Pferde mit Fischschwanz. Man fürchtete sie überall in Schottland.

Rose, Fin direkt gegenüber, war neugierig. „Kelpies soll es hier auch in den Flüssen geben. So heißt es jedenfalls. Aber hier haben sie nie ein Kind erwischt. Und bei euch? In Mainland?"

Fin schüttelte den Kopf und lächelte. „Keine Ahnung. Von dem Augenblick an, als meine Mutter die Geschichte erzählt hat, ging keiner von uns mehr in die reißenden Flüsse. Ich denke, das ist der wahre Grund, warum Mütter Kelpies erfinden. Damit Kinder nicht im tiefen Wasser spielen und ertrinken."

„Oh, wie schlau du bist!", höhnte Pat und schnitt Fin eine Grimasse, erhielt aber zum gleichen Zeitpunkt einen gezielten Tritt unter dem Tisch von Rose.

„Also, wenn wir schon von Pferden sprechen." William drehte sich zu Fin, „wir haben morgen früh eine kleine Aktion mit unseren Clydesdales vor. Du kannst dich gerne anschließen."

Fin nickte höflich. „Im Stall, neben meinem Boxer stehen welche. Ich habe mich schon gewundert, wieso hier so riesige Pferde geritten werden. Aber wenn Ihr, Master William, diese Giganten züchtet … ist diese Rasse für das schottische Hochland nicht zu schwer? Im Moor? Ich glaubte, es gäbe sie nur am Clyde, westlich von Glasgow."

William nickte, hatte aber den Mund voll mit Lachs und konnte nicht so schnell antworten. Pat nutzte die Gelegenheit, um Fin zu provozieren.

„Pahh, ein guter Reiter kann jedes Pferd reiten, überall! Wir züchten die Clydesdales aber nicht für uns selbst. Sie werden in den großen Städten gern zum Ziehen von Lasten eingesetzt. Sie sind bärenstark, wie dir jeder bestätigen wird. Wir verkaufen sie nach Edinburgh, Aberdeen, ja sogar in deinem geliebten London findest du sie auf den Straßen."

Fin faltete die Serviette auf seinem Schoß nervös auseinander und wieder zusammen. „Ich glaube, ich sollte etwas klarstellen, denn alle hier Anwesende haben ein Recht auf die Wahrheit."

Alle Augen richteten sich auf Mc Intyre.

„Ja, es stimmt, wir leben in London. Ja, es stimmt, ich verdiene meinen Lebensunterhalt dort. Die Regierung hat ein Ministerium speziell für die Verwaltung von Schottland eingerichtet, schon seit langem. Der Minister hat zwei Sekretäre. Diese Sekretäre, haben ihrerseits je einen Schreiber und einen Sekretär. Und die beiden haben ebenfalls einen Sekretär. So ein Sekretär bin ich. Die meisten Sekretäre in diesem Ministerium sind Schotten. Dadurch war es mir auch möglich, Allans Gesuch heimlich unter die Dokumente des Ministers zu schmuggeln, damit man überhaupt Notiz von der Angelegenheit nahm. Alles andere lag in Allans Hand, aber wir wissen ja, was für ein Mann Allan ist. Es war zu erwarten, dass er Erfolg haben würde."

Pat wollte gerade seine geringschätzige Meinung über schottische Speichellecker rausposaunen, als der alte William mit seiner Gabel auf ein Gemälde zeigte, das im Esszimmer an der Wand hing. „Dieser Mann dort, Glenn Mac Laurin, er war ein fürchterlicher Dummkopf und Verschwender, aber eins hatte er: Pferdeverstand. Er hatte die Idee mit der Pferdezucht. Ich glaube, es war die einzige gute Idee, die er in seinem Leben hatte. Also, willst du Morgen mitmachen?"

Fin wollte gerade erklären, dass er eigentlich gerne wüsste, um was es sich handelte, aber Rose kam ihm zuvor. „Oh ja, Fin, bitte!", sie strahlte übers ganze Gesicht, „Es ist so ein Spaß! Die Knechte treiben die Pferde, die in der Stadt verkauft werden sollen, in den Hof. Dann beginnen wir alle Krach zu machen. Zuerst wird nur gerufen und geschrien. Nach einer Weile schlagen wir mit Töpfen aneinander und mit allem was scheppert. Die Knechte passen dabei auf, dass keines der Tiere verrückt wird. Aber, weißt du, bei uns hier draußen ist es so leise und ruhig. Die Tiere müssen aber in der Stadt mit einer lauten und fremden Umgebung fertig werden. Sie könnten durchgehen und großen Schaden anrichten. Dann kaufen die Händler nächstes Mal keine Tiere mehr von uns. Darum dieses Training.

Du wirst sehen, es ist schrecklich lustig."

William nickte zufrieden, „In zwei Tagen feiern wir im Dorf das Fest zu Ehren des Heiligen Andreas. Da werden schon die ersten Pferde verkauft. Kann sein, du hast im Handumdrehen London vergessen."

Fin war erstaunt. „Wie? Jetzt? Im Frühling? Bei uns, in Mainland, ist es üblich, das Fest unseres Schutzheiligen im November..."

Der alte William winkte ab. „Ja, sicher, bei uns ja auch! Nur eben dieses Jahr nicht, Mc Intyre! Nicht dieses Jahr! Wir haben sogar vom Pastor die Genehmigung eingeholt, um das Fest unseres Heiligen vorzuverlegen. Unsere Felder brauchen einen Fürsprecher, dort oben!" William zeigte mit dem Zeigefinger hinauf.

Fin seufzte. Natürlich meinte William nicht die Zimmerdecke, sondern den Himmel. Einen Fürsprecher im Paradies, in der Nähe von Gottvater. Also hatte Allan in London nicht übertrieben, als er ihm die gefährliche Lage des Clans anvertraut hatte.

Als in dieser Nacht Fin Mc Intyre zu Bett ging, stand er eine ganze Weile am offenen Fenster und schaute zum Sternenhimmel hinauf. Dieser Patrick, er ließ ihn nicht los. Immer wieder kreisten seine Gedanken um ihn. Fin hatte es gelernt, seine Neigung zu verschweigen, für sich zu behalten, ganz in seinem Inneren zu verstecken. Nicht einmal seine Familie wusste davon. Sein Vater hatte den kleinen Sohn einmal mitgenommen, damals, als sie alle noch auf Mainland wohnten. Zu einer öffentlichen Hinrichtung. Die Menge hatte vor Freude gegrölt, als man die beiden Männer bestialisch tötete. Hängen, strecken, vierteilen. „Die sollen froh sein, dass Verbrennen auf kleiner Flamme nicht mehr erlaubt ist. Da hätten wir den ganzen Tag was davon gehabt. Satansbrut, verfluchte." Der Pfarrer war der eifrigste bei der Hinrichtung gewesen. Sein Kirchenchor hatte einen Choral angestimmt, als man den ersten in vier Teile hackte. Mit einer Fleischeraxt. Hinterher ging der alte Mc Intyre in die Schenke, um zu trinken. Dass er seinen kleinen Sohn dabei hatte, war schon vergessen. Fin war nach Hause gelaufen und hatte Wochen lang nicht schlafen können. Er konnte die blutigen Bilder nicht vergessen. Erst in London, schon als erwachsener Mann, hatte er Alvaro getroffen, einen jungen Spanier, der das gleiche Geheimnis hatte wie er. In Spanien hätte ihm bei einer Entdeckung das Würgeeisen gedroht, die Garotte, vorher hätte man ihm noch die Genitalien abgeschnitten. Der Junge wollte eigentlich in ein Kloster gehen, sich dort vor der Welt verstecken und für seine lästerliche Sünde Vergebung finden. Denn die katholische Kirche predigte für Sodomiten das Höllenfeuer in alle Ewigkeit. Alvaro und Fin hatten einige glückliche Wochen verbracht, immer auf der Hut vor Entdeckung und Tod. Dann war Alvaro eines Tages nicht zu finden. Verschwunden, ohne eine Spur oder einen Gruß zu hinterlassen. Fin hatte ihn gesucht, doch er blieb verschwunden. Vielleicht hatte er sich das Leben genommen, weil er mit der Hoffnungslosigkeit nicht mehr zu Recht kam. Die Themse kannte viele solcher Schicksale. Es hatte gedauert, bis Fin aufgehört hatte daran zu denken. Und jetzt traf er Patrick. Verflucht, verflucht! Fin liebte ihn. Das war ihm nur zu klar. Aber was war mit Pat? Fin hatte so ein Gefühl …

*

Rose sollte Recht behalten. Schon am frühen Morgen wurde Fin von einem Heidenlärm geweckt. Draußen wurden die Pferde, die verkauft werden sollten, kreuz und quer durch den Hof geführt. Männer, Frauen und Kinder veranstalteten ein elendes Geschrei und Gepolter, rannten wild durcheinander und verstummten für eine Weile, aber nur, um bald darauf wieder ein Höllenspektakel zu veranstalten.

„Guten Morgen, Mylady!“ Fin verbeugte sich und deutete einen Handkuss an.

Rose knickste artig und war hocherfreut, den jungen Schotten zu sehen. „Oh, Verzeihung, Fin. Haben wir dich geweckt?“ Rose hatte wie selbstverständlich diese vertraute Anrede gewählt. In ihren Augen war das durchaus gestattet, denn handelte es sich hier nicht um ihren zukünftigen Schwager? Rose trug ein helles Leinenkleid mit dunkelroter Blumenstickerei am Oberteil und blauen Bordüren um Ausschnitt und Taille. Zwei alte, rostige Topfdeckel in ihren Händen ließen darauf schließen, dass sie sich am morgendlichen Spektakel kräftig beteiligte. Fin bemerkte, dass sie sich einige frische Blüten mit einer Silberspange ins Haar gesteckt hatte, wohl in der Hoffnung, sich von der besten Seite zu zeigen. Und Fin war der Mann, das durchaus zu bemerken.

„Euer Anblick, heute Morgen, Mylady, entschädigt mich für alles, was mir heute noch an Schrecklichem geschehen könnte.“

„Oh, was sollte Schreckliches geschehen?“ Rose lächelte spitzbübisch.

Fin stöhnte gequält. „Seht Ihr Euren Bruder, Missy? Dort, gleich hinter den beiden Stuten? Ich bin sicher, er wird mir gleich wieder an den Kragen wollen, ich sei ein englischer Spion und sollte eigentlich sofort von hier verschwinden."

Da kam schon Pat, völlig außer Atem, das Hemd aus der Hose gezogen und die Haare in eine Art Heuhaufen verwandelt. Er hielt einen jungen Wallach am Zügel und versuchte, dass riesige, verwirrte Tier durch Streicheln zu beruhigen.

„Alles gut, Pferd, alles gut. Siehst du, das ist nur der liebe Fin. Ganz harmlos. Der hat mehr Angst vor dir als du vor dem Getöse." Provozierend grinste er seinen zukünftigen Schwager an und tätschelte dabei den Hals des Pferdes.

„Seht Ihr, Missy? Genau das habe ich gemeint. Jetzt bin ich also ein Feigling. Was soll man da nur tun, Missy? Habt doch die unendliche Güte und ratet mir." Fin lächelte Rose an und wirkte keinesfalls durch Patrick verunsichert.

„Achte nicht auf Patrick. Das tut kein Mensch hier." Rose hatte keinerlei Bedenken, gegen ihren Bruder Partei zu ergreifen. Der konnte schon mal einen Dämpfer vertragen.

Pat, der mit dem aufgeregten Tier zu kämpfen hatte, wollte noch eine spöttische Bemerkung machen, aber da stieß er fast mit Jack zusammen. Der junge Pferdeknecht hatte sich bis auf die Hose ausgezogen und hielt eine Stute am Halfter, die nervös den Kopf hochzuwerfen versuchte und die Ohren anlegte. Pat warnte Jack.

„Pass auf, pass bloß auf, die beißt gleich zu, Jack!"

Aber Jack hielt die Stute im eisernen Griff, obwohl das Tier zog und zerrte. Jack brüllte laut ein altes, schottisches Seemannslied und kraulte dem mächtigen Tier das Fell. Und wirklich beruhigte sich die Stute schnell und rieb ihre rosigen Nüstern an dem jungen Burschen. Pat starrte auf Jacks nackten Oberkörper und das Spiel der Muskeln. Der Stallbursche drehte sich um und schaute triumphierend zu Patrick herüber, der immer noch starrte und den Blick nicht abwenden konnte von dieser geballten Ladung Kraft und Männlichkeit. Ohne es selbst zu bemerken, legte Pat eine Hand auf sein Glied, welches sich durch den Stoff der Hose abzuzeichnen begann. Dann schloss er plötzlich die Augen, unterdrückte ein Stöhnen, doch ließen seine Züge die innere Spannung erkennen.

Im nächsten Augenblick schon schaute er voller Panik um sich, ob auch niemand etwas gemerkt hatte … und traf auf die blauen Augen von Fin.

*

Patrick überlegte den ganzen Tag, wie er am besten Fin Mc Intyre loswerden konnte. Vielleicht wäre es gut, ihn am Abend mit zu Freunden zu nehmen, wo er sich so richtig in die Nesseln setzen konnte? Das sollte ihn schon von seinem hohen Ross holen.

Später am Tag, als die Pferde wieder auf der Weide waren, die Knechte auf dem Feld und in den Ställen, fragte Patrick ganz beiläufig: „Was meinst du, Fin, möchtest du vielleicht mit ein paar Freunden heute Abend ein bisschen Spaß haben? Wir reiten ins Dorf und treffen uns bei der Witwe Malone. Die hat einen erstklassigen alten Steinkeller. Dort stört uns kein Mensch."

Fin, erfreut über die Gelegenheit mit Pat Frieden schließen zu können, willigte ein. „Hast du einen Kilt dabei, Mc Intyre, oder bist du immer als Engländer verkleidet? Na, macht nichts, ich hab' einen für dich."

Fin wirkte etwas besorgt. „Du weißt aber schon, dass du gegen das Gesetz handelst, wenn …"

Patrick zog die Mundwinkel herab. „Ja, ja, ja, hör auf! Sei kein Hasenfuß! Wir sind dort ganz unter uns. Also, was?"

Und da Fin sich keinen Hasenfuß nennen lassen wollte, machten sich die beiden noch bei Tageslicht auf den Weg ins Dorf. Sie ritten einen Teil des Weges am Moor entlang, dann nahmen sie die Straße. Zwei, drei, heiße, trockene Tage hatten genügt, um die Wege für die Pferde trittsicher zu machen.

„Scheint mir kein übles Tier zu sein, dein Boxer. Hast du schon Fohlen von ihm?" Patrick war neugierig. Boxer schien ihm eine Stute wert zu sein.

Fin druckste herum. „In London steht er in einem Mietstall in der Innenstadt. Einige Gentlemen haben schon Interesse an meinem Pferd gezeigt, aber … ich will nicht, dass seine Fohlen irgendwo in ganz England verstreut sind."

Pat knurrte. „Du hast Recht. Was muss ein englischer Hintern auf einem guten, schottischen Pferd sitzen."

Leichter, milchiger Nebel begann sich im Unterholz zu verfangen und am Waldrand konnte man einige Rehe erkennen. Scheu und vorsichtig hoben sie die schlanken Köpfe in die Luft, um nach Feinden zu wittern.

Als die beiden Reiter in Nairn ankamen, war es dunkel und aus den kleinen Fenstern der niedrigen Häuser schien goldenes Licht.

Am südlichen Ende des Dorfes stand ein Haus aus Stein. Es war früher das Haus des Schmiedes gewesen. Doch der Mann war umgekommen, die Söhne waren fortgezogen und so hauste die alte Witwe Malone allein und verlassen in dem großen Haus. Die Pferde wurden in eine lumpige Scheune gestellt, anschließend klopfte Pat drei Mal kräftig an die Holztür.

Eine alte Frau, den Rücken krumm, die Haare weiß, öffnete.

„Oh, du bist es, David. Komm herein, die Kinder warten schon auf dich. Wo bist du nur so lange gewesen." Die Frau war verwirrt und lebte in der Erinnerung an ihren Mann und ihre Kinder.

Fin und Pat traten ein. In der Stube saßen vier junge Männer, keiner älter als 20 Jahre. Einer von ihnen stand auf, und kam auf Pat zu. „Wir haben schon gehört, dass ihr Besuch habt, Pat. Ist er das?" Ein misstrauischer Blick aus grünen Augen.

„Bist du sicher, dass wir ihm trauen können?", wollte ein anderer wissen.

„Alles in Ordnung. Er ist ein alter Freund von Allan. Fingal Mc Intyre." Fin grüßte mit einem kurzen Kopfnicken.

Einer der Männer tätschelte der Alten freundlich die Wange. „Wir gehen jetzt in den Keller, Großmutter Malone. Hier hast du ein Stück Käse und ein Brot. Setz dich und iss. Und lass niemand ins Haus, hörst du?" Die Alte schaute gierig auf das Bündel, in dem sich das Essen befand,

„Danke, mein Junge. Aber bleibt nicht zu lange dort unten. Du weißt, Vater sieht es nicht so gerne."

Pat tippte sich mit dem Finger an die Stirn, um Fin klarzumachen, dass die Frau nicht recht bei Sinnen war.

Alle sechs gingen durch eine niedrige, aber stabile Tür, hinter der eine lange Treppe hinabführte.

Fin fühlte modrige Kühle, sah graue Steinwände, die teils mit Moos bewachsen waren. Der erste der Männer, der mit der Öllampe voraus gegangen war, stellte die Lampe jetzt auf einen einfachen, aber schweren

Holztisch, der mitten im Keller stand. Es handelte sich um einen alten Gewölbekeller, aus Stein erbaut, genauso wie das Haus. Der Keller schien nach Art der Römer gemauert worden zu sein. Vielleicht hatte er in alter Zeit zur Aufbewahrung von Weinfässern gedient.

In der äußersten Ecke stand eine gewaltige Truhe.

„Darf dieser Fin Mc Intyre das alles wissen, Pat? Kann man ihm wirklich trauen?“ Der, der gesprochen hatte war groß und schlank. Aber eigentlich waren sie das alle vier. Mit zotteligem langem Haar und sehnigen jungen Körpern. Sie legten ihre Hosen ab.

„Wenn ich’s dir doch sage, Alexander. Er wird über kurz oder lang mein Schwager.“

Fin sagte nichts, wartete ab. Dann erkannte er, welche Schätze sich in der alten Truhe befanden. Man holte karierte Stoffbahnen heraus, Plaids, fein gewebt und sehr lang. Diese Bahnen wurden geschickt um die Hüfte gewickelt und mit dem Gürtel in der Taille drapiert. Den verbliebenen Rest der Stoffbahn warf man sich über die Schulter und schob ihn zum besseren Halt ebenfalls unter dem Gürtel durch. In der Truhe befanden sich auch drei Dudelsäcke und einige Zinnbecher. Als sie sich umgezogen hatten, steckten sich die Männer lange schottische Dolche in den Gürtel, Dirks, die überall verboten waren. Aber eigentlich war alles, was aus dieser alten Truhe genommen worden war, verboten und wäre jetzt ein englischer Offizier in diesen Keller gestolpert, so hätte nichts auf der Welt die Anwesenden vor dem Galgen retten können.

„Da staunst du, was?“ Patrick stand breitbeinig und stolz vor Fin. „Hier können wir das sein, als was Gott uns erschaffen hat: Schotten! Hier spielen wir die alten Lieder und trinken Ale, bis wir vergessen, dass wir nur Knechte der britischen Schweine sind.“

Einer der Männer brachte einen Schlauch Ale von irgendwo her und goss schäumend in die Becher ein.

„Kannst du den Dudelsack spielen, Mc Intyre?“, fragte er mit breitem Grinsen. Ein einnehmendes Gesicht, mit einer Narbe über der linken Augenbraue.

„Nein, tut mir leid.“

Ein anderer brachte ihm einen vollen Becher. „Hier, trink! Das wirst du wohl können.“ Allgemeines Gelächter.

Fin trank und wischte sich über den Mund. „Nicht schlecht, euer Ale.

Und wer spielt nun den Dudelsack? Oder könnt ihr das am Ende gar nicht."

Allgemeines Hallo und Geschimpfe ging los. Bis einer lauthals verkündete: „Hier, unser Alexander Dunbar. Er ist der beste Dudelsackpfeifer der Highlands. Wir zwei, Liam und ich, wir spielen auch, aber keiner kann ihm das Wasser reichen."

Und los ging's. Die drei Pfeifer schritten würdevoll im Kellergewölbe auf und ab und spielten dabei ein temperamentvolles, mitreißendes Lied, auf das die beiden anderen, Patrick und Duncan, zu tanzen anfingen. Mit erhobenen Armen, einander gegenüber, bewegten sie sich mit springenden Schritten im Takt auf Zehenspitzen, wie es bei einem echten Reel üblich war.

Nach dem Lied kühlte man sich mit Ale ab. Fin sah sich um. „Wisst ihr was? Ihr habt hier viel zu wenig Licht im Keller." Zwei weitere Öllampen, die an der Wand in Kopfhöhe hingen, wurden von ihm angezündet. „So, jetzt kann ich euch wenigstens erkennen."

„Sag mal", Duncan lümmelte an der Wand herum, „du weißt aber schon, wie ein Kilt gebunden wird, oder was." Duncan war der jüngste der fünf, aber sein Verstand arbeitete nicht gerade schnell. Er hatte eine Zahnlücke im Vorderbereich seines Kiefers und lispelte.

Fin schlug Duncan auf die Schulter. Muskeln wie ein Ochse, dachte Fin, und die Seele eines Kindes.

„Nun, Masters, ich will es euch gern erklären. Auf Mainland tragen die Schotten selten Kilt, denn dort ist es verflucht windig und kalt. Wir alle tragen dort schon immer Hosen. Und den Dudelsack spielen wir auch nicht. Bei uns musizieren wir mit der Fiedel."

Alexander hob seinen Becher. „Ein Hoch auf die Fiedel." Alle stimmten in den Ruf mit ein und kippten das Ale herunter. Wieder wurde nachgegossen.

„Aber irgendwas wirst du doch wenigstens singen können, auch wenn es noch so trübsinnig bei euch da oben ist. Oder bist du noch nicht aus dem Stimmbruch raus." Pat grinste herausfordernd. Wenn sich Fin jetzt blamierte, würden ihn seine Freunde tüchtig auslachen. Das sollte für diesen Angeber die richtige Lehre sein.

„Nun, eine Harfe habt ihr doch nicht hier, oder?" Liam hob völlig ungeniert den Kilt von Miles, der zwar eine wilde lockige Mähne auf dem

Kopf trug, unter dem Kilt aber so gar nicht imponieren konnte.

„Nein, Fin, tut mir leid, kann keine Harfe finden, nur eine kleine Pfeife ist noch da.“ Die jungen Männer hielten das für einen fabelhaften Spaß und grölten laut Beifall.

„Dann vielleicht ein Lied aus der Zeit der Dänenkriege? Dazu brauche ich nur den Tisch.“

Pat stutzte. „Was willst du mit dem Tisch? He, du sollst singen, du Angeber, oder willst du dich drücken?“

Fins Augen wurden hart. Was wussten diese Kinder von seinem entbehrungsreichen Leben? Davon, dass mehr als ein betrunkener Kopf und ein großes Mundwerk dazu gehörte, um zu überleben. Als er nach London gegangen war, um Arbeit zu suchen, hatte er manches böse und erniedrigende Wort schlucken müssen. Er hatte durchgehalten. Fern von zu Hause. Er hatte den Mund gehalten und sich durchgebissen, denn er hatte Verantwortung getragen. Also schlug er jetzt zornig und unerwartet auf die Tischplatte. Die Jungs fuhren erstaunt zurück. Fin schlug wieder auf die Tischplatte, diesmal noch lauter. Dabei sah er Pat direkt in die Augen. Es folgten weitere Faustschläge im gleichen Rhythmus, gleich stark, gleich dumpf. Dann sang er mit fester, klarer Stimme:

„My father told me	Mein Vater sagt mir,
someday I will die	dass ich find den Tod,
fighting for new lands	beim Kampf um neues Land,
with bloodcovered hands	mit blutverschmierter Hand.
Let out my warcry	Stoß den Kriegsruf aus,
show I have no fear,	Zeig‘ ohne Angst bin ich,
Valhallas door to haven	Walhallas Tor ins Jenseits
will open wait for me	erwartet offen mich.“

Der Rhythmus des Liedes war wie der Ruderschlag der Dänenkrieger, der Takt der Faustschläge auf den Tisch. Ohne Schnörkel, ohne anderes Instrument. Vielleicht darum so wild.

Die fünf Burschen standen atemlos.

Miles machte runde Augen und formte mit seinen Lippen ein „Oooo“, doch blieb sein Ausruf ohne Ton. Dann blickte er in die Runde.

„Zum Teufel, ich glaube, mir sind eben noch ein paar Haare auf den

Eiern gewachsen."

Er reichte Fin die Hand, schüttelte sie kräftig und versicherte: „Das war wirklich gut, Fin, wirklich gut. Ganz ehrlich!"

Auch Alexander, der Mann mit der Narbe, war beeindruckt. „Schaut mal", er hob seinen Kilt, „mein Dick sagt, das Lied hat ihm besser gefallen als die neue Hure in Househill."

Househill war der Standort der englischen Garnison, nahe bei Nairn. Die Soldaten dort gaben einen Großteil ihres Soldes für Prostituierte aus.

Duncan spielte den Frauenkenner. „Pah! Als ob ihr schon mal mit den Weibern dort was zu tun hattet ... Ich allerdings ..."

Alle lachten ihn aus, denn sie wussten, dass Duncan bereits eine Verlobte hatte, der er sehr zugetan war.

Miles schlug ihm freundschaftlich auf die Schultern. „Ich wünsche dir so ein Weib nicht, Duncan. Jeder weiß, dass die Huren in Househill aussehen wie der Hintern meines Maultiers. Die Engländer kriegen keine besseren."

Wieder wurde gegrölt, wieder wurde getrunken.

Jetzt war die Reihe an Fin, Patrick auf den Zahn zu fühlen.

Fin stellte seinen Becher auf die Truhe, dann schaute er lächelnd auf Pat. „Ich glaube, bei eurem kleinen Treffen fehlt das Wichtigste."

Alexanders dunkle Augen flammten begierig auf. „Was, sag' schon! Möchte mal wissen ..."

„Na, das hier, was sonst!" Fin legte blitzschnell seine Hand auf Alexanders Genitalien. Der schnappte kurz nach Luft, war aber zu verdutzt, um in irgendeiner Weise zu reagieren. Fin drehte sich zu den Übrigen. „Weiber! Ihr habt keine Weiber hier! Bei Gott, wie kann man richtig Spaß haben ohne willige Weiber?"

Duncan schüttelte den Kopf und lispelte schicksalsergeben: „Zu teuer, leider. Keine Chance."

Fin sah das anders. „Es gibt einen Bund, einen schottischen Bund. Geheim, natürlich! Es gibt ihn in Aberdeen, in Glasgow, ja, seit neuestem sogar in London. Die nennen sich BEGGARS BENISON. Schon mal davon gehört?"

Allgemeines Kopfschütteln. „Nun, Masters, dann seid ihr hier ganz schön hinter'm Mond. Man trifft sich, gerade so wie ihr. Manchmal haben sie Weiber dabei. Die stehen dann Model für, sagen wir, anatomische

Studien. Sie haben Bilder, Texte mit Beschreibungen verschiedener Praktiken, die nichts für Chorknaben sind."

Miles konnte es nicht fassen. „So einen Club gibt es? Heiliger Andreas, was würde Pater Mackanzie sagen, wenn er das wüsste?" Miles grinste breit.

Fin zwinkerte ihm zu. „Oh, ich glaube nicht, dass er etwas dagegen hätte, Master, denn etliche Kirchenmänner sind Mitglieder im Club. In London soll sogar ein Bischoff bei einer ‚Sitzung' gesehen worden sein."

Miles stöhnte kummervoll. „Tja, von sowas können wir nur träumen!"

Fin war nicht dieser Meinung. „Dann sollten wir aufhören zu Träumen und etwas mehr Initiative entwickeln, Masters."

Er stellte alle Alebecher auf die Truhe. Mit einer Leichtigkeit, die ihm niemand zugetraut hatte, packte er den schweren Tisch und stellte ihn hochkant, so, dass die glatte Tischplatte wie eine Tafel im Raum stand. Dann bückte er sich und nahm einige Handvoll Staub vom Boden. Dieser war im Laufe der Jahre von den Wänden gerieselt und bildete eine dicke Schicht auf dem Boden. Fin warf ihn gezielt gegen die dunkle Tischplatte, die sich sofort hell eingepudert präsentierte.

„Du, Alexander, du spielst uns jetzt mal was romantisches, denn wir bekommen gleich Besuch von einer bezaubernden Dame. Na los, wird's bald? Wie soll ein Künstler sonst seine Inspiration finden?"

Ziemlich ratlos schauten die Männer einander an. Und obwohl sie nicht wussten, was Fin plante, begann Alexander ein sinnliches Liebeslied aus alter Zeit zu spielen, das durch die schrillen Töne des Dudelsacks wild und ungezügelt wirkte.

Doch langsam dämmerte es den Männern. Mc Intyre hatte begonnen, mit dem Finger Linien auf die Tischplatte zu zeichnen. Die Linien ließen das dunkle Holz sehen, während doch der Rest des Tisches hellgrau staubig war. Und diese Linien ergaben die Konturen einer nackten Frau. Mit wenigen Strichen hatte Fin eine junge Frau gezeichnet, die auf der Seite lag, dem Betrachter zugewandt. Es ging ein allgemeines Ooooh und Aaaah durch den Raum. Mit gierigen Blicken folgten die Männer Fins Handbewegungen.

„Wollt ihr große oder kleine Brüste?", fragte Fin.

Die Antworten überschlugen sich. Große, feste, riesige! Alles sollte es gleichzeitig sein.

Alexander hatte aufgehört zu pfeifen. Stattdessen kam er nahe an das

Bild heran. „Und langes Haar, bitte."

„Dann sieht man ihre Brüste aber nicht.", erklärte Fin und ließ sich nicht bei der Arbeit stören. „Lieber kurze Löckchen, Mensch, Alexander, bist du verrückt? Sonst ist doch alles verdeckt."

Voller Begeisterung jubelten alle dem Maler zu. Mit geröteten Gesichtern und heißem Blut stießen sie auf Fins Wunderwerk an und es stellte sich heraus, dass es noch einen zweiten Aleschlauch gab. Liam, der schweigsamer war als die anderen, stellte sich vor das Bild, wollte es berühren, zog aber voller Ehrfurcht seine Hand schnell wieder zurück.

„Die sieht aus wie meine Ellsie!", sagte er heiser und griff sich unter den Kilt.

Ellsie war ein Schankmädchen in Househill, das für jeden die Schenkel öffnete, wenn er gut bezahlte. Für Liam hatte sie es umsonst getan.

Auch die anderen hatten sich vor dem Bild eingefunden und standen seufzend davor. Das provozierende Bild einer nackten Frau ... ein Skandal im biederen Nairn!

Fin klatschte laut in die Hände. „Ja, was? Ist das hier ein Nonnenkloster? Im BEGGARS BENISON bekommt der erste, der seinen Samen verspritzt, einen Schluck vom besten Brandy weit und breit. Und so wollen wir es auch halten. Na? Wer ist der erste?" Fin hielt eine kleine flache Flasche aus Silber hoch, die er aus der Hosentasche gezaubert hatte.

„Jaaaa!" Alexander, der vor nichts Hemmungen zu haben schien, begann sich wie wild unter dem Kilt zu reiben, die Augen feurig auf die liegende Schöne gerichtet. Und dann war es, als wäre ein Damm gebrochen. Vier Männer starrten wie gebannt auf die Tischfläche, stöhnten, seufzten und rieben an ihren steifen Gliedern auf und ab. Mit eingeknickten Knien, oder ruckartigem Stoßen, es kümmerte keinen. Pat hielt die Luft an. Er sah auf das nackte Mädchen. Sein Herz schlug ihm im Hals, sein Kopf dröhnte ... aber sein Penis rührte sich nicht.

Blanke Panik ergriff ihn. Wenn jetzt einer merkte, was mit ihm los war ...

In diesem Augenblick flüsterte Fin ihm ins Ohr: „Sieh' mich an, und tu, was ich tue!"

Fin löste den Gürtel und ließ seine Hose eine Hand breit heruntergleiten, dabei sah er Pat an. Sie standen sich gegenüber, entfernt genug, um sich nicht gegenseitig berühren zu können, aber doch so nahe, um alles genau zu erkennen. Die anderen vier waren mit sich selbst beschäftigt. Fin strich sich über die Hoden, umfasste dann seinen Penis mit der Faust und begann zu reiben. Auffordernd gab er Pat einen Wink, dasselbe zu tun. Aber Pat war wie gelähmt, konnte sich nicht bewegen. Fin war mit zwei großen Schritten bei ihm. „Tu was ich sage, du Narr, sonst bist du tot!" Leise gezischte Worte, die keinen Zweifel zuließen. Fin spähte nach allen Seiten, nein, niemand beachtete sie.

Blitzschnell fasste er unter Patricks Kilt und machte einige sanfte Bewegungen. Auf und ab. Fin selbst wurde durch diese Berührung erregt und stöhnte leise. Als Patrick diese zärtliche Männerhand spürte, ging ein Ruck durch seinen ganzen Körper. Eine feurige Glut war in sein Fleisch gefahren und ließ sein Herz so laut schlagen wie einen Schmiedehammer. Sein Glied wurde steif, prall und erhob sich wippend.

„Du sollst mir zusehen, Dummkopf. Das hilft. Sieh nicht auf die Frau! Sieh mich an. Tu einfach, was ich tue!"

Er blieb neben Pat stehen, ließ ihn nicht aus den Augen. Dann begann er sich selbst zu befriedigen. Langsam, aber mit geübten Fingern. Pat gelang es, seine Starre zu überwinden. Das flackernde Licht in dem düsteren Keller, einige Becher Ale, das Stöhnen seiner Freunde, und dazu Fin, der vor ihm stand, schamlos seine Erregung genoss und ihm zusah.

Großer Gott, ich empfinde Lust, wenn mich ein Mann anfasst. Ich sehe ihm zu und es gefällt mir. Er fasst mich an und ich werde steif. Ich bin ein Sodomit. Großer Gott, lass es nicht wahr sein. Ich bin ein Sodomit und er weiß es. Ich bin ein Sodomit und er ist auch einer.

Diese Gedanken brausten Patrick durch den Kopf, aber dafür hatte er jetzt keine Zeit. Er schaute auf Fin, der ihn überlegen anlächelte, der mit jeder seiner Bewegungen Pat aufforderte, es auch so zu machen, ihm aber Blicke schenkte, die von Zärtlichkeit und Zuneigung sprachen. Pat erlebte seinen Orgasmus heftig und mit zitternden Knien. Er verspritzte seinen Samen unkontrolliert, denn er wurde selbst davon überrascht. Er krümmte sich zusammen, keuchte und schloss die Augen. Dann spürte er eine federleichte Liebkosung, jemand streichelte ihm über die Schultern und er wusste sofort, wer es war. Als er sich keuchend aufrichtete, waren die anderen schon wieder beim Ale angekommen, oder zogen ihre Kilts zurecht. Mit wackeligen Knien ging Patrick zu einem der beiden Schemel.

„Phuuuu, Mc Intyre, war 'ne nette Abwechslung, kann ich dir sagen."

Alexander wischte sich mit dem Ärmel den Aleschaum von den Lippen.

„Wer war der erste? Weiß das jemand?“ Fin ließ die silberne Flasche herumgehen. „Ich glaube, wir haben alle einen guten Schluck verdient, oder?“

Der schweigsame Liam nickte grinsend und griff sich an den Unterleib. „Also, ich könnte schon wieder. Wie wär‘ s mit ‘ner zweiten Runde?“

Fin, der sich gerade wieder den Gürtel umlegte, lachte heiser auf. „Wegen mir, gern! Aber wir zwei“, er boxte Pat leicht gegen die Rippen, „wir müssen noch ein gutes Stück nach Hause reiten. Komm Pat, wir machen uns aus dem Staub. Mylady“, Fin verbeugte sich übertrieben höflich zur Frau auf der Tischplatte. „Wünsche gut zu ruhen, Masters.“

Der Heimweg war nicht so schwierig, denn der Himmel war klar und sternenübersät. Fin ließ Boxer neben Nick traben. „Hast du gesehen, wie das geht? Du musst nur lernen, sie zu überlisten. Wenn sie an eine Frau denken, denke du an einen Mann. Niemand kann dir in den Kopf schauen. Wenn du das gelernt hast, wird niemand merken, dass du ...“

Pat fiel ihm ins Wort. „... dass ich ein Sodomit bin? Meinst du das?“ Allein das Wort brannte wie Höllenfeuer auf seinen Lippen. „Ich will aber keiner sein. Ich will nicht so sein.“ Es war gut, dass Nairn schon in tiefem Schlaf ruhte, denn Patrick hatte viel zu laut und zu heftig gesprochen.

„Es hilft nichts, Pat. Du wirst damit leben müssen, ob du willst oder nicht. Und du musst lernen es vor jedermann zu verbergen, sonst wird es ein sehr kurzes Leben sein.“

Patrick war verzweifelt. Er versuchte einen klaren Gedanken zu fassen, aber das Ale machte ihn schläfrig. „Hast du das schon lange, Fin? Ich meine, seit wann bist du so, Mc Intyre?“

„Schon immer, mein Freund. Ich bin so auf die Welt gekommen und habe mich damit abgefunden. Und ich habe bis heute überlebt.“

Es raschelte im Gras. Etwas kleines Dunkles huschte quer über die Straße. Boxer schnaubte und tänzelte erschreckt.

„Weiß Allan davon?“ wollte Pat wissen.

„Nein, niemand weiß es. Nicht meine Mutter, nicht meine Schwester und Allan erst recht nicht. Vielleicht wäre er nicht mehr mein Freund, wenn er Bescheid wüsste.“

Pat nickte. „Lass uns heute nicht mehr davon reden, Fin, ja? Ich bin so entsetzlich müde.“ Patrick ließ den Kopf hängen, schloss die Augen und ließ den alten Nick seinen Weg allein suchen.

*

Der nächste Tag war der Tag des St. Andrew Festes. Es machte sich bis zum Mittag eine summende und brummende Unruhe breit, denn alle, die auf Mac Laurin Castle wohnten, würden heute den Weg ins Dorf nehmen, um dort mit den Einwohnern zu tanzen, zu singen, kleine Süßigkeiten und Backwaren zu kaufen. Draußen, vor den Mauern, warteten bereits die Pächterfamilien in ihrem Sonntagsstaat. Natürlich würde man zuerst gemeinsam den Bittgottesdienst abhalten, denn das war das Wichtigste, für Sonne und gutes Wetter zu beten. Die Nachricht von Allans erfolgreicher Reise hatte sich wie ein Lauffeuer verbreitet und so war ein Großteil der Sorgen von den Herzen der Menschen genommen worden. Wenn das Wetter jetzt mitspielte, war man gerettet. Der Himmel war wolkenlos, die Luft duftete nach Kräutern und sogar der alte Hamish hatte sich zur Feier des Tages den Schnurrbart von der Küchenmagd kämmen und stutzen lassen.

Um die Mittagszeit wollte man gemeinsam aufbrechen. Die Herrschaft zusammen mit den kleinen Leuten. Um die Geschlossenheit des Clans zu demonstrieren.

Die Frauen hatten ihre besten Kleider hervorgeholt, die Haare sorgfältig geflochten und hochgebunden. Wer nichts wertvolles mehr hatte, schmückte sich mit Blumen. Beliebt waren auch Ketten und Broschen aus Hufnägeln, die man selbst zu Hause fertigen konnte. Die Männer trugen Hemden aus Leinen, gewebte Wollumhänge mit bunten Stickmustern gesäumt und alte, geerbte Armspangen. Leider nur aus Kupfer, denn Silber war rar geworden in diesen schlechten Jahren.

Rose hatte sich für das Fest besonders geschmückt. Sie trug ein einfaches Leinenkleid, hatte aber einen breiten, bestickten Gürtel eng um die Taille geschlungen. Die braunen Haare waren von Nelly sorgfältig gebürstet und geschlungen worden. Kleine Kupferringe und Bernsteinperlen waren mit hineingeflochten. Ein buntes Plaid aus fein gewebter Wolle hatte sie quer über Rücken und Brust in Falten gelegt und mit einer alten Granatbrosche über der Schulter festgesteckt.

Sogar der alte William hatte einen silbernen Torques, eine keltische

Halsspange umgelegt, von der keiner wusste, wie sie in die Familie gelangt war. An seinem Barett waren drei lange Federn mit einer Brosche befestigt: das Zeichen des Clanchefs.

Nur von Patrick war nichts zu sehen.

„Ich möchte mal wissen, wo Pat wieder steckt." Rose war sichtlich nervös. Sie hatte in ihr kleines Täschchen eine Hand voll Nüsse eingesteckt. Die Witwe Ross, eine Zugezogene vom Clan Mackanzie, sollte ihr heute aus den Nussschalen lesen, wen das Schicksal als Bräutigam für sie auserkoren hatte. Für diese Art von Prophezeiung war der St. Andrews Tag besonders gut geeignet. Rose würde nicht die Einzige sein, die heute bei der alten Mackanzie anklopfen wollte.

Fin Mc Intyre hatte sein Möglichstes getan, um sich ein urwüchsig-schottisches Aussehen zu verleihen. Er ließ, wie die meisten Männer heute, die Locken ungebändigt, ein Barett auf dem Kopf, geschmückt mit einer Fasanenfeder und ein dunkles Schultertuch, passend zur dunklen Hose. Gerade heute wollte er keine Tradition verletzen.

„Lieber Herr Jesus, da ist er ja endlich!" Nelly schlug erleichtert die Hände zusammen, dass es laut klatschte. Pat schlurfte gemächlich zu den Seinen, die ihn kritisch begutachteten. Hose, Hemd, Schultertuch und Barett, nichts Auffallendes. Nur der Dolch in seinem Wollgürtel erschien seinem Vater etwas zu gewagt. Wenn Soldaten von der englischen Garnison das Fest besuchten, was so gut wie sicher war, konnte die Waffe einigen Ärger verursachen. Gerade wollte William eine Bemerkung dazu machen, als vom Tor her ein lauter Ruf zu hören war.

„Master Murdoch, Master Murdoch, wie schön, gerade richtig! Wir wollten eben aufbrechen ..." Die Stimme brach ab, mitten im Satz, die Leute schauten alle zum Tor, durch das ein Fuhrwerk rollte. In diesem Augenblick schob sich eine dunkle Wolke vor die Sonne und ein tiefer Schatten fiel über das Land. Ein Milan zog seine Kreise, hoch am Himmel und sein schriller Ruf ließ alle nach oben schauen. Rose zog ihr Kleid am Hals zusammen, denn es pfiff ein eisiger Wind über die Highlands.

Murdoch lenkte das Fuhrwerk mit dem Gepäck in die Mitte des Hofes.

Seine Miene versprach nichts Gutes.

Patrick wurde übel. Da war etwas im Gesicht des Onkels. Er konnte es erkennen. Der Mann wirkte um Jahre gealtert.

Heilige Mutter Gottes, da ist etwas schiefgelaufen. Sicher hat es doch nicht mit dem Kredit geklappt, dachte Pat und schaute stumm wie alle anderen im Hof, auf Murdoch, der langsam vom Wagen kletterte. Der Mann, sonst das Urbild von Kraft und Lebensfreude, kam gebeugt und schleppend auf die atemlos Wartenden zu.

„Wo ist Allan?", fragte heiser der alte William.

Mordoch drehte sich halb zum Wagen und deutete auf eine große Eichenkiste. „Da, Will! Da drin. In dieser Kiste bringe ich den Erben von Mac Laurin Castle nach Hause. Allan ist tot."

Sie hörten die Worte, aber begriffen nicht gleich. Murdoch sah die aufgerissenen Augen und das Entsetzen darin und auch die Hoffnung, vielleicht doch nicht richtig gehört zu haben.

„Es ist wahr, William. Dein Sohn Allan ist tot. Es war ein schrecklicher Unglücksfall auf See. Allan ist ertrunken. Aber lass uns ins Haus gehen, damit ich euch berichten kann. Die Kiste sollte jemand in die Kapelle bringen."

Die, die ihn gehört hatten, gaben die ungeheuerliche Nachricht flüsternd an den Nächsten weiter. Frauen sanken auf die Knie und bekreuzigten sich, die Männer fragten leise nach dem wie und warum.

Es war der alte Hamish, der als einziger nach den Zügeln griff und die Pferde zur Kapelle führte. Patrick stand wie betäubt. Er wusste später nicht genau, was alles getan und gesagt wurde, denn er erlebte diese Augenblicke in einem merkwürdigen Zustand zwischen Träumen und Wachen. Als hätte er einen schweren Schlag auf den Kopf erhalten.

Im Kaminzimmer angekommen, sah Patrick Vater und Schwester unter den Worten des Onkels zusammenbrechen. Rose begann hemmungslos zu schluchzen, während der Vater in seinem großen Ohrensessel zusammensank und bewegungslos mit heißen Augen vor sich hinstarrte. Onkel Murdoch begann zu erzählen.

„Die Überfahrt verlief zunächst reibungslos. Die letzten Tage jedoch kam Sturm auf und das Meer wurde immer unruhiger, die Wellen immer heftiger. Allan unterhielt sich gern mit den Matrosen. Ich legte mich früh schlafen. Eines Abends wurde ich durch laute Stimmen geweckt. Ich stieg an Deck, denn ich hatte Allans Namen rufen hören. Die Wellen klatschten über die Reling. Allan war über Bord gespült worden. Er hatte sich an herabhängenden Tauen festhalten können, aber auch die rutschten über Bord. Allan hatte sich darin verfangen und war unter Wasser gezogen worden. Zwei mutige Männer seilten sich trotz der Gefahr für ihr eigenes Leben ab. Um ihn heraufzuziehen. Doch es war zu spät. Es war nichts mehr zu machen." Leise fügte er hinzu: „Der Kapitän verzichtete darauf, ihm ein Seemannsgrab zu bereiten, damit wir ihn in der Gruft der Mac Laurins beerdigen können."

Die Nachricht von Allans Tod verbreitete sich in Windeseile. Eines der Hausmädchen kreischte in einem Weinkrampf und Nelly, die gute alte Nelly bewies kühlen Kopf und brachte das Mädchen mit zwei kräftigen Ohrfeigen zur Besinnung, verbat sich jegliches Geheule, das in schweren Lagen ohnehin noch nie etwas geholfen habe. Dann gab sie Rose zur Beruhigung Kräutertropfen und begleitete sie hinauf in ihr Schlafzimmer.

Im Kaminzimmer blieben William, Murdoch, Pat und Mc Intyre zurück. Fin hatte sich bisher im Hintergrund gehalten. Selbst tief getroffen vom Tod des Freundes, kam er sich jetzt umso mehr als Eindringling vor.

„Master Mac Laurin, wenn Ihr erlaubt, werde ich gleich morgen früh abreisen. Es wird sich schon irgend in Schiff finden lassen, in Nairn oder weiter südlich, die Küste entlang, welches mich nach London bringt. Ich denke, nach diesem schrecklichen Unglück möchte die Familie sicher unter sich ..."

Murdoch erhob sofort Einspruch.

„Du bist sein ältester und bester Freund gewesen, Fin. Willst du nicht wenigstens bis zur Beerdigung warten? Ich denke, Allan hätte sich darüber gefreut."

Fin verneigte sich leicht gegen seine Gastgeber. „Ich bedanke mich für die Gastfreundschaft, Master. Sollte es etwas geben, was ich in der augenblicklichen Situation tun kann, um hilfreich zu sein, bitte ich darum, nicht zu zögern ..."

Pat winkte ungeduldig ab und brummte: „Ach, Fin, hör doch auf, so ... elegant daher zu reden. Ich werde dir schon sagen, wenn ich dich brauchen kann."

Fin lächelte. „Dann ist es ja gut."

Murdoch wohnte bei seinem Bruder im Schloss, seit seine Frau vor acht Jahren gestorben war. Patrick kannte ihn nur als gutgelaunten, energischen Mann, der nicht aus der Fassung zu bringen war und allen Gefahren stets die Stirn bot. Nun sah Pat wie die Hände seines Onkels zitterten, als er in seine Ziegenfelltasche griff und ein Dokument herausholte. Ein Dokument mit dem roten Siegel der Bank of England.

„Hier, William. Hier ist der Vertrag, den Allan ausgehandelt hat. Bei Gott, er hat ein Wunder vollbracht. Ich weiß, es ist kein Trost für dich, Will. Fünftausend Pfund Sterling für die gesamte Ernte an Weizen, Hafer und Gerste. Das Gewicht ist festgelegt, das Geld habe ich mitgebracht. Bei Nichteinhaltung wird die Rückzahlung der Summe sofort fällig oder Land und Schloss der Mac Laurins gehen in den Besitz der Bank über."

Der alte William kniff ungläubig die Augen zusammen. „Fünftausend? Das ist nicht möglich!"

Murdoch nickte. „Die Preise sind ins Unermessliche gestiegen, Will. Der Krieg in den amerikanischen Kolonien dauert länger, als man dachte. Auf der ganzen Insel werden Männer zu Militär gepresst. Wer soll da noch die Felder bestellen? Man spricht auch von Unruhen wegen der Steuererhöhungen. In ganz Britannien ist das Korn teurer geworden. Die Armen Englands hungern bereits. Vielerorts ist es zu Gewalt gegen Obrigkeit und Militär gekommen. Allerdings gehen die Ordnungskräfte schonungslos gegen jeden Widerstand vor."

„Ich müsste mich jetzt über diese Nachricht freuen, Murdoch, nicht wahr? Bei Gott, ich kann es nicht. Nicht jetzt."

William stand aus seinem Sessel auf. Steif und eckig waren seine Bewegungen. Er sah seinen jüngsten Sohn an. „Du weißt davon nichts, Pat, aber dein Bruder hat uns alle gerettet."

Patrick sah, wie müde und erschöpft sein Vater war und es wurde ihm klar, dass der Clan kein Oberhaupt mehr hatte. Wer würde jetzt die Verantwortung übernehmen?

„Doch, Vater, ich kenne die Lage." Pat atmete tief durch, streckte sich und warf Fin einen schnellen Blick zu. Der nickte ermutigend. „Ich kenne die Lage ebenso gut wie mein Bruder es tat. Mit etwas gutem Wetter und Gottes Hilfe werden wir alles überstehen und unsere Kindes Kinder werden noch auf Mac Laurin Castle wohnen, wenn wir alle schon lange nicht mehr sind. Doch davon lasst uns später sprechen. Es geht zuerst darum, unsere Pflicht Allan gegenüber zu erfüllen. Wir müssen die Beerdigung vorbereiten und Pater Mackanzie benachrichtigen. Es muss ein Sarg besorgt werden. Wir müssen Verwandte und Freunde verständigen."

„Ich rate von einer großen Zeremonie ab." Onkel Murdoch trat nahe an seinen Neffen und legte ihm die Hand auf die Schulter. „Der Tod durch Ertrinken ist kein sanfter, Pat. Ich rate dir, die Eichenkiste nicht zu öffnen. Welchen Sinn hätte es, das entstellte Gesicht deines Bruders dem Tageslicht preiszugeben? Behalte ihn in Erinnerung, wie er war. Lass Mackanzie eine Messe lesen und die Eichenkiste in der Gruft neben der Kapelle beerdigen. Wir haben Allan so, wie wir ihn aus dem Meer gezogen haben, an Bord der Prince George in diese Kiste gelegt. Der Kapitän versah das Amt des Priesters. Lass ihn in Frieden ruhen, Patrick. Alles andere würde nur noch mehr Kummer bereiten."

Pat nickte. „Du hast sicher recht, Onkel Murdoch. Wir wollen die Beerdigung auf kommenden Dienstag festsetzen. Bis dahin bringen wir Allan in die Kapelle. Wir werden Kerzen anzünden und Totenwache halten. Wir sind Highlander und wissen, was wir den Unsrigen schuldig sind."

Der Vorschlag wurde einstimmig angenommen und William staunte. Zweifellos hatte er seinen jüngsten Sohn unterschätzt.

Noch am selben Abend galoppierte Pater Mackanzie in den Schlosshof. Ohne Anmeldung stürmte er in das Kaminzimmer, in dem die Familie nach dem Abendessen zusammensaß.

„Mein Gott, William, ist es wahr, was man hört? Allan ist tot?" Die bleichen Gesichter, die kummervollen Blicke und das traurige Nicken der Anwesenden sagten genug. „Wie konnte das nur geschehen?"

Murdoch gab einen kurzen Bericht. „Wäre der Sturm nicht gewesen, so lebte er noch."

Der Gottesmann stöhnte betroffen. „Die Missernte, die Schulden und nun auch das noch. Nimmt das Unglück denn gar kein Ende?"

Der Pater schwieg, fuhr dann erregt fort. „Es gehen Gerüchte um. Habt ihr schon davon gehört?" Niemand wusste etwas.

„Wir haben neulich davon gesprochen, William, erinnerst du dich? Dunbar ist mit seiner Familie zur Neuen Welt aufgebrochen, nachdem er alles verkauft hat. Nur der junge Alexander ist bei seinem Großvater geblieben, denn er wollte unter keinen Umständen Schottland verlassen. Er war heute Morgen noch in der Schenke und hat herumkrakelt, am Elend der Familie seien nur die Steuereintreiber schuld. Wenn England nicht so erbittert um seine Kolonien streiten würde, wären alle diese Opfer nicht nötig. Er wisse, wohin all das Geld verschwindet, und er würde sich seinen Teil schon wieder holen. Nun, so erzählt man es wenigstens. Und seit heute Morgen ist der Junge verschwunden. Du weißt, William, wie wenig ein junger Bursche braucht, um sich um Kopf und Kragen zu reden. Scheinbar sind auch einige andere mit ihm gegangen. Ich befürchte, sie planen eine Dummheit, die sie weit teurer werden bezahlen müssen als nur mit Steuern."

„Haben sie vielleicht nicht recht?", brauste Patrick auf. „Wozu sind in der Garnison letzten Monat fünfzig weitere Soldaten eingetroffen? Was nützen uns Landgewinne in der ganzen Welt, wenn wir Haus und Hof verlieren? Englisches Gesetz hat in Schottland noch nie Gerechtigkeit bedeutet."

Murdoch brachte dem Pater einen Becher Ale und versuchte seinen Neffen zu beruhigen. „Mäßige dich, Pat. Sei froh, dass es Pater Mackanzie ist, der deine Worte hört und kein anderer. Aufruhr ist hierzulande ein schweres Verbrechen."

Er hatte Patrick noch nie so hasserfüllt gegen die Landesherren reden hören.

Doch Pat war zu erbittert. „Das sagst du zu mir? Gerade du? Bist du nicht mit meinem Vater im Kerker gelandet, wegen einer lächerlichen Streiterei mit einem Offizier, der meine Mutter beleidigt hat? Vor ... ich weiß nicht ... fünfundzwanzig, dreißig Jahren? Ich werde meine Meinung laut sagen, auch wenn mir ein verdammter Mackanzie dabei zuhört. Keinen Tagesritt von hier liegt das alte Schlachtfeld. Die Clans haben heimlich für ihre Gefallenen Gedenksteine aufgestellt. Die Mackanzies sucht man dort vergeblich."

Vater und Onkel wollten wütend auffahren, doch der Pater beschwichtigte sie. „Ich will diese Äußerung den Aufregungen des Tages zuschreiben und vergessen. Es ist nicht der Augenblick für kleinliche Eifersüchteleien. Was mich weit mehr beunruhigt, ist das Gerücht, welches Allans Tod ausgelöst hat."

„Ein Gerücht über Allan?" Rose war erstaunt. Sie hatte sich zwar wieder gefangen, war aber immer noch schwach. Ihre Stimme verriet es.

„Ja, mein Kind, es gibt Leute, die meinen zu wissen, Allan sei gar nicht tot. Die Kiste, in der sein Leichnam heimgebracht wurde, sei leer und er hätte sich den Burschen um Dunbar angeschlossen, um wie dieser, einen Rachefeldzug gegen England zu führen."

„Das ist ja ungeheuerlich!" Onkel Murdoch sprang aus seinem Sessel mit flammend rotem Gesicht. „Ich selbst habe ihn kalt und leblos in jene Kiste gelegt. Ich wollte, es wäre so, wie das Gerücht sagt. Aber leider ist es nur zu wahr, dass Allan tot ist und in dem Sarg liegt, der in der Kapelle aufgebahrt ist."

Rose begann leise zu weinen.

„Das Gerücht wird enden, wenn ich Allan beerdigt habe. Wann soll die Messe sein?"

„Am Dienstag, Pater." Patrick stand stolz und hochmütig vor dem Geistlichen.

„Ich werde kommen."

Fin überlegte nicht lange. „Darf ich die erste Nachtwache in der Kapelle halten Master Mac Laurin?"

„Zu zweit, Fin, wir werden zu zweit sein." Pat musterte Fin streng von oben bis unten. „Aber nicht so!"

*

In Patricks Zimmer zogen sich beide Kilts an und die passenden Strümpfe und Schuhe.

„Ich weiß nicht, ob das klug ist, Pat." Fin nestelte an seinem Kilt herum, den er nicht so richtig packen konnte.

„Hör auf mit deiner ewigen Vorsicht, Mc Intyre. Mein Bruder wird von Schotten bewacht werden, verstehst du? Wer soll denn heute Nacht in unsere Kapelle kommen? Engländer? Rede keinen Unsinn und ... was machst du da eigentlich? Warte mal, das musst du in den Gürtel stecken und dann nach vorne ziehen ... so! Fertig!"

Fin schaute neugierig in den Kleiderschrank. „Was hast du noch alles da drin, sag' mal?"

Patrick schlug die Schranktür zu. „Geht dich nichts an, ich trau' dir nicht, Mc Intyre."

Fin schüttelte nur den Kopf, sagte jedoch nichts.

Als er aber begriff, was Pat unter den Dielen beim Fenster versteckt hatte, machte er sich Luft. „Du bist ja wahnsinnig! Das sind mindestens ...

und da hinten noch mal … Ist das ein Speer? Und das hier … zwei Schwerter, nein, drei … lieber Herr Jesus, wenn das rauskommt! Die hängen dich auf, wenn das rauskommt!“ Fin war völlig fassungslos.

„Hier!“ Patrick reichte ihm das Schwert so, dass der Knauf auf seine Brust gerichtet war.

„Jetzt kannst du zeigen, was für ein Freund du bist. Steck das in deinen Gürtel. Wir stehen nicht nur so rum, heute Nacht. Wir eskortieren einen Clanchef ins Jenseits. Verstehst du das? Und wir tun das wie freie Highlander. Oder willst du lieber die ganze Nacht fromme Lieder singen?“

Also machte Fin mit.

Es war dunkel, als die beiden Männer sich auf den Weg zur Kapelle machten. Kein Mensch weit und breit zu sehen. Nur durch die bunten Kirchenfenster leuchtete der schwache Schein von zwei großen Kerzen, die rechts und links am Kopfende des aufgebarten Sarges in hohen Leuchtern standen. Dorthin stellte sich auch die Totenwache, rechts und links, neben die Kerzen. Einige mitfühlende Seelen hatten das Innere der Kapelle mit Blumen geschmückt und ein goldbesticktes Altartuch über den einfachen Eichensarg gebreitet.

Lange sprachen die Männer kein Wort, hingen ihren eigenen Gedanken nach.

„Pat, ich muss mit dir reden. Es ist wichtig.“

Pat stöhnte gequält auf. „Wenn du mir wegen gestern Abend etwas zu sagen hast, dann schluck es lieber hinunter. Ich will jetzt nicht.“

Aber es war Fin bitterernst. „Darum geht es nicht.“ Eindringlich fuhr er fort. „Was der Pater vorhin erzählt hat, hältst du es für so abwegig, dass Allan uns eine Komödie vorspielt, um zu verschwinden und um sich an einem Aufstand zu beteiligen?“

Pat starrte weiter geradeaus und verzog keine Miene, als er antwortete. „Allan hätte mir von so einem Plan erzählt. Wir haben einander vertraut.“

Fin schnaubte ungeduldig. „Oh ja, sicher. Damit du deine geheime Waffenkammer ausräumst und jedem deiner Freunde einen kleinen Wink gibst, wenn du betrunken bist. Nein, Pat, ganz sicher hätte er dir nichts davon erzählt. Ich muss wissen, ob Allan wirklich hier im Sarg liegt.“

Erst jetzt drehte sich Pat zu Fin und sah ihn verwundert an. Und erst jetzt sah Fin, das Patrick‘ s Gesicht nass war von Tränen.

Fin schüttelte den Kopf. „Ich weiß, es ist verdammt schwer für dich. Für mich auch, Pat, glaub mir das. Aber ich muss in diesen Sarg hineinschauen und sicher sein, dass mein Freund wirklich tot ist."

„Du willst waaas?" Pat trat einen Schritt zurück und zog kampfbereit sein Schwert aus dem Gürtel. „Du willst diesen Sarg aufbrechen und die Ruhe meines Bruders stören? Verfluchter Verräter!" Es sah aus, als wollte er sich ohne weiter abzuwarten auf Fin stürzen.

„Aber nein, nein, natürlich nicht! Rede doch keinen Unsinn, Pat. Mensch, du bringst mich ganz ... Hör mal zu!" Fin sah direkt in Patricks Augen und zischte mehr als dass er sprach. „Es ist wichtig, Pat, es ist lebenswichtig. Hör genau zu, ich werde in den nächsten Tagen wieder nach Hause reisen, zu meiner Schwester. Es wird schon schwer genug werden, zu erklären, dass aus der Hochzeit nichts wird. Ich werde ihr erklären müssen, dass der Mensch, mit dem sie ihr Leben verbringen wollte, tot und begraben ist. Was ist aber, ...wenn genau dieser Mensch andere Pläne hat und gar nicht tot ist? Wenn er nach Monaten, oder vielleicht Jahren nach Hause kommt, seine Braut sucht und diese dann mit einem anderen verheiratet ist? Weißt du, was für Unheil aus solchen Verwicklungen entstehen kann? Und darum, Patrick, nur darum, möchte ich einen kurzen Blick in diesen Sarg werfen, damit ich Mary wirklich die Wahrheit sage, wenn ich ihr die Nachricht bringe, dass Allan tot ist."

„Du wirst diese Kiste nicht anrühren, Mc Intyre!" Pat meinte es todernst. Mit gezogenem Schwert und blitzenden Augen stand er Fin gegenüber.

Doch der beachtete die Waffe nicht, packte Patrick an den Schultern und rüttelte ihn heftig. „Du hirnloser Narr! Siehst du nicht die Gefahr für dich selbst? Wer wird Clanoberhaupt werden, wenn dein Vater nicht mehr ist? Wer? Jetzt, wo Allan nicht mehr lebt? Du, Patrick! Du wirst es sein! Aber du kannst nicht sicher sein, dass dein Bruder tot ist. Sei ehrlich, du bist nicht sicher. Und wenn du in deine Verantwortung hineingewachsen bist und du dein Leben danach ausgerichtet hast, ... wenn dann dein Bruder nach Jahren des Versteckspiels wieder auftaucht, wirst du dann die Führerschaft abgeben? Freiwillig? Was werden die anderen Mac Laurins sagen? Wem werden sie folgen? Dir oder deinem Bruder? Vielleicht wirst du eines Tages Allan genauso hasserfüllt gegenüberstehen wie mir jetzt!"

Fin stieß Pat von sich, zwang sich zur Ruhe. „Fast wollte ich, er wäre nicht da drin, was meinst du, Pat? Bei Gott, ich wäre wirklich glücklich, wenn er nicht hier da drin wäre."

Pat wischte sich mit dem Unterarm übers Gesicht.

„Ja, ja, du hast Recht, Fin. Komm, wir brechen das Ding auf. Jetzt, sofort! Ich will gar nicht darüber nachdenken, sonst schaffe ich es nicht." Pat machte sich ohne Zögern daran nach einem Spalt zu suchen, wo er sein Schwert ansetzen konnte, um den Deckel aufzuhebeln. Er fand auch einen, obwohl das spärliche Licht in der kleinen Kapelle nicht gerade hilfreich war. Doch dann ließ er von der Kiste ab.

„Ich kann das nicht tun. Ich kann das nicht." Patricks Hals war wie zugeschnürt.

„Nur zu verständlich, mein Freund. Darum werde ich es tun."

Pat unternahm noch einen letzten Versuch. „Fin, ich weiß nicht, ob es richtig ist, was wir da machen."

„Es braucht niemand zu erfahren. Komm, hilf mir." Es war ein leichtes, den Deckel zu lockern. Und dann, war es so weit, der Deckel gab nach.

Pat schrak zusammen. „Warte Fin, ich höre Schritte."

Fin schüttelte den Kopf. „Lass dich nicht verrückt machen, mein Junge. Aber wenn es dich beruhigt, sehe ich nach." Fin unterbrach seine Arbeit und öffnete die schwere Kapellentür einen Spalt breit. „Alles ruhig. War nur Einbildung." Dann ging er wieder zurück, um sein Werk zu vollenden. Er wollte gerade den Deckel hochheben, als Patrick ihn am Handgelenk packte.

„Warte noch, Fin. Was immer wir hier finden, versprich mir, dass du es niemandem verraten wirst."

„Ich verspreche es." Fin machte mit der rechten Hand ein Kreuzzeichen auf die Brust.

Pat schluckte nervös. „Gut, dann lass uns nachsehen!"

Mit vorsichtigen Bewegungen hoben die beiden den Sargdeckel an und legten ihn auf den Kapellenboden. Was immer sie gehofft, oder gefürchtet hatten vorzufinden, es erwies sich als falsch! In dem einfachen Eichensarg lag der tote Allan Mac Laurin, Nachfahre in einer langen Reihe von Männern, die diesen stolzen Namen getragen hatten. Allan war kein schöner Mann gewesen, doch hatte er ebenmäßige Züge, üppige braune Locken und eine anziehende Ausstrahlung gehabt. Hatte Pat erwartet, seinen Bruder entstellt vorzufinden, so wurde er angenehm überrascht. Allan lag ruhig und friedlich, als schlafe er.

„Sieh nur, Fin, wie glücklich er aussieht." Patrick zitterte vor Anspannung. „Als ob er lächelt."

Beide Männer standen am offenen Sarg, jeder mit seinen eigenen Gefühlen beschäftigt. Pat hielt ein allersetztes Mal stumme Zwiesprache mit seinem Bruder und er konnte es nicht verhindern, dass dicke Tränen seine Wangen herabliefen.

Fin schaute ernst und gefasst auf den toten Freund. Nun konnte er seiner Schwester Mary, die ahnungslos in London wartete, die traurige Nachricht mitteilen. Was so hoffnungsvoll vor kurzem erst begonnen hatte, war im Keim schon erstickt.

„Komm, wir schließen den Sarg wieder, Pat."

„Warte, warte noch einen Augenblick." Pat streckte die Hand aus und nahm etwas aus dem Sarg. Es war ein Spitzentaschentuch. „Das ist für Rose. Sie hat es ihm vor der Abreise nach London geschenkt. Ich will es ihr zurückgeben. Als Erinnerung."

Nachdem der Sarg wieder verschlossen war, holte Pat erst mal tief Luft. „Uns wäre es beiden lieber gewesen, wir hätten die Kiste hier leer vorgefunden, was?"

„Bei Gott, Patrick, das ist das erste vernünftige Wort, das ich von dir höre."

Als Pat den dunklen, schmalen Sarg so betrachtete, überkamen ihn viele seltsame Kindheitserinnerungen. Das gemeinsame Fischen im See, große Familienfeste, das Austauschen kleiner Geheimnisse, von denen sonst keiner wusste. Und jetzt lag er da drin, der stolze, mutige Allan. In dieser elenden Eichenkiste. Viel zu früh. Großer Schmerz und Trauer um den Bruder machten sich in Patricks Brust breit und er weinte ganz leise.

Fin legte den Arm um ihn, blieb aber stumm. Was hätte er auch sagen sollen.

„Lass mich nicht allein", keuchte Pat und hielt Fin umso fester.

„Nein, niemals. Niemals." Fin küsste sacht Patricks braune Locken und hoffte, dass dieser es nicht merkte. Doch er hatte sich getäuscht, Pat hatte es gemerkt.

„Was tust du da, Fin. Du brauchst mich nicht zu trösten. Ich halte das schon aus."

Fin flüsterte in Patricks Ohr: „Das weiß ich. Du bist ein tapferer

Mann, Pat. Aber es ist nicht nötig das allein auszuhalten." Wieder küsste er Patrick sacht, diesmal in der Nähe der Lippen. Pat zuckte zusammen, als hätte ihn der Blitz getroffen.

„Ich sage doch, du brauchst mich nicht zu trösten."

Fin neigte sich zu Patrick. „Dummkopf, ich tröste dich nicht, ich liebe dich!" Und er küsste sanft Patricks Mund.

Patrick hatte oft seine Cathy geküsst und war auch von ihr leidenschaftlich wieder geküsst worden. Aber das, was er jetzt fühlte, hatte er noch nie erlebt. Er legte seine Arme um Fins Hals und beantwortete dessen sanften Kuss mit einer Wildheit und Begierde, die er selbst so an sich nicht kannte. Als sie den Kuss beendeten, um zu Atem zu kommen, waren Fins sehr blaue Augen noch dunkler als sonst. Pat war voller Zweifel und Misstrauen.

„Was ist das, Fin? Was machst du mit mir?"

Aber es war nicht Fin, der etwas machte, sondern Patrick. Er warf sich förmlich in Fins Arme, suchte mit seinem Mund Fins Lippen und küsste ihn so schrecklich erbarmungslos, als sollte es nie wieder einen Kuss geben auf dieser Welt. Dabei presste er sein Körper gegen Fin, ließ ihn seine Kraft und seine Leidenschaft spüren und wusste vor Verlangen gar nicht, was er anfangen sollte.

Fin kam kaum zu Atem. „Langsam, Pat langsam, du erwürgst mich ja. Kann es sein, dass du mich ein bisschen gern hast?" Fin fuhr spielerisch mit der Fingerspitze Patricks Nasenrücken entlang.

„Ich weiß nicht. Ja, doch. Schon."

Fin seufzte zufrieden. „Sehr gut, dann besteht ja noch Hoffnung. Wir könnten es noch einmal versuchen, wenn du magst." Dabei breitete Fin einladend die Arme aus.

Patrick wühlte sich in diese Arme und fühlte sich unglaublich gut. Trotzdem brummte er Fin ins Ohr: „Ich bin kein Sodomit, Mc Intyre."

„Nein, natürlich nicht!", entgegnete Fin sanft und sie küssten sich, überschütteten einander mit kleinen Zärtlichkeiten und das taten sie, bis zum Sonnenaufgang.

Den ganzen Morgen über, bis zum Mittag schliefen die beiden. Onkel Murdoch und Allans Vater übernahmen für einige Stunden die Totenwache.

Murdoch sah besorgt zu seinem Bruder. „Geht' s? Willst du dich nicht lieber setzen? Ich bringe dir einen Stuhl!"

Empört wies William dieses Angebot zurück. „So weit kommt's noch. Sitzen! Du hast Ideen!" Nach einer Weile fragte er: „Habt ihr genügend Boten ausgesandt, um die Verwandtschaft zu benachrichtigen? Die im Dorf wissen ohnehin Bescheid."

„Aber ja, was glaubst du denn. Wenn wir Allan morgen bestatten wollen, dann wird es knapp, aber Pat hat ja unbedingt den Dienstag dafür ausgesucht. Warum eigentlich?"

William zuckte mit den Schultern. „Keine Ahnung. Lass ihn nur machen. Er macht das schon richtig."

Das Sonnenlicht fiel bunt durch die Kirchenfenster und ab und zu flackerten die Kerzen. Schon seit dem frühen Morgen kamen vereinzelt Männer und Frauen, die sich in die Bänke setzten, still ihre Andacht verrichteten und sich auf leisen Sohlen wieder entfernten. Allan war beliebt gewesen. Als die Kapelle leer war, warf William einem müden Blick auf seinen Bruder. „Wir sind alt, Murdoch, wir sind alt."

„Nein, sind wir nicht!"

William blieb stur. „Doch, sind wir."

Murdoch schüttelte den grauen Schopf. „Du, Will! Du bist alt, von mir aus. Ich nicht!"

„Ach, hör schon auf, das eine Jahr!"

Und so hielten sie trotzig Wache, bei Allan, den alle geliebt und geachtet hatten, bis es Mittag war und zwei andere Männer des Clans sie ablösten.

Murdoch traf Fin Mc Intyre im Hof. „Wo ist Pat, kannst du mir das sagen, Fin?"

Fin, mit Rose am Arm, grüßte freundlich. „Aye, Master Murdoch. Pat schläft, so denke ich. Zumindest habe ich ihn den ganzen Morgen über nicht gesehen."

Rose, noch immer ziemlich blass um die Nase, zog ungeduldig an Fin's Ärmel. „Wir haben es furchtbar eilig, tut mir leid. Aber wir sind gerade auf dem Weg zum See. Zum Angeln. Entschuldige uns, bitte!"

Murdoch hob erstaunt die buschigen Augenbrauen in die Höhe. Es war gut, dass Mc Intyre sich so sehr um Rose bemühte und sie mit seinen kleinen, charmanten Komplimenten bedachte. Das alles war Balsam für ihre wunde Seele.

Im Hauseingang stieß Murdoch fast mit Pat zusammen. „Morgen, Onkel, hast du vielleicht Fin gesehen? Kann den Burschen nirgends finden."

„Mc Intyre? Der, ja warte mal, den erwischt du noch, wenn du dich beeilst. Er ist gerade zum See aufgebrochen, um mit Rosi angeln zu gehen. Die verstehen sich gut, die beiden."

Pat sah ungläubig auf seinen Onkel, drückte sich an ihm vorbei und brummte. „Zum Teufel mit ihm!".

Murdoch schüttelte den Kopf und seufzte. „Vielleicht hat Will doch recht und ich werde alt."

Pat überließ also Fin seiner Schwester und ritt hinunter ins Dorf.

In den tiefer gelegenen Tälern lag der Nebel heute sogar bis zum Mittag wie eine graue Decke und selbst die Tritte vom alten Nick hörte man kaum, denn dichter Nebel schluckt jedes Geräusch.

Eine kleine Matschkule hatte sich auf dem Weg gebildet, Nick trat schwer hinein und es spritzte nach allen Seiten. Ja, einige Spritzer landeten sogar in Patricks Gesicht. Ärgerlich wollte er sich mit dem Ärmel über das Gesicht fahren und den Schlamm wegwischen, doch dann entschied er, dass er in diesen Tagen nicht mit verschmiertem Hemd durchs Dorf reiten konnte, denn die Mac Laurins standen seit Allans Tod im Mittelpunkt des Dorfklatsches. Pat erinnerte sich an das Spitzentaschentuch in seiner Brusttasche, welches er letzte Nacht eingesteckt hatte. Er riss Nick am Zügel und hielt an, wobei das Pferd gegen diese rüde Behandlung protestierte, die es nicht gewohnt war. Pat zog das Tüchlein hervor und faltete es vorsichtig auseinander. Er wusste, mit wie viel Sorgfalt Rose Allans Initialen eingestickt hatte. AML, da stand es ja. Und jetzt hatte sie nur noch Tränen für den Bruder und auch Pat schossen die Tränen in die Augen, als er an den toten Allan dachte. Er legte das Tüchlein auf seine Lippen und drückte einen innigen Kuss darauf. Dann stutzte er. Pat führte das Tuch nochmals an die Lippen und probierte ganz leicht mit der Zungenspitze. „Kein Salz. Es schmeckt nicht salzig." Den leisen Worten folgten überstürzte Gedanken. Hatte Onkel Murdoch nicht erzählt, Allan sei im Meer ertrunken? Und so wie er war, hätte man ihn in die Eichenkiste gelegt? Warum war das Taschentuch nicht salzig? Warum waren Allans Züge nicht entstellt gewesen? Patricks Gedanken überschlugen sich, aber alles blieb verworren und unklar. Nur eines war sicher: Dass etwas an der Geschichte nicht stimmte! Noch einmal küsste er das Taschentuch. „Allan, was haben sie dir nur angetan?"

Im Dorf traf Pat sich mit Cathy Burns. Wegen der Ereignisse der letzten Tage hatten beide keine Lust auf Gesellschaft.

„Komm, Cathy, lass uns etwas in die Gegend reiten. Ich mag nicht ständig auf neugierige Fragen antworten. Ich weiß, die Leute meinen es nur gut, aber trotzdem. Nick trägt uns beide."

Cathy war ein kluges Mädchen und verstand den Wunsch nach Einsamkeit nur zu gut. Selten hatte sie ihren Patrick so ernst und so nachdenklich erlebt.

Nick trug die beiden hinauf, auf die Hügel. Hier wehte ein frischer Wind vom nahen See her. Ein Steinkreis aus uralter Zeit war ihr Ziel. Die meisten der grauen Monoliten lagen umgestürzt im Gras. Sie beiden setzten sich auf einen großen Felsblock und hingen ihren Gedanken nach.

„Es ist viel Aufruhr im Dorf", begann das Mädchen. „Du weißt doch, dass erst neulich ein neuer Kommandant in der Garnison eingetroffen ist? Sie sagen, er soll mit den Unruhestiftern aufräumen."

„Lass die Leute reden, Cathy! Man erzählt auch, dass Allan unter die Rebellen gegangen sei. Daran kannst du erkennen, wie sie es mit der Wahrheit halten. Kommst du morgen zur Beerdigung?"

Cathy verneinte. „Mein Vater und Tommy werden hin gehen. Ich bleibe zu Hause. Vater meint, es könnte zu gefährlich werden."

„Gefährlich? Wie meinst du das?"

„Eigentlich, Pat, glaubt kein Mensch, dass Allan im Sarg liegt. Das ganze Dorf wartet darauf, dass der neue Kommandant den Sarg mit Gewalt öffnen lässt. Wenn er leer ist, gilt als sicher, dass Allan sich dem jungen

Dunbar angeschlossen hat.“

Pat verdrehte die Augen. „Ach, Cathy, mein Onkel Murdoch hat ihn selbst in den Sarg gelegt. Du glaubst doch wohl nicht, dass er uns nur ein Märchen aufgetischt hat?“ Dabei überlegte Pat im gleichen Augenblick, welchen Grund sein Onkel gehabt hatte, ihnen tatsächlich eine Lüge zu erzählen.

Aber Cathy hatte sich ihre eigene Meinung darüber gebildet. „Schau mal, Pat, dein Vater und dein Onkel, die waren damals, in der schlimmen Zeit, schon einmal im Kerker wegen Landesverrat. Du weißt schon, die Sache mit dem Offizier. Ja, ja, ich weiß, das war nur ein Ehrenhändel, aber in den Prozessakten steht sicher nicht, dass der Offizier schuld war. Wenn der Kommandeur mal etwas näher bei den Mac Laurins reinschaut, dann kann es schon sein, dass er bei euch ein Rebellennest vermutet.“

Pat lachte lauthals auf. „Deine Fantasie ist wirklich fabelhaft, Cathy.“

Das Mädchen strich sich einige wirre Haarsträhnen aus dem Gesicht, die der Wind unter dem Häubchen hervorgezerrt hatte. „Du kannst mich ruhig auslachen, Patrick Mac Laurin, es kann aber durchaus sein, dass morgen einige der Männer mit verstecktem Dirk oder ganz offen mit umgeschnalltem Säbel erscheinen. Aber aus dem Dorf wird keine Frau zur Beerdigung kommen.“

Cathy schaute an Patrick vorbei, auf den still daliegenden See, dessen Oberfläche ruhig und silbern in der Sonne glitzerte.

„Was ist das da unten, Pat?“ Cathy zeigte mit ausgestrecktem Arm auf eine hohe Bugwelle, die sich plötzlich quer über den See bewegte. Noch dazu sehr schnell und pfeilförmig.

„Was wird das schon sein. Ein fetter Fisch, direkt unter der Wasseroberfläche.“

„Ach was, ein Fisch macht doch nicht so eine hohe Welle“, beharrte Cathy auf ihre Beobachtung. „Das muss etwas Größeres sein, etwas viel größeres.“

Um besser sehen zu können, war Cathy auf einen der Steinblöcke geklettert. Von dort wollte sie nun herunterspringen, blieb aber wie versteinert stehen. Sie schlug die Hände voller Entsetzen vor den Mund, um einen Schrei zu unterdrücken. Mit weit aufgerissenen Augen starrte sie zwischen die Felsen.

Als Pat eine Weil nichts von ihr hörte, drehte er sich nach ihr um.

Doch Cathy stand immer noch unbeweglich. „Was ist denn, Cathy? Was ist mit dir?“

Patrick sprang leichtfüßig zu ihr auf den Stein und schaute in die gleiche Richtung, um zu sehen, was sie sah.

Da waren die Felsen schwarz von geronnenem Blut. Trockenes, verkrustetes Blut bedeckte das Gras rundherum. Haare, Fell und verkohlte Knochenreste lagen verstreut herum. Eine Wolke schob sich vor die Sonne und innerhalb von Sekunden war das Hochland finster und bedrohlich dunkel. Cathy tastete nach Patricks Hand.

„Heiliger Herr Jesus, was ist das, Pat? Nein, bleib hier. Geh nicht weg.“

Pat half dem Mädchen vom Felsen herunter und kletterte zwischen die Steine.

„Ich seh‘ Hufe und Hörner. Ein Rind also. Hat nicht der alte Richards, unten am River Nairn, hat der nicht Galloways auf der Weide?“

„Aber hier? Ich meine ...“ Cathy zeigte auf die rußgeschwärzten Steine und das verkrustete Blut, „hier hat man doch ein Tier geschlachtet. Und verbrannt. Schau doch! Alles blutverschmiert ...“ Cathy würgte an einem Brechreiz und zitterte.

Pat legte den Arm um sie. „Das ist doch nichts! Sicher haben ein paar Viehdiebe hier ihre Beute verspeist. Mir tut nur der arme Kerl leid, dem sie das Vieh gestohlen haben. Das ist nichts weiter.“ Pat nahm Cathy fest in die Arme und küsste sie auf die Stirn. „Keine Sorge, kleine Cathy. Das ist nichts weiter.“

Das Mädchen zitterte immer noch. „Bring mich nach Hause, Pat. Es wird schon dunkel. Ich will hier weg, schnell!“

Patrick nahm die verängstigte Cathy an der Hand und setzte sie behutsam auf seinen Nick. Dann sprang er hinter ihr auf und nahm sie in die Arme.

„Kleine, dumme Cathy. Warum so furchtsam? Solange du bei mir bist, wird dir nichts geschehen.“

Dann küsste er sie auf den Mund und ritt langsam Richtung Dorf zurück. Er warf noch einmal einen Blick auf die blutigen Steine und zog finster die Augenbrauen zusammen. Hier hatte niemand gegessen. Pat hatte einmal als kleiner Junge den Vater mit seinem Onkel Murdoch über diesen Ort flüstern hören. Was er damals gehört hatte, passte genau zu dem Anblick, der sich ihm bot.

*

Beim Abendessen war Patrick eher schweigsam, doch das fiel nicht sehr auf, denn Fin Mac Intyre unterhielt mit seinem sprühenden Witz alle Anwesenden. Natürlich vermied er plumpe Scherze. Schließlich befand er sich in einem Trauerhaus. Doch er trug sehr zur entspannten Atmosphäre bei.

„Ich bin so froh, dass du zu Besuch gekommen bist, Fin." Rose fasste ihren Tischnachbarn dankbar an der Hand.

„My Lady, wenn ich von der Rose in den Highlands gewusst hätte, wäre ich schon viel früher hier gewesen." Damit führte er die Hand von Rose an seine Lippen und deutete einen Kuss an. Rose kicherte.

Pat ärgerte sich maßlos. „Sprichst du so auch zu den englischen Damen deiner Bekanntschaft? Ich meine, so frei und schamlos? Ist das in London erlaubt?"

Was bildete sich dieser verdammte Fin ein, Rose auf so freche Weise den Hof zu machen? Konnte er nicht endlich damit aufhören?

„Mein lieber Patrick, in London? Natürlich tue ich das nicht in London! Nicht eine der Londoner Damen ist so liebreizend wie deine Schwester." Wieder verneigte er sich lächelnd vor dem kichernden Mädchen. „Wenn du aber meinst, ob es sich in London schickt, Damen mit Komplimenten zu überschütten, dann kann ich dir mit ruhigem Gewissen antworten: Ja, es schickt sich, und zwar nicht nur in London, mein Lieber. Auch in Schottland täte etwas mehr Höflichkeit und - sagen wir - Lebensart ganz gut, nicht wahr?" Fin zog die Augenbrauen in die Höhe und blickte amüsiert auf Patrick. Doch dessen Gesicht wurde blutrot vor Ärger.

„Ich jedenfalls verbiete es! So kannst du von mir aus mit deinen Engländerinnen umspringen, wenn sie es sich gefallen lassen, aber nicht mit meiner Schwester!"

„Fängst du schon wieder an?" Rose geriet ebenfalls in Fahrt und funkelte ihren Bruder zornig an.

„Ich trinke jetzt meinen Brandy in der Bibliothek", ließ sich der alte William vernehmen, den die Hitzköpfigkeit seiner Kinder nicht mehr erschüttern konnte.

„Wenn es erlaubt ist, schließe ich mich gerne an", sagte Fin und verneigte sich gegen Rose, nachdem er aufgestanden war.

Als das Mädchen mit Pat allein zurückgeblieben war, fuhr sie ihn böse an.

„Was fällt dir ein, dich so aufzuführen. Fin hat mir nur einige aufmerksame Komplimente gemacht und daran ist nichts Unanständiges. Du hast kein Benehmen, das ist es!" Rose stampfte wütend mit dem Fuß auf.

„Er soll seine Süßholzraspelei lassen, der feine Herr. Dass dir so einer gefallen kann, igitt!" Pat ließ seine erboste Schwester sitzen und ging hinaus zu den Ställen. Er war genau in der Stimmung, sich mit Jack auf eine kleine Rempelei einzulassen.

In den Ställen traf er auf Onkel Murdoch, der in ein Gespräch mit dem alten Hamish vertieft war. Als Pat sich näherte, schwiegen beide.

„Onkel Murdoch, kann ich kurz mal mit dir reden? Es wäre wichtig."

„Natürlich mein Junge, was ist geschehen?"

„Ach, nichts Wichtiges, denke ich, es geht mir nur um deine Meinung."

Dann schilderte er seinen Fund beim alten Steinkreis. Hamish hatte sich verkrümelt und besserte einen zerschlissenen Sattel aus.

„Warst du allein dort, sag' warst du allein?" Murdoch sprach leise.

„Ja, ja ich war allein dort. Warum fragst du?" Ein schneller Blick stummer Verständigung wurde zwischen dem Pferdeknecht und Murdoch gewechselt.

Dann lachte der alte Murdoch mit dröhnender tiefer Stimme.

„Na, und jetzt meinst du, du hättest einen dramatischen Fund gemacht. Nein, nein, mein Junge. Das ist eine Sitte, eine Tradition aus der alten Zeit, die dort manchmal praktiziert wird. Nicht manchmal, sondern, wenn es verdammt eng wird, verstehst du? Aber du weißt selbst, wie abergläubisch die Leute sind."

„Was meinst du mit abergläubisch, Onkel?" Pat hörte seinen Onkel lachen, doch es klang unecht in seinen Ohren.

„Wenn die Leute glauben, sie müssen etwas tun, um Unheil abzuwenden, dann gehen sie zu Pater Mackanzies Bittgottesdiensten und beten fleißig. Wenn das Unheil aber so bedrohlich ist, wie im Augenblick, wo wir doch alle um die Ernte fürchten, da will man sich nicht nur mit einem Gott gut stellen, sondern auch mit den anderen Göttern, die es womöglich auch noch gibt. Verstehst du? Und wenn ich einen Wunsch erfüllt haben will, dann muss ich auch den Betreffenden ehren, indem ich ihm ein Geschenk mache. Dann schlachten sie dort oben einen Stier. So wie früher, in heidnischer Zeit. Aber es muss alles geheim bleiben, sonst kommt ihnen Pater Mackanzie auf's Dach."

„Du sprichst von einem Tieropfer an die alten Götter?" Pat hatte sowas vermutet.

„Leise, Pat, leise! Ich sagte doch, es geschieht im Geheimen. Du weißt, wie viel von der kommenden Ernte abhängt. Das wissen die Pächter auch. Es hängt alles von der Sonne und vom Regen ab. Vom guten Wetter. Da wollen die Leute eben auf Nummer sicher gehen. In so einer Lage greift man schon mal zu verzweifelten Mitteln. Es ist ein Brauch, weiter nichts."

„Weiter nichts, sagst du? Dort oben ist ein Opfer gebracht worden. Den alten Göttern. Ich verstehe deine Gleichgültigkeit nicht. Beunruhigt dich das nicht?" Pat war ehrlich überrascht.

Murdoch war die Ruhe selbst. „Nein, überhaupt nicht. Warum sollte mich das beunruhigen? Ich war als junger Mann selbst einmal dabei. Ach, Pat, komm, nimm das doch nicht so wichtig. Hinterher wird der Stier gebraten und verspeist, es wird Whiskey getrunken und alles in allem ist es jedes Mal ein ganz lustiger Abend."

„Jedes Mal? Wie oft warst du denn dabei? Weiß Pater Mackanzie davon?"

Murdoch winkte ab. „Heiliger Herr Jesus! Bloß nicht! Der würde uns eine schöne Predigt halten. Der darf das nie erfahren. Er weiß auch nicht, dass unsere Kapelle auf so einem ... Also, die Steinkreise sind nicht der einzige Ort, an dem man in alter Zeit Opfer und Gebete dargebracht hat. Auch unsere Kapelle wurde auf so einem heiligen Ort erbaut. Du siehst, mein lieber Patrick, der Glauben hat sich gewandelt, aber die Orte der Verehrung sind die gleichen geblieben. Seit Jahrtausenden."

Das alles erschreckte Patrick und er wusste nicht, was er dagegenhalten sollte.

Sein Onkel hängte bei ihm ein und führte ihn langsam aus dem Stall heraus.

„Das ist ganz einfach, Pat. In der heidnischen Zeit waren die Anführer zuständig für den Clan und den Kult. Die Leute sehen es gerne, wenn der Kult in der Hand des Anführers liegt. Sie fühlen sich dann gut beschützt. Im Diesseits und im Jenseits. Was glaubst du, warum mein dussliger

Cousin Scott der Abtei von Glasgow vorsteht? Geistliche und Weltliche Macht vereint in der Hand des Clans. So ist das, mein Lieber."

Patrick überlegte kurz. „Wusste Allan von diesem Aberglauben?"

„Wieso fragst du das?" Murdoch hatte strenger gesprochen, als beabsichtigt. Ruhiger fuhr er fort. „Gewiss, ein, zweimal war er dabei. Dich hätten wir auch einmal mitgenommen, aber erst in ein paar Jahren, vielleicht."

Pat war enttäuscht und verbittert. „Danke, darauf kann ich verzichten. Wir leben doch nicht mehr in heidnischen Zeiten. Wie konntest du sowas zulassen, Onkel Murdoch?"

Der Mann hob hilflos die Hände in die Höhe. „Sie hätten es getan, mit oder ohne meinen Segen. Also, was hatte ich für eine Wahl? Blas' die Sache nicht so auf, Patrick. Es sind einfache und ungebildete Menschen, die hier wohnen. Lass ihnen ihre kleinen Gewohnheiten. Und sprich mit niemandem darüber."

Als Pat später am Abend in seinem Zimmer allein war und nachdachte, kam er immer wieder zu dem Schluss, dass etwas mit Allans Tod nicht stimmen konnte. Es schien ihm auch, dass Onkel Murdoch sich verändert hatte. Es stand etwas Unausgesprochenes, etwas Verborgenes zwischen ihnen, aber was? Er konnte es fühlen, aber nicht benennen. Oder irrte er sich? Lag es womöglich nur an Allans Tod, der die ganze Familie so niederdrückte?

Pat lag in seinem Bett und wäre eingeschlafen, hätte sich nicht die Tür mit einem leisen Quietschen geöffnet.

„Patrick, bist du wach?"

„Jetzt schon", brummte Pat. Er hatte Mc Intyres Stimme sofort erkannt.

Im roten Lichtschein des glimmenden Kaminfeuers spähte Fin angestrengt durch die Dunkelheit. „Oh, ich wollte nicht stören. Ich bitte um Verzeihung." Schon wollte er die Türe wieder schließen, als eine schläfrige Stimme rief:

„Du bist vielleicht eine Nervensäge. Komm rein! Wenn du schon mal da bist."

Fin schlüpfte leise hinein. Er stolperte in der Dunkelheit über Pats herumliegende Kleider und stieß mit dem Knie gegen das Fußende des Bettes.

„Ich habe keine nächtlichen Besucher erwartet." Pat spottete aus der

Tiefe von Kissen und Decken. Darum setzte sich Fin einfach auf seine Beine.

Das rote Licht der Glut reichte, um einander zu erkennen. „Du hast mich heute Abend wirklich überrascht, Patrick. So viel Gerissenheit hätte ich dir nicht zugetraut. Wie du den Streit vom Zaun gebrochen hast, war wirklich erstklassig. Natürlich muss jetzt jeder denken, du würdest mich ablehnen, weil ich deiner Schwester den Hof mache. Und mich bringst du damit in die Position des beleidigten Verehrers. Du hast diese Rolle überzeugend gespielt. Niemand würde darauf kommen, etwas anderes zu vermuten."

Pat setzte sich entrüstet auf in seinen Kissen. „Wieso gespielt? Ich hasse es, wenn du Rose anschmachtest. Was soll das? Du meinst es doch gar nicht ernst!" So müde war Patrick nun auch nicht, um nicht einen ausgewachsenen Streit anzufangen.

„Ach, das war dein Ernst? Aaaaa", Fins Laune sank sofort in den Keller. „Puuuh, dann bist du doch nicht so gescheit, wie ich dachte. Ich glaubte, es sei deine Taktik, so zu tun, als ob wir uns nicht leiden können."

„Du sollst deine Finger von Rose lassen. Das führt doch zu nichts! Du liebst sie nicht!" Trotzdem rutschte Pat im Bett zur Seite, um Platz für Fin zu schaffen.

Fin legte sich neben Patrick. „Ich habe deine Schwester sehr gern, mein Lieber. Sie ist schön und klug und ich denke, sie mag mich auch."

Pat stützte sich auf den linken Ellenbogen und drehte sich zu Fin. „Aber du kannst sie nicht heiraten."

Fin drehte sich ebenfalls zur Seite und sah Pat an. „Und warum sollte ich das nicht können?"

Pat war sprachlos vor Verblüffung. Meinte Fin das im Ernst?

„Weil du ..., weil du ... na eben, weil nicht! Was fragst du mich denn? Du hast mir doch selbst gesagt, dass du mit einer Frau nichts anfangen kannst!" War Fin verrückt geworden?

„Das, mein lieber Patrick, habe ich nie behauptet." Im Kamin fiel knarzend die Glut zusammen. „Weißt du, irgendwie, gibt es in jeder Familie irgendeinen Onkel oder eine Tante, die ihr Leben lang unverheiratet bleiben und allein leben. Diese Menschen werden von ihren eigenen Verwandten argwöhnisch beobachtet. Es ist gefährlich, so ein einsames Leben zu führen. Ich habe nicht vor, mich dieser Gefahr auszusetzen."

„Das würde ich nie erlauben, du falsche Schlange, du!", zischte Patrick und zog sich verärgert in seine Decken zurück.

Aber Fin lachte nur. „Nein, wirklich, es ist nicht so schlimm, wie du denkst. Ich habe Rose sehr gern, sehr, sehr gern. Ich würde sie respektieren, sie verwöhnen und ihr alle Zuneigung schenken, die ich aufbringen kann. Immerhin soll sie die Mutter meiner Kinder werden."

Pat schlug sich mit der flachen Hand vor die Stirn. „Hah! Ich glaube, du hast den Verstand verloren, Mc Intyre! Wie soll das denn gehen? Hat man dir nicht beigebracht, wie man Kinder zeugt? Was? Geh, steck' deinen Kopf ins kalte Wasser, damit du zur Besinnung kommst." Pat schüttelte verständnislos die langen Haare. Komischer Vogel, dieser Mc Intyre!

„Patrick, du hast den Verstand einer Nacktschnecke!"

Pat schnaufte erbost. „Was erlaubst du dir ...!"

„Ist doch wahr! Erstens: Ich bin mir sicher, dass wenigstens die Hälfte aller Ehen nicht aus Liebe geschlossen wird. Die meisten Ehen werden von der Familie arrangiert. Du wirst schon sehen, wenn man für dich die „Richtige" aussucht. Dann möchte ich mal dein Gesicht sehen, wenn du mit einem Mädchen verheiratet wirst, das du weder kennst, noch magst. Meistens geht es doch um Land, um die Mitgift, um die Interessen der Familie. Und glaube bloß nicht, dass in Schottland die Männer sehr liebevoll mit ihren Frauen umgehen. Sie werden geschlagen, mit Arbeit überlastet, beleidigt und betrogen. Und das nicht erst, wenn sie mit den Jahren ihre Schönheit einbüßen. Sie sind ihren Männern nicht mehr wert als das Maultier im Stall. Du glaubst, diese Frauen sind glücklich, nur weil sie von einem Mann geheiratet wurden, der gerne nackte Frauen anschaut? Nein, Patrick, das alles würde ich Rose niemals antun. Ich würde sie glücklich machen."

Pat wusste, dass Fin Recht hatte. Es gab kaum eine Ehe, die nicht von der Familie eingefädelt worden war. Und dass die Männer ihre Ehefrauen schlecht behandelten, war eigentlich üblich.

„Aber, Fin. Kinder! Du willst Kinder mit ihr. Wie soll das ...", etwas hilflos brach Pat den Satz ab.

„Das ist ohne große Probleme möglich, mein Freund. Leg dich zu deiner Frau und lösche die Kerze. Dann stelle dir den Körper des Mannes vor, den du begehrst." Fin bemerkte, wie aufmerksam Pat zuhörte. „Du weißt doch, dass die Kirche schon immer gepredigt hat, dass Eheleute nur im

Dunkeln miteinander schlafen dürfen. Sich dabei anzusehen ist Sünde. Du solltest es auch vermeiden, ihre Brust zu berühren. Das bringt einen in Schwierigkeiten, denn es entzaubert deine Gedanken. Aber der gesamte Körper, besonders von hinten, könnte durchaus der eines Mannes sein."

Pat hatte interessiert zugehört. Zaghaft fand er Worte, die in ihm brannten. „Aber, hmm ... du musst doch auch zwischen die Beine ... ich meine ...in sie hinein ... wie soll sie sonst schwanger werden? Und dein Dick? Wenn du merkst, dass sie da unten kein Mann ist, vergeht dir da nicht ... wird er da nicht weich? Da hilft dir keine Fantasie mehr!" Pat war froh über die Dunkelheit in seinem Zimmer, denn er war purpurrot vor Scham, als er fragte.

Fin versuchte, bei Patrick Hürden zu überwinden. „Hast du schon mal mit einem Mädchen geschlafen?"

Pat nickte, dann fiel ihm ein, dass Fin ihn vielleicht nicht sehen konnte. „Ja!"

„Und wie hat es geklappt!"

Pat wurde fürchterlich verlegen. Sollte er alles verraten? „Ich habe mit Cathy geschlafen. Sie ist ein wirklich liebes und gutes Mädchen. Nicht so eine ... Es ging ganz gut. Ich war erregt, mein Dick wurde hart. Ich habe in sie hineingestoßen. Ich glaube", Pat wurde unsicher und flüsterte nur noch, „ich glaube, ich habe dabei an Tommy gedacht, ihren Bruder. Ich kann mich nicht mehr so genau erinnern."

Fin streichelte Pat über die Haare. „Ich weiß dein Vertrauen zu schätzen, Pat. Solche Geständnisse fallen schwer, nicht wahr? Aber wenn du mal mit deiner Ehefrau Kinder haben willst, dann gibt es einfache Tricks, was du machen kannst, damit du nicht versagst. Schau mal!" Fin drehte sich um und lag nun mit dem Rücken zu Pat. „So, jetzt rutsch mal näher. Na, mach schon, los! Ich fresse dich schon nicht." Pat rutschte näher. „Herrje, Patrick, ganz nah. Du willst doch deiner Frau ein Kind machen, oder? Jetzt hab' dich nicht so. Los!" Patrick rutschte so nah an Fin heran, dass seine Burst Fins Rücken berührte.

„So! So ist es richtig, mein Freund. Könntest du jetzt, bei totaler Dunkelheit sagen, ob du bei einem Mann oder bei einer Frau liegst?"

Pat horchte in seinen ganzen Körper hinein. „Hmmm ...ich weiß nicht."

Fin stand entschlossen auf. „Nicht aufgeben, Pat. Das wird schon noch, ich zeige es dir!“ Fin schlüpfte aus seinen Kleidern, legte sich nackt wieder zu Patrick und presste sich gegen dessen Körper. „Jetzt zieh doch endlich dieses Nachthemd aus. Wie soll ich dir das Kindermachen erklären, wenn du angezogen bist wie ein Sofakissen.“

Als sie endlich nackt im Bett lagen, Brust an Rücken gepresst, griff Fin nach Patricks Hand und schob sie über seinen Arm, seine Schulter, sein nacktes Gesäß. „Bin ich jetzt ein Mann oder eine Frau? Könntest du das so erkennen? Nein, könntest du nicht. Und das ist schon mal gut, denn …“

In diesem Augenblick spürte Fin Patricks hartes Glied gegen seine Hinterbacken drücken. Er lächelte in die Dunkelheit hinein. Dieser dumme, impulsive Junge!

„Was mache ich jetzt, Fin? Was soll ich machen?“ Patricks Stimme verriet Angst und Verwirrung.

„Nur ruhig, Patrick, nicht aufregen. Das ist ganz in Ordnung so. Wenn ich eine Frau wäre, dann könntest du jetzt in mich eindringen und dein Kind zeugen. Aber ich bin Fingal Mc Intyre, der Mann, der dich liebt. Darum gibt es für dich eine andere Möglichkeit.“ Fin griff zwischen seinen schlanken Beinen hindurch, ergriff Patricks erregtes Glied und legte es sich zwischen die Oberschenkel, die er fest zusammenpresste. „Und jetzt beweg‘ dich. Erst mal langsam, Pat, damit du nicht rausrutschst. Keine Angst, es ist alles in Ordnung!“

Von Patrick war kein Laut zu hören. Vorsichtig folgte er Fins Anweisungen. Es war großartig. Pat wurde mutiger. Erst umarmte er Mc Intyres Oberkörper und fuhr ihm liebkosend über Brust und Bauch. Pat unterbrach sich kurz in der Bewegung, denn er wurde von einem kurzen Zittern erschüttert, eine Reaktion auf den sinnlichen Genuss. So hatte er einen Mann noch nie in seinem Leben angefasst. So … anzüglich, so liebevoll, so hemmungslos. Er presste die Lippen zusammen, um nicht zu stöhnen, das erschien ihm zu unmännlich. Sein harter Penis brannte aber und kribbelte wie verrückt. Pat wurde mutiger. Er ließ seine Finger über Fins Hüfte streichen, nur ganz vorsichtig. Würde Fin sich ihm entziehen? Nein! Fin griff sogar nach hinten, nahm Patricks Hand und legte sie auf sein eigenes hartes Glied. Patrick schnappte nach Luft.

„Fin! Fin, es ist nicht recht, was wir tun. Es ist gottlos und verflucht.“ Patrick wagte nur zu flüstern.

„Ja, ich weiß, Patrick. Aber wir tragen keine Schuld. Wir wurden so erschaffen. Denke nicht weiter darüber nach. Niemand wird etwas davon erfahren."

Jetzt waren für Pat alle Dämme gebrochen. Er umarmte Fin leidenschaftlich und küsste seinen Nacken. Er stieß ohne Hemmungen und stöhnte und seufzte und flüsterte Fins Namen in dessen Ohr und Fin hörte es und lächelte selig.

Und so kam es, dass Fin in Patricks Faust stieß und Pat zwischen den Schenkeln Fins seinen Samen ergoss.

Beide säuberten sich mit Patricks Nachthemd, das achtlos auf den Boden geworfen worden war. Sie lagen noch lange nebeneinander, zufrieden und schläfrig, aber keiner sprach von Liebe. Pat wagte es nicht einmal, Mc Intyre anzusehen. Die Dunkelheit tat beiden wohl.

Fin räusperte sich. „Daran, Patrick, wirst du denken, wenn du bei deiner Frau liegst. Ist doch ganz einfach, oder?"

Pat machte einen tiefen Atemzug und schnaufte laut. „Und du bist sicher, das funktioniert?"

„Aye, es muss funktionieren, sonst bist du tot. Bei mir hat es immer geklappt. Ich kann dir versichern, man kennt mich in London als einen Mann, vor dem keine Frau sicher ist."

Pat setzte sich mit einem Ruck auf. „Du nimmst mich auf den Arm, Fin."

„Kein bisschen, mein Freund. Aber dadurch habe ich mir einen Ruf geschaffen. So bin ich außer Gefahr, entdeckt zu werden. Es lebt sich sicherer, wenn man den Ruf eines Casanovas hat."

„Eines was?" Pat fragte ungeniert.

„Ach nichts, Patrick. Wichtig ist nur, dass du lernst, dich zu verstellen. Wenn irgendjemand beginnt, dich zu verdächtigen, bist du verloren."

„Meine Familie würde mir helfen."

Fin lächelt traurig. „Vergiss das, Patrick. Nicht einer würde dir helfen. Dein Vater wäre der erste, der dich an den nächsten Baum hängt. Verlass dich drauf!"

Fin zog Patrick in eine enge Umarmung und setzte einen Kuss auf die braunen Haare vor seiner Nase. „Ich werde dir noch andere Tricks beibringen, wie du vortäuschen kannst, dass du eine Frau begehrst. Im Bett klappt das immer. Du musst keine Angst haben. Aber eigentlich geht es um etwas ganz anderes: um Liebe. Die sitzt in deinem Herzen und in dein Herz kannst du nur einen Mann lassen. Aber das musst du verbergen."

„Trotzdem", Pat presste sich noch tiefer in Mc Intyres Umarmung, „du darfst Rose nicht betrügen. Ja, betrügen! Wenn sie die Wahrheit über dich nicht kennt, dann betrügst du sie."

Fin gestand sich ehrlich ein, dass Pat Recht hatte. „Ich werde Rose glücklich machen, das verspreche ich. Mit der Wahrheit ist es so eine Sache. Die Wahrheit ist selten unser Freund, Pat. Nur die Mutigsten werden mit ihr fertig. Und wer von uns ist schon so mutig?"

Alte Freunde, neue Feinde

Der Morgen kam und mit ihm der Tag der Beerdigung. Wieder brannte die Sonne auf die Äcker. Wäre der Tag kein so trauriger gewesen, die Menschen hätten fröhlich sein müssen über das prächtige Wetter. Der Nebel hob sich schnell und auf den grünen Hängen blühten Feldblumen aller Art. Schmetterlinge flatterten, Vögel sangen und Bienen summten ihr emsiges Lied. Mac Laurin Castle lag im Licht der Sonne und die alten grauen Mauern schienen vergoldet zu sein.

Innerhalb dieser Mauern aber war die Hölle los. Im Stall wurde jede Hand gebraucht, um die Kutschen und Pferde der angereisten Trauergäste zu versorgen. Da mussten auch die kräftigeren der kleinen Jungen schon mal mithelfen. Selbst der alte Hamish, der sonst die Ruhe selbst war und immer sorgfältig und bedacht arbeitete, wusste nicht mehr wo ihm der Kopf stand.

Vom Gesinde nahm nur die alte Kinderfrau Nelly Ramsay am Kirchgang teil. Alle anderen mussten sich um das Wohl der Gäste kümmern. Unter der großen Eberesche, gleich links neben dem Tor, waren Tische gedeckt, auf denen verschiedene Kleinigkeiten in Körben und auf Platten zum Imbiss angeboten waren. Krüge mit frischem Ale standen schäumend zur Erfrischung der Gäste bereit. Dort sollte auch nach dem Gottesdienst ein gemeinsames Mahl eingenommen werden.

Niemand war im Kilt erschienen. Die Zeiten waren unruhig und nirgends war man sicher. Der uralte Cailin Brodie, das Clanoberhaupt des Brodie-Clans, hatte sich die acht Meilen von Brodie Castle transportieren lassen, in einem Zweispänner, der mit Schafsfellen ausgepolstert war, um die Reise heil zu überstehen. Sein Enkel Sean hütete ihn wie seinen Augapfel. Auch aus dem nahen Auldearn waren Gäste gekommen, die meisten zu Pferd, denn Auldearn war nur zwei Meilen von Nairn entfernt. Irgendwie waren sie alle mit den Mac Laurins verbunden, durch jahrelange Freundschaft oder durch Familienbande. Und da die Familienbande der Mac Laurins quer durch Schottland verliefen, waren auch Besucher von den Mackanzies, den Mc Clintock und auch einiger Mac Kinleys anwesend. Schwarze und rote Barette, mit oder ohne Fasanenfedern, haarige Ziegenfelltaschen und feingewebte Wollumhänge mit bestickten Säumen schmückten die Angesehensten der alten Familien. Der uralte Cailin hatte sich von einem seiner zahlreichen Enkel seine Clanfarben mit dem verbotenen Karomuster auf die Haut tätowieren lassen, nahe dem Herzen. Das erzählte er jetzt flüsternd, mit zahnlosem Mund und freute sich kichernd auf diese Weise das Verbot der Engländer unterlaufen zu haben.

Patrick war unausgeschlafen und gereizt. Er begrüßte zwar die Gäste und wechselte höfliche Worte, aber mit seinen Gedanken war er nicht bei der Sache.

Ab und zu warf er misstrauische Blick zu seinem Onkel Murdoch. Sollte er ihn nicht einfach auf seine Entdeckung hin ansprechen und um eine Erklärung bitten? Irgendetwas stimmte nicht an der Geschichte um Allans Tod und Pat würde keine Ruhe geben, bis er nicht dahintergekommen war.

Tatsächlich waren aus dem Dorf keine Frauen gekommen. Cathy hatte Recht behalten. Fingal Mc Intyre, in feinstes englisches Tuch gekleidet, mit Rüschenhemd und enger Hose, mit Weste und Rock nach der letzten Londoner Mode, wurde von den meisten argwöhnisch beobachtet. Man sah ihm den Stadtmenschen an. Sobald er sich einer Gruppe näherte, wechselten die Männer in die gälische Sprache. Einem Engländer trauten sie nicht zu, dass er sie beherrschte. Und für einen Engländer hielten sie ihn. Fin nahm es gelassen und blieb allein.

Die Zeremonie fand in der kleinen Kapelle statt und verlief ungestört. Patrick stand seiner Schwester zur Seite, zusammen mit Fin. Die beiden alten Mac Laurins saßen trotzig nebeneinander, mit regungslosen Mienen. Als die Messe zu Ende ging, formierte sich der Zug, um den Sarg zur Familiengruft zu begleiten. Es war ein kurzer Weg, um die Kapelle herum und dann noch wenige Schritte, in der Nähe der Burgmauer. Mit steinernem Säulenportal und schwerer Holztür ging es gleich die Steintreppe hinab, in unterirdisch angelegte, verzweigte Gänge, in denen die Mac Laurins zur letzten Ruhe gebettet wurden.

Doch kaum hatte der Sarg die Kapelle verlassen, von der Familie gefolgt, da sah man sich einer Front von Soldaten gegenüber, allesamt in roten Röcken, die Hand am Gewehr, das man jetzt noch über der Schulter hängen hatte.

Ein Offizier, hoch zu Ross, ritt langsam auf die bestürzte Menge zu.

„Wir haben Gerüchte gehört über einen gewissen Allan Mac Laurin. Wir sind hier, um zu überprüfen, in wieweit diese Gerüchte der

Wahrheit entsprechen."

Der Mann winkte mit unendlich hochmütiger Miene zwei Soldaten zu sich und befahl: „Öffnet den Sarg!" Dann drehte er sich zu den vier Highlandern, die den Sarg auf den Schultern trugen. „Ihr da, absetzen, auf den Boden, sofort!"

Die Männer sahen sich ratlos um, suchten Patricks Blick, ob er dem zustimmte, oder was nun von ihnen erwartet wurde.

Der englische Offizier seinerseits, der gar nicht versuchte, seine Feindseligkeit zu verbergen, gab mit einer einzigen Handbewegung seinen Männern einen Befehl und die Soldaten in der ersten Linie legten ihre Gewehre feuerbereit an.

Patrick trat vor, winkte seinen Freunden, den Sarg abzustellen und wandte sich dann an den Offizier. „Was immer Ihr gehört habt, Sir, mache ich Euch darauf aufmerksam, dass Ihr Euch auf unserem Grund und Boden befindet. Mein Name ist Patrick Mac Laurin und der Verstorbene war mein Bruder. Und wer, Sir, seid Ihr?"

Der Mann warf einen verächtlichen Blick auf Patrick und es hätte sicher eine Auseinandersetzung gegeben, hätte er nicht Rose bemerkt, die sich ängstlich an ihren Vater klammerte. Zwar war sie blass, das Gesicht verweint und das schwarze, altmodische Kleid war auch nicht dazu angetan ihre Wangen rosiger wirken zu lassen, doch das alles konnte die Schönheit des Mädchens nicht verbergen. Der Offizier sah die kummervollen, dunklen Augen und stieg vom Pferd. Mit langsamen, selbstbewussten Schritten kam er auf sie zu. Dann verneigte er sich.

„Verzeiht mir, Mylady, wie konnte ich nur einer solchen Schönheit nicht mit mehr Höflichkeit gegenübertreten. Aber dieses Land ist nicht dazu angetan, sich auf die Manieren eines Soldaten günstig auszuwirken. Nehmt meine Entschuldigung an, ich bitte Euch!"

Patrick begann vor Wut zu kochen. Der Offizier sprach nun Pat an und erklärte mit anzüglichem Lächeln: „Es tut mir unendlich leid, dass ich Eure christlichen Pflichten unterbrechen muss, Master, doch als Kommandant der Garnison bin ich für die Sicherheit im Regierungsbezirk Nairn zuständig. Ihr versteht? Mein Name ist Reginald Sotherland, Lord von Cimberly. Mir ist seit neuestem die Aufgabe zuteilgeworden, der hiesigen Garnison vorzustehen. Ich versichere Euch, eine nicht immer dankbare Aufgabe. Doch Pflicht ist Pflicht, nicht wahr? Kurz gesagt, Master

Mac Laurin, man sagt, Euer Bruder sei nicht tot, sondern zu den Rebellen übergelaufen. Nun scheint es meine Aufgabe zu sein, mich zu überzeugen, dass er sich in diesem Sarg befindet."

Sotherland wollte seinen Männern gerade einen Wink geben, seinen Befehl auszuführen, als Patrick es noch einmal versuchte. „Mylord, vergesst nicht, dass Ihr Euch hier auf fremdem Grundbesitz befindet. Die Gerüchte über meinen Bruder mögen eine Sache sein, diesen Sarg mit Gewalt zu öffnen ist aber eine ganz andere. Ich bitte Euch, Euren Soldaten zu befehlen, die Gewehre zu senken und mich ins Haus zu begleiten. Dort können wir wie vernünftige Männer die Sache besprechen."

Patrick wollte keine Auseinandersetzung provozieren, denn er war kein Narr. Er hatte aus den Augenwinkeln gesehen, wie die Highlander nach verborgenen Dolchen gegriffen hatten, er sah die feindseligen Mienen der Schotten, aber er wusste auch, dass eine ganze Reihe von Gewehrläufen auf sie gerichtet war. Keiner von ihnen hätte auch nur den Schatten einer Chance gehabt. Und da war Rose, die er schützen musste. Die Lage schien sich dennoch zuzuspitzen. Plötzlich kam die Rettung. Jedoch von einer Seite, die niemand für möglich gehalten hätte.

„Lord Cimberly, welche Freude, Euch hier zu sehen!" Fin Mc Intyre schob sich nach vorne. Der Offizier stutzte nur einen winzigen Augenblick, dann verbeugte er sich mit übertriebener Höflichkeit. „Mc Intyre, wie in aller Welt kommt Ihr hierher? Als ich Euch zuletzt sah, war es in der Wartehalle des Lordkanzlers in London. Was hat Euch hierher verschlagen?"

„Dasselbe wie Eure Lordschaft: Die Pflicht und Allan Mac Laurin. Er war mein Freund und ich kam zu seiner Bestattung hierher."

„Euer Freund? Aaaah, so ist das. Der Lordkanzler wird erstaunt sein zu erfahren, wer zu Eurem Freundeskreis zählt. Meint Ihr nicht?"

Sotherland hatte mit seinen Worten Fin einschüchtern wollen, aber es sollte ihm nicht gelingen, denn Fin lachte amüsiert auf. „Im Gegenteil, im Gegenteil, Mylord. Nein, der Lordkanzler hat mit meiner Anwesenheit nichts zu tun."

Sotherland grinste schadenfroh.

„Jedoch der Herzog von Cumberland, der Enkel von König George dem Zweiten, hat in seiner Güte beschlossen, dass er seinem alten Freund William Mac Laurin, ... mit Verlaub, das ist jener Herr dort, der so zornig auf das Ende unseres Disputs wartet ... Ach ja! Der Herzog, also, hat mich beauftragt, seinem alten Freund Grüße auszurichten, da er wusste, dass ich ohnehin auf dem Weg nach Mac Laurin Castle war."

Sotherland zog unwillig die Augenbrauen zusammen, ließ sich aber den Ärger nicht ansehen.

„Der Herzog von Cumberland, der Enkel des Königs? Was hätte er mit den Mac Laurins zu schaffen, Mc Intyre? Könnt Ihr mir das erklären?"

Fin katte kein Problem damit, kräftig drauflos zu lügen. Er trat nahe an den Offizier heran und sprach leise und verschwörerisch: „Na, ja, Mylord, das Schlachtfeld von Culloden ist keine zwanzig Meilen entfernt. Da könnt Ihr Euch wohl denken, um welche Art von Gefälligkeit es sich handelt."

Lord Cimberly konnte sich nichts dergleichen vorstellen, tat aber, als hätte er alles verstanden.

„Im Übrigen versichere ich Euch, dass Allan Mac Laurin in diesem Sarg ruht und so tot ist, wie man nur sein kann. Ich gebe weiter zu Bedenken, dass Damen anwesend sind und ich die royale Person des Herzogs von Cumberland hier vertrete." Fin warf einen bezeichnenden Blick auf Rose.

Der Offizier zögerte. Dann kam er zu Fin und schlug ihm kameradschaftlich auf die Schulter. „Ich muss Euch recht geben, Mc Intyre. Aber diese Wilden", der Mann warf einen geringschätzigen Blick auf die Umstehenden, „mit ihren ewigen Unruhen und geheimen Zusammenkünften, sind allesamt Verschwörer."

Sotherland gab seinen Männern einen Wink, die Gewehre sinken zu lassen. Mit eleganter Verbeugung blieb er vor Rose stehen.

„Ich bitte noch einmal um Vergebung für die unliebsame Störung, Mylady. Vielleicht wird unser nächstes Zusammentreffen unter angenehmeren Umständen stattfinden." Der Offizier saß auf und wandte sich noch einmal an Fin. „Ich gebe nächste Woche eine kleine Abendgesellschaft, wenn Ihr Lust habt, Sir, so seid Ihr herzlich eingeladen. Ich würde gerne auch den jungen Patrick Mac Laurin dazu bitten, aber der sieht mich an, als wollte er mir an den Hals springen.

Nun ja, der Augenblick ist auch nicht gut gewählt. Ich denke, er wird sich nun tagelang in christlicher Frömmelei der Außenwelt versagen. Da sind wir beide doch vom anderen Schlag, was? Also, Samstag in einer Woche, bis dahin, lebt wohl!"

Die Truppe folgte ihrem Anführer und marschierte durch das offene Burgtor.

Pater Mackanzie schüttelte nur den grauen Kopf. „Und der soll hier die Ordnung aufrechterhalten? Es ist eine Schande. Kommt, wir wollen uns nicht vom eigentlichen Grund unseres Hierseins ablenken lassen. Unser Allan hat es verdient, würdig und von allen betrauert beerdigt zu werden."

Und der kleine Zug setzte sich wieder in Bewegung.

Patrick betrachtete Fin, als sehe er ihn zum ersten Mal. Hatte dieser Mann sich in den letzten Jahren, die er in London verbracht hatte, so verändert? Pflegte er dort die Gesellschaft solcher Menschen, wie Sotherland? Waren Allan und er in London wirklich noch Freunde gewesen? Pat zweifelte.

Und Onkel Murdoch? So niedergeschlagen und gebeugt von Trauer war es doch unmöglich, dass er etwas mit Allans Tod zu tun hatte. Warum dann versuchte er die Wahrheit zu verschleiern? Pat war ratlos, aber nicht bereit aufzugeben.

Der Tag war lang und Patrick fühlte sich am Abend wie gerädert. Spätestens als alle Besucher am Nachmittag wieder den Heimweg angetreten hatten, kehrte Ruhe ein und man war wieder unter sich. Als es dunkel war, wollte Pat sich still und heimlich in sein Zimmer verdrücken, doch Rose war immer noch in ein Gespräch mit Fin vertieft, also blieb er noch und erfüllte seine Gastgeberpflichten.

„Macht Euch nichts draus, Missy", sagte Fin gerade, „der Mann ist in London bekannt dafür, dass er jeder Frau den Hof macht. Man vermutet, dass er eine zweite Ehefrau sucht."

Rose war neugierig. „Aber er sieht doch recht angenehm aus. Und als junger Witwer hat er sicher jede Möglichkeit. Hat er Kinder aus erster Ehe?"

„Nein, diese Ehe ist kinderlos geblieben. Aber Rose, sagte ich er sei Witwer? Nein, nein, dies ist ein Irrtum. Lady Sotherland ist wohlauf und erfreut sich bester Gesundheit. Ich glaube, ich habe noch nie in meinem ganzen Leben eine schönere Frau gesehen. Obwohl er gerne den Eindruck erwecken möchte, dass sie schwer krank ist. Darum lässt er sie auch nicht zu Gesellschaften. Aber er wird ohnehin von niemandem eingeladen. Er wird gemieden, als hätte er den Aussatz."

Pat hatte schon eine Lösung parat. „Dann sucht er keine Ehefrau, sondern eine Geliebte. Weshalb wird er so gemieden? Nein, sag' nichts, ich versteh's. Wie ich den arroganten Bastard hasse!"

„In London weiß jeder über ihn Bescheid. Seine Eltern und er sind nach Indien gezogen, als Sotherland noch ein Kind war. Er ist auch nicht adliger Herkunft, Gott bewahre. Aber heute ist er ein steinreicher Mann. Er besitzt riesige Plantagen. Ganz Schottland hätte darin Platz. Er baut alles an, was das Herz begehrt. Einfach alles. Er fördert Erz, Gold, Edelsteine auf seinem Land. Er ist sicher einer der reichsten Männer Englands. In den letzten Jahren machte er einige enorme Schenkungen an die englische Krone. Das hat ihm auch den Lord-Titel eingebracht. Trotzdem ist er geächtet und verzehrt sich nach Anerkennung durch die feine Gesellschaft. Ich kann euch sagen, als der Lordkanzler ihn endlich empfing, tat er es mit einer Herablassung, die dem armen Burschen kaum entgangen sein kann."

„Aber wie kommt das?", wollte Rose wissen.

Fin griff nach seinem Whiskyglas und nippte daran. William war erschöpft in seinem Sessel eingeschlafen, Pat begann gerade seine Müdigkeit wieder abzustreifen.

„Liebste Rose, es liegt an seiner Frau. Die schönste und geheimnisvollste Frau, die ich jemals sah. Durch die Ehe mit ihr wurde Sotherland ein reicher Mann. Er bekam diesen Reichtum von seinem Schwiegervater bei der Hochzeit als Mitgift geschenkt. Bevor sie Lady Cimberly wurde, war sie Indira Sathem Devi, Fürstentochter aus altem Brahmanen Geschlecht. Der gute Sotherland hat ein Verbrechen begangen, das ihm kein Engländer jemals vergeben wird: Er hat eine Inderin geheiratet. Er hat die verfluchte Tochter ihres verfluchten Vaters geheiratet. Seht mich nicht so böse an, Missy. Das sind genau seine Worte. Er behandelt sie schlechter als einen Hund. Jedermann weiß, dass er sie loswerden will. Mit einer englischen Frau, ja selbst mit einer schottischen ... wäre er ein gemachter Mann. Aber er findet keine."

Pat streckte sich, rutschte dabei fast vom Sofa und zauste sich die Haare, um anzudeuten, dass er hundemüde war.

„Ich habe wirklich Lust, dich bei deinem Besuch in der Garnison zu begleiten, Fin. Ein bisschen sticheln." Dann gähnte er, als wollte er ganz Househill verschlingen.

„Mach keine Dummheiten, Pat. Du bist ihm nicht gewachsen. Der Mann ist wie eine Kobra. Menschenleben bedeuten ihm nichts. Weißt du, dass er den Besitz des alten Dunbar aufgekauft hat? Er hat schon einen handfesten Grund, nach den Rebellen zu suchen. Ich denke, dass ihm der junge Alexander bald einen Besuch abstatten wird."

Pat schoss in die Höhe. „Woher hast du das schon wieder? Wieso weiß ich davon nichts?"

Fin lächelte überlegen. „Das wusste ich schon, bevor ich hierherkam. Ich arbeite im Ministerium für schottische Angelegenheiten. Schon vergessen?"

Dann verbeugte sich Mc Intyre, wünschte allen eine gute Nacht und ging schlafen.

*

Als Pat sein Schlafzimmer betrat, wartete die alte Nelly schon auf ihn.

„Nelly, was machst du denn noch hier? Nein, lass das! Ich kann das allein. Ich weiß, du meinst es gut. Aber weißt du, ich bin erwachsen. Vielleicht wirst du bald meine Kinder hüten."

Nelly, die seit Allans Tod kein weißes, sondern ein schwarzes Häubchen auf den grauen Haaren trug, setzte sich kraftlos auf das Fußende des großen Bettes.

„Ich kann es immer noch nicht fassen. Master Allan kommt nie mehr nach Hause." Mit einem riesigen Taschentuch wischte sie sich umständlich die tränenden Augen. Pat setzte sich neben sie und nahm sie fürsorglich in den Arm.

„Aber ich bin noch da, Nelly. Es wird alles wieder gut werden. Mach dir keine Sorgen." Nelly war schwer zu trösten.

„Glaubt Ihr jetzt an die Stimmen aus dem See, Master Patrick? Seht Ihr, ich hatte Recht. Ich weiß nicht, welcher Teufel in diesem See haust, aber eins ist sicher: Er hat dem Haus Mac Laurin genug Schaden zugefügt. Wenn ich an die arme Lilith denke. Und jetzt auch Master Allan."

Pat war müde und wollte sich jetzt nicht auch noch mit dem Aberglauben des Kindermädchens herumschlagen.

„Von was redest du, Nelly, was hat das mit dem See zu tun?"

„Hast du nie ihr Bild in der Galerie betrachtet, Pat?" Nelly flüsterte vor Ehrfurcht. „Sie war so jung und so schön."

Pat nickte lächelnd. „Sicher, dem Burschen aus Aberdeen hat sie auch gefallen. Darum sind sie miteinander durchgebrannt."

„Nie hätte sie das getan, niemals. Es ist eine Gemeinheit so etwas von dem armen Mädchen zu behaupten. Sie war das Clanoberhaupt, genauso wie Allan. Meine Großmutter war Kammerfrau bei ihr. Und auch damals hörte man die Stimmen vom See. Und auch damals glaubte niemand daran, dass es Unglücksboten wären. Und dann verschwand sie spurlos. Nur ihr Bild hängt noch in der Galerie. Ebenso wie das von Master Allan." Damit vergrub sie ihr Gesicht wieder in dem großen Taschentuch.

„Geh schlafen, Nelly. Ich kann jetzt keine Gruselgeschichten brauchen. Bete lieber, dass der Sommer gut wird und die Ernte gedeiht. Nur das ist wichtig. Wir müssen überleben."

Als etwas später Fin ins Zimmer schlich, war Pat immer noch wach. Etwas nagte an ihm. Als Fin sich zu ihm legte und ihn umarmen wollte, sprudelte es aus Pat heraus: „Wie kann es sein, dass du über Dunbars Land informiert bist? Gerade du?" Mit vor der Brust verschränkten Armen saß er im Bett und funkelte Fin trotzig an.

„Auch dir einen guten Abend, Pat. Ja, ich möchte mich gerne neben dich legen. Nein, danke, ich möchte nichts mehr trinken, ich habe für heute genug." Fin verschränkte die Arme hinter dem Kopf.

„Das ist keine Antwort. Ich will es einfach wissen. Und keine faule Ausrede. Ich merke, wenn du lügst."

Fin drehte sich zu Pat und stützte sich auf den Ellenbogen. „Im Leben nicht. Ich könnte dir das Blaue vom Himmel schwindeln und du würdest es nicht merken, ganz sicher." Dabei grinste Fin einfach nur, weil er Pat ärgern wollte. Im nächsten Moment wurde er wieder ernst. „Ist kein Geheimnis, Patrick. Die Verträge wurden im Ministerium ausgestellt und Kopien für die Archive angefertigt."

„Ich glaube dir kein Wort, du Schwätzer. Aus welchem Grund sollte der Kaufvertrag vom alten Dunbar in irgendeinem verfluchten Ministerium landen?"

Fin seufzte und erklärte geduldig. „Weil Sotherland den Besitz gleich nach dem Kauf der Krone geschenkt hat. Und das war nicht das erste schottische Land, welches er an England abgetreten hat. Er will sich dadurch das Wohlwollen der Regierung sichern. Ich habe diese Urkunden selbst kopiert."

Pat's Antwort darauf war so derb und gotteslästerlich, dass Fin sich die Ohren zuhielt.

„Tut mir leid, ich hatte keinen Einfluss darauf. Aber wenn du weiter so fluchst, werden sicher diese Deckenbalken auf uns herabstürzen."

Pat lachte in Erinnerung an die letzte Nacht spitzbübisch. „Glaube ich nicht. Ehrlich nicht. Wenn sie gestern Nacht nicht auf uns beide gefallen sind, werden sie ein wahres Wort über diesen verfluchten Bastard vertragen."

Fin fuhr mit den Fingerspitzen Patricks Kieferlinie entlang und lächelte sanft. Er hielt es nicht länger aus. Er riss Pat in die Arme und presste seinen Körper an ihn. „Du machst mich wahnsinnig, Pat, weißt du das?" Er küsste ihn leidenschaftlich zwischen Hals und Schulter. „Hmmm, du riechst gut."

Pat grinste. „Nellys Spezialseife. Heidekraut und Lavendel."

„Hmmm, gibt es noch andere Stellen, die danach duften? Ich könnte hier nachsehen und hier ..."Fin streichelte mit sanften Fingerspitzen über Patricks halbharte Männlichkeit. Der schnappte nach Luft.

„Halt mal, Fin, langsam. Verflucht, du machst es dir leicht, weißt du das? Du denkst, der dumme Patrick teilt ein Geheimnis mit dir und muss jetzt nach deiner Pfeife tanzen. Das denkst du doch! Aber der dumme Patrick hat ganz andere Sorgen als deine Hand an meinem Dick."

Mc Intyre horchte auf. War da eine Spur von ernsthafter Besorgnis zu hören?

„Was ist los?" Jetzt war auch Fin ernst.

Pat setzte sich auf im Bett und umarmte seine Knie. „Allan hat diesen fabelhaften Kredit für uns herausgeholt, ja. Aber wir können trotzdem alles verlieren, wenn das Wetter nicht mitmacht. Die Ernte kann immer noch verregnen. Es liegen noch Monate vor uns, die alles zerstören können. Scheinbar nimmt das kein Mensch mehr wahr. Mein Vater, Onkel Murdoch, die Pächter ... Alle tun so, als ob das Korn schon im Speicher wäre. Ich verstehe das nicht. Woher nehmen sie nur diese Sicherheit?"

Fin stand auf und legte ein neues Stück Torf in die glimmende Glut. Das kühle Zimmer konnte ein kleines Feuerchen vertragen. Er hielt seine Hände in die Wärme. „Du hast Recht, Pat. Die Sache ist noch nicht ausgestanden. Ich verstehe sowieso nicht warum eure Pächter ... ach ist egal." Fin kam wieder ins Bett zurück.

„Was meinst du? Komm, los! Halb angebrütete Eier nützen keinem etwas. Sagt Nelly."

Fin nickte in die Dunkelheit des Zimmers hinein. „Eine kluge Frau, eure Nelly. Weißt du, eure Pächter. Warum bauen sie Getreide an? In den Highlands! Gut, das Land ist fruchtbar. Aber ihr wisst doch, wie unsicher die Ernten sind und wie gering der Ertrag. Versteh ich nicht."

Pat schüttelte den Kopf verständnislos. Das war typisch für einen Städter. Was wussten die schon von Landwirtschaft!

„Was ist das denn für eine alberne Frage? Weil wir es verkaufen! Weil wir mit dem Erlös unsere Steuern zahlen und weil wir selbst auch essen wollen! Isst du kein Brot?"

Aber Fin wollte auf etwas ganz anderes hinaus. „Das Korn wächst im Südwesten von England viel besser und die Ernten sind sicher. Dort, im Südwesten, das ist Kornland. Für euch selbst anzubauen, damit ihr kein Getreide kaufen müsst, ja, das versteh ich. Aber für den Handel? Nein, das versteh ich nicht."

Patrick wusste gar nicht, was er antworten sollte. „Wir haben das immer schon so gemacht." Was war denn falsch daran?

Fin nickte. „Ja. Das weiß ich. Aber die Ernteerträge Schottlands sind mies, ganz mies. Ich weiß das, denn wir haben im Archiv Listen darüber. Warum lasst ihr nicht diese erfolglose Plackerei sein und züchtet stattdessen Schafe?"

„Schafe? Haben wir auch, aber in England wird Schafsfleisch nicht so geschätzt wie bei uns hier im Norden."

Fin versuchte es wieder. „Nicht zum Schlachten, Pat. Wegen der Wolle! Viel mehr Schafe für viel mehr Wolle. Das Gras wächst bei jedem Wetter und die Schafe vermehren sich von allein."

„Wir handeln auch mit Schafswolle, Fin. Musst nicht denken, dass wir Holzköpfe sind. Ich weiß, gute Stoffe aus schottischer Wolle sind überall beliebt. Aber wir liefern ja nur das Rohmaterial und dafür kriegen wir nicht viel. Darum macht das hier auch keiner. Schafszucht rentiert sich nicht."

Fin war anderer Meinung. „Wir sind uns also einig, dass diese Stoffe gefragt sind und hohe Preise erzielen. Warum verarbeitet ihr die Wolle nicht selbst? Webt die Stoffe und kassiert auch die Gewinne!"

Pat lachte gerade hinaus. „Ach Fin, wir können sowas nicht. Dazu braucht man spezielle Webstühle und tüchtige Weber, die ihr Handwerk verstehen. Das ist nicht so einfach, wie du denkst, glaub mir. Unser Können reicht für unsere eigenen Kleider, die sind aber viel zu grob und, und ... nicht so elegant, wie das, was du trägst. Von solchen Stoffen können wir nur träumen."

Mc Intyre legte sich quer ins Bett, so dass sein Kopf in Patricks Schoß ruhte.

Dann zupfte er an einer Haarsträhne von Pats brauner Mähne. „Weißt du, bei mir in London, da gibt es einige Webereien. Aber die Arbeiter erhalten Hungerlöhne. Ich meine wirklich Hungerlöhne. Sie können sich und ihre Familien, von dem was sie verdienen, nicht ernähren. Viele dieser Leute sterben an Lungenkrankheiten oder Schwindsucht. Dabei verstehen sie was von ihrem Handwerk. Und viele von ihnen sind Schotten."

Jetzt dämmerte es Patrick. „Du meinst, wir sollten mit diesen Leuten, hier ...und mit unseren eigenen Schafen? Völlig unmöglich. Fin, das klappt nie im Leben."

„Ja, warum denn nicht?" Fin richtete sich auf und rutschte ganz nah an Pat heran. „Viel mehr Schafe, viel mehr Wolle ... das kostet so gut wie nichts, denn die Schafe vermehren sich auch ohne dein Zutun. Die armen Weber auf Mac Laurin Land oder in Nairn ansiedeln? Ich denke, etliche würden dieses Angebot annehmen. Und die passenden Webstühle? So teuer sind die nicht. Am Anfang tun es auch Gebrauchte. Kennst du die Insel Lewis? In den Äußeren Hebriden? Auch Schotten, mein Lieber, bei denen hat es auf Anhieb funktioniert. Die verdienen mit ihren handgewebten Stoffen ein Vermögen. Dabei waren sie früher mal die Ärmsten im ganzen Königreich. Ging alles durch meine Hände, weil wir die Steuern anpassen mussten."

Pat war sprachlos. Zuerst.

„Das klappt nie, nein, das ... das ist zu schwer für uns. Außerdem würde mein Vater das nie erlauben."

Die Antwort kam schnell und ... kalt!

„Dein Vater ist ein alter, kranker Mann, Pat. Du, und nur du, wirst etwas ändern können. Willst du den Clan in die Zukunft führen oder zurück, in die Vergangenheit? Ich könnte dir helfen, Pat, wenn du willst. Ich kenne mich aus mit Zahlen und dem Organisieren von ..."

„Wenn das so einfach geht, Fin, warum hast du das nicht selbst auf Mainland probiert? Sondern bist in dieses verfluchte London gegangen, um vor den Engländern zu kriechen."

Pat wusste, dass er Fin verletzt hatte. Ganz übel verletzt, sogar.

„Oh, zur Hölle, das war nicht so gemeint, Fin, wirklich. Ich wollte nur sagen ..."

Fin atmete tief durch. Das hatte gesessen. „Weil ich das alles damals noch nicht wusste, du Esel. Das habe ich alles erst in London gelernt, wo ich vor den Engländern krieche. Ja, doch, du brauchst dich nicht zu entschuldigen, denn es ist die Wahrheit. Aber ich hatte gar keine andere Wahl, Patrick. Ich habe kein eigenes Land und keinen Clan, der mir beisteht. Du hast beides. Du könntest ..."

„Halt! Halt, Fin! Nicht weiter. Nicht jetzt und nicht heute!" Pat hielt sich die Ohren zu. „Ich bin so müde und mir brummt der Schädel, wenn ich dich so reden höre. Es hört sich gut an, was du da erzählst, sicher. Aber erwarte nicht, dass ich jetzt sofort ...!"

Fin umarmte den armen, geplagten Patrick. „Nein, ach, was denkst du denn! Es war nur so eine Idee. Wegen dir, Pat. Ich mache mir diese Gedanken nur wegen dir. Damit du in eine sichere Zukunft schauen kannst. Verstehst du das nicht?"

Fins sehr blaue Augen sagten weitaus mehr als alle Erklärungen der Welt.

Pat flüsterte fast unhörbar: „Wie war das noch mal mit den duftenden Stellen auf meiner Haut, die du vorhin suchen wolltest?"

Fin lachte leise in sich hinein und riss Pat in seine Arme. „Du bist unglaublich, Pat, weißt du das? Doch, du weißt das. Her mit dir. Also", Fin zog die Decke beiseite, denn der Raum war jetzt mollig warm, „ich denke, ich fange mal hier an zu suchen", und Fin küsste ganz sacht und vorsichtig Patricks Haut in der Leistengegend. Als Pat zusammenzuckte und laut auflachte legte Fin ihm die Hand fest auf den Mund. „Leise, um Gottes Willen, leise! Pssst! Wenn uns einer hört ..." Pat kicherte ganz leise. „Dann darfst du mich nicht kitzeln, verdammt."

„Kitzeln? Du meinst, ich will dich kitzeln?"

„Nein, schon gut! Sicher willst du das nicht. Aber ich bin eben sehr ..."

Das Wort kitzlig konnte Pat gar nicht mehr aussprechen, denn Fin hatte seinen Mund auf Patricks steil erhobenes Glied gesenkt. Pat blieb die

Luft weg. Er kämpfte einige Augenblicke, schnappte nach Luft, dann keuchte er: „Nein, nicht, lass das, Fin, dass dürfen wir nicht. Das … Herrgott, Fin, das ist Todsünde!"

Fin tauchte aus der Versenkung auf, aber nur kurz. „Wo steht das?", dann machte er unbeirrt weiter.

„In der Bibel. Verdammt, Fin, in der Bibel. Nicht Mann, nicht Frau darf so was …"

Fin unterbrach wieder. „In der Bibel? Da steht nichts darüber." Dann ließ er weiter seinen Mund auf und ab gleiten. Patrick erzitterte bis in die Zehenspitzen. Mit klappernden Zähnen erklärte er: „Es muss aber doch drinstehen. Pater Mackanzie hat gepredigt, dass, …"

Fin lachte auf. „Was? Der Pater? Na dann, Pat, muss es ja stimmen."

Patrick hörte aber gar nicht mehr zu, denn er warf sich in seinen Kissen von einer Seite zur andern und stöhnte laut. Viel zu laut, wie Fin meinte. „Pssst, nicht so laut, hörst du? Man wird uns noch erwischen. Wenn dich das so aufregt, dann mach ich es lieber mit der Hand."

„Du verdammter Bastard, wenn du deinen Mund nicht sofort wieder dahin tust, wo er eben war, dann … dann …"

Also ließ Fin sich erweichen, warnte aber nochmals. „Also gut. Aber keinen Ton, jetzt."

Eine Weile ging alles gut, aber bald stellte Pat fest, dass seine Arme leer waren und er doch nichts lieber getan hätte, als Fin an sich zu drücken. Also packte er ihn unter den Schultern und zog ihn zu sich hinauf. Seine Leidenschaft überwältigte ihn derart, dass er sich mit Fin in den Armen umdrehte, so dass er auf ihm lag und dann rieb er sein hartes, heißes Glied an Fins ebenso erregtem Penis. Fin genoss diesen spontanen Gefühlsausbruch unendlich, aber er wollte Pat noch ein wenig mehr genießen lassen. Also griff er nach unten, fasste Patricks Glied und begann es kräftig zu reiben. Ein heiseres Knurren war die Antwort.

„Das ist … Großer Gott, ist das Liebe, Fin?" Pat konnte vor Erregung kaum sprechen.

„Nein, nein, das ist nicht Liebe, Patrick. Das ist Lust. Bei dir jedenfalls."

Doch Pat hörte gar nicht zu. Er stieß und stieß und dabei presste er Fin in seine Arme, dass der fast keine Luft mehr bekam. Trotzdem konnte Mc Intyre seine andere Hand nutzen, um sich selbst zu reiben und zum

Höhepunkt zu bringen. Sie erlebten ihren Samenerguss kurz hintereinander, wobei Pat wieder laut stöhnte und seufzte, obwohl er versuchte, die Zähne zusammenzubeißen.

Verschwitzt und erschöpft, aber prächtiger Laune glitt er von Fins Körper und legte sich genüsslich schnurrend neben den Freund.

„Und jetzt schlafen!“, Pat streckte sich so sehr, dass es laut knackte.

„Hör mal, Mac Laurin. So geht das nicht weiter mit dir! Du bringst uns in Teufels Küche.“ Fin war für Patricks Geschmack viel zu ernst.

„Ich? Wieso?“ Pat war sich keiner Schuld bewusst.

„Weil du so laut bist, dass die Fledermäuse hier im Schloss von den Dachbalken fallen. Dich hört man bis runter in den Weinkeller.“ Fin war richtig böse.

„Wir haben keinen Weinkeller.“

„Aber Zimmernachbarn mit empfindlichen Ohren!“

„Na gut, dann komme ich nächstes Mal in dein Zimmer.“

Fin war völlig entrüstet. „Waaas? Du bist irrsinnig! Erst bei dir Gestöhne, dann bei mir? Da muss man wirklich nicht der Gescheiteste sein, um eine Verbindung zu vermuten.“ Wollte dieser Mensch nicht einsehen, in welcher Gefahr sie beide waren?

„Ach was, Fin, du bist viel zu ängstlich. Meine Nelly denkt sowieso, ich hätte eine Liebschaft mit einer der Küchenmägde. Sie sieht ja, welche Flecken in meinem Nachthemd sind. Sie drangsaliert jetzt die armen Mädchen, um herauszufinden, welche von ihnen meine Geliebte ist“, kicherte Pat.

„Das findest du wohl sehr witzig?“ Fin wurde todernst. Er sprach mit leiser Stimme und ganz beiläufig, als er fragte: „Hast du von dem armen Burschen in Selkirk gehört, der letztes Jahr tot aufgefunden wurde?“

„Sicher. Im Wald, an einen Baum gefesselt. Seine Brüder haben ihn gefunden.“

„Alles gelogen, Pat. Er hat wohl auch mal zu laut geseufzt und man ist ihm drauf gekommen mit wem. Seine Brüder waren es, die ihn an den Baum gefesselt haben. Mit seinen eigenen Gedärmen.“

*

Am anderen Morgen erwachte Patrick voller Tatendrang und sehr früh. Der Tagesablauf hatte sich trotz der tragischen Ereignisse nicht geändert und wie selbstverständlich hatte Pat die Aufgaben seines Bruders übernommen. Er ging die Sache mit viel Energie und Selbstbewusstsein an. Er schickte Hamish auf die Pferdeweide, wegen der Fohlen, die noch erwartet wurden, er kümmerte sich darum, dass die männlichen der neugeborenen Lämmer von den Hirten kastriert wurden, um später keinen Ärger auf den Weiden zu machen und weil ihr Fleisch so besser schmeckte. Auf den Äckern lärmten Kinder und schepperten mit alten Töpfen, um die Krähen zu verscheuchen. Andere wurden zum Unkraut jäten in den Gemüsegarten geschickt. Nelly staunte nicht schlecht, als Pat den emsigen Helfern Brot, Käse und Ale bringen ließ.

Fin war nirgends zu sehen. Pat wusste nicht, dass sich Mc Intyre mit Rose zum See aufgemacht hatte, um die Reusen zu kontrollieren. Es gab keinen Nebel, keinen kühlen Wind, nur strahlenden Sonnenschein und hunderte Vögel, die um die Wette zwitscherten. „Gebt mir den Korb, Missy, er ist zu schwer für so zarte Hände. Wir haben so viele Fische, dabei haben wir erst die Hälfte der Reusen geleert. Wie kommt das?"

„Das Wetter. Wenn die Sonne auf die Wasseroberfläche scheint, sind die Fische hungriger. Vielleicht hat auch der Köder ihnen heute besonders gut geschmeckt. Keine Ahnung, wieso. Ist der Gleiche, wie jeden Tag." Rose hatte sich einen Strohhut aufgesetzt, gegen die brennende Sonne und fühlte sich auffallend wohl in Fins Gegenwart.

Sie musste aufsehen, denn Fin war einen Kopf größer als das Mädchen. „Du wirst jetzt sicher bald wieder nach London zurückreisen, Fin." Rose war gar nicht glücklich über diese Tatsache.

Fin nickte schicksalsergeben. „Aye, Missy. Das wird keine leichte Aufgabe. Die Nachricht von Allans Tod zu überbringen ... ich könnte wirklich darauf verzichten." Fin fuhr sich mit den Fingern durch die offenen Haare, eine Geste der Verzweiflung.

Rose wischte sich über die nassen Augen. „Arme Mary. Ach Gott, Fin, sie tut mir so leid! Wenn ich daran denke, ich wäre Braut und mein Bräutigam würde plötzlich ... ich glaube, ich würde auch sterben."

Fin lächelte aus imponierender Höhe herab. „Niemand kennt sein eigenes Schicksal, Missy. Man muss es eben ertragen, wie es kommt. Aber ein mitfühlendes Herz vermag viel Leid zu lindern. Der Mann, der Euch einmal bekommt, ich beneide ihn jetzt schon“, und er strich sacht über ihre rosige Wange.

„Ach, lieber Fin, musst du wirklich schon so bald wieder weg? Ich werde dich sehr vermissen.“ Rose sah ihn verliebt an und Fin hatte das Mädchen wirklich sehr gern. Die beiden näherten sich einander, ihre Lippen nur noch einen Atemzug voneinander entfernt … Da stolperte Patrick zwischen den Bäumen hervor.

„Endlich finde ich euch. Fin, dein Boxer macht Ärger im Stall. Ich glaube, es fehlt ihm an Bewegung. Komm lieber mit und schau selbst mal nach dem Tier.“

Rose bedachte ihren Bruder mit einem Blick, der einen Ochsen gelähmt hätte.

Dafür entschädigte Fin sie mit einem liebevollen Lächeln und bot ihr höflich den Arm. „Missy, ich gehe davon aus, dass Ihr uns zurückbegleitet? Eine junge Dame kann unmöglich allein hier draußen bleiben. Boxer muss sich eben noch einen Augenblick länger gedulden.“

Und weil die Sonne so warm schien und die beiden jungen Männer Pferdenarren waren, befanden sie sich kurze Zeit später mit ihren Reittieren auf dem Weg nach Nairn.

„Du siehst glücklich aus“, Fin schaute in Patricks erhitztes Gesicht und hätte ihn rasend gerne geküsst.

Pat nickte. „Ich bin es auch. Obwohl, ich habe die halbe Nacht nicht geschlafen. Ja, ja, das ist deine Schuld, Mc Intyre. Ich habe nachgedacht, über das, was du gesagt hast. Ist vielleicht mehr dran an deinem Vorschlag, als ich zuerst dachte. Mal sehen. Auf jeden Fall will ich mir zuerst mal einen Überblick verschaffen.“

„Überblick? Über was denn?“

„Über die Erträge der letzten Jahre. Welche Felder wieviel abgeworfen haben. Ich glaube, das lässt sich am besten bei der Steuerbehörde erfragen. Da geh‘ ich nachher mal vorbei. Es gibt so ein kleines Verwaltungsgebäude in Nairn.“

Fin staunte. „Habt ihr diese Unterlagen nicht auch zu Hause? Ich meine, ihr wisst doch sicher Bescheid über die Felder der Pächter.“

„Nicht die verpachteten Felder, Fin. Ich meine unser eigenes Land. Natürlich hat mein Vater das in seinen Dokumenten irgendwo aufgezeichnet. Ich will ihn aber nicht um diese Schriftstücke bitten. Ist noch zu früh. Er regt sich doch gleich wieder auf und das soll er nicht."

„Na, dann los!"

Die beiden waren leidenschaftliche Reiter und genossen es, den Pferden die Zügel schießen zu lassen.

Da Nairn am Meer lag und einen eigenen, kleinen Hafen hatte, ging ein Stück des Wegs in Sichtweite der Steilküste entlang.

Auch am schönsten Sommertag war dieses Meer immer grau. Schiffe waren nicht zu sehen, nur windgepeitschte Wellen, die sich mit heller Gischt an den schroffen Felsen brachen. Weiter draußen zum Horizont zu, tanzten kleine Schaumkronen, wie weiße Blütenblätter.

Guter Laune, aber völlig außer Atem kamen sie in Nairn an.

Vor der „Goldenen Gans" trafen sie Tommy. Pat winkte ihm freundlich zu.

„Gut dich zu sehen, Tommy. Kümmere dich um die Pferde, ja? Du kannst hier auf mich warten, Fin. In der „Gans" wird gutes Ale gebraut. Tom, ich komme später bei euch vorbei und hole meinen Freund ab. Ich gehe davon aus, dass du mich nicht begleiten willst, Fin?"

Der hob abwehrend die Hände. „Da sei Gott vor. Zur Steuerbehörde kriegst du mich nur mit vorgehaltener Muskete."

Pat flüsterte leise. „Vielleicht siehst du ja irgendwo Cathy. Cathrine Burns ist meine Liebste. Sie ist sehr hübsch und sehr klug."

Fin spitzte die Ohren. „Ziehst du es in Betracht, sie zu heiraten?"

Pat zog hilflos die Schultern in die Höhe. „Ich glaube nicht, dass sie mich nimmt. Sie nörgelt manchmal an mir herum. Ich soll mich öfter waschen und weniger fluchen."

Fin seufzte gequält. „Oh je, armes Mädchen. Vielleicht solltest du sie mal mit Heidekraut-Lavendelseife überraschen?"

Pat warf einen halb komischen, halb beleidigten Blick zu Fin, warf Tom die Zügel von Nick zu und machte sich auf den Weg, die Straße entlang.

Patrick begegnete einer Menge Bekannten, die ihn alle auf den Tod von Allan ansprachen. Er verabschiedete sich immer sehr schnell, denn jedes Mal, wenn er über Allan sprach, zerriss es ihm das Herz.

Es gelang ihm, alles in Erfahrung zu bringen, was er wissen wollte und machte sich dann wieder auf den Weg zur „Goldenen Gans". Draußen war es immer noch heiß und sonnig, genau das richtige Wetter für die wachsenden Pflanzen auf den Feldern. Pat war zufrieden. Es würde schon werden.

In der Schenke traf Pat Fin im Gespräch mit Sotherland, dem Lord von Cimberly. Der alte Burns persönlich bediente die vornehmen Gäste, die den Wirt überhaupt nicht wahrzunehmen schienen und der wohl ganz glücklich darüber war. Pat blieb am Eingang stehen und zögerte. Dem Engländer hatte er nicht begegnen wollen. Aber nun war es schon mal so! Er trat also an den Tisch der beiden und grüßte höflich.

Fin schien sich prächtig zu unterhalten. „Komm, setz dich doch zu uns, Pat. Der Lord von Cimberly und ich haben uns zufällig hier getroffen und plaudern ein wenig bei einem guten Glas Brandy."

Der Lord, der seine Offiziersuniform trug, wollte mit seiner arroganten, lässigen Art so gar nicht in die dunkle, niedrige Schenke passen.

Er prostete mit seinem Glas Patrick zu. „Ausgezeichneter Brandy, übrigens. Ich bin sicher, dass er noch keinen einzigen Zollposten gesehen hat, seit er Frankreich verlassen hat." Dann wandte er sich wieder an Fin „Um auf unser Gespräch zurückzukommen, Mc Intyre, so würde ich mich freuen, wenn Ihr mich einmal in Indien besuchen würdet, wenn meine Aufgaben hier beendet sind. Wir bauen Zimt an, Vanille, Gummi, Kakao, alles, was sich zu Geld machen lässt. Ihr wisst ja, die Gier eines echten Engländers nach Geld ist unermesslich."

Betretenes Schweigen folgte seinen Worten. „Erstaunt, mein junger Freund?"

Die Frage war an Pat gerichtet, der nicht wusste, worauf der Mann hinauswollte. „Ihr müsst nicht empört sein über meine Worte, Sir. Dies ist die Melodie, nach der wir unser Lied pfeifen. Gott erhalte England, seine Gier nach Geld und Gut. Amen!"

„Warum so zynisch, Lord Cimberly?", fragte Fin.

„Oh, nein, das bin ich nicht. Der verdammte Brandy. Aber das macht nichts. Ich bin ein schwerreicher Mann, Fin, und kann es mir erlauben, die Wahrheit zu sagen. Ich habe mir das Trinken in Indien angewöhnt. In diesem gottverdammten Land kann man nur so überleben."

„Warum dann nehmt Ihr nicht Euren Reichtum, Eure Frau und kehrt nach England zurück?", fragte Pat ruhig, ohne auf den Tritt zu achten, den er von Fin unter dem Tisch erhalten hatte.

Pat fuhr ungerührt fort. „Ihr seht aus wie ein Mann, der sich überall rücksichtslos durchzusetzen weiß.“ Auch Fins warnenden Blick ignorierte Patrick.

Der Engländer blickte lächelnd auf sein Brandyglas. „Rücksichtslos … ja. Das bin ich und das werde ich immer bleiben. Euer junger Freund besitzt einigen gesunden Menschenverstand, Fin. Nach England zurückkehren, wie alle es tun. Ich kann es nicht. Gott verdamme mich und sie, wegen der ich es nicht kann. Wir erobern die Welt im Namen Gottes, Patrick Mac Laurin. Wir schachern, handeln, unterdrücken die Völker im Osten, Süden, Norden und seit Neuestem auch in der Neuen Welt. Darin besteht unsere Macht, dass wir Mutter Erde auspressen und beherrschen. Wir verwandeln Wildnis in Kulturland. Die Holländer haben es nicht gekonnt und auch die Portugiesen nicht. Nur wir Engländer. Wir lassen den Wilden ihre widerlichen Götzen, ihre Tempel, nicht alle, aber einige. Nur wir Engländer senden unsere Söhne in die Welt, um die Macht des englischen Geldes zu mehren. Söhne eines auserwählten Volkes. Und nie, niemals würde dieses Volk anerkennen, was ich getan habe. Ich trage ein Zeichen, bin nicht ebenbürtig, trotz Reichtum und Einfluss. Dank meiner Frau und des Volkes, aus dem sie stammt.“

In Patrick sträubte sich alles gegen die Worte dieses Mannes. Er verflucht seine Frau und hatte ihr doch alles zu verdanken.

Burns hatte jedes Wort gehört, war aber wie ein Schatten im Hintergrund geblieben. Patrick empfand tiefste Verachtung für diesen gewissenlosen Menschen, der hier über seine eigene Charakterschwäche lächelte.

Bevor Pat etwas Unüberlegtes sagen konnte, wechselte Fin das Gesprächsthema.

„Habt Ihr Euch schon in der neuen Garnison eingelebt, Mylord? Ich frage nur, weil ich doch die exquisite Küche aus Eurem Palais in London kenne und mich nun frage, ob ich meinem Freund hier raten kann, mich zu Eurer Abendgesellschaft zu begleiten. Ich hoffe, es wartet nicht das übliche Soldatenessen auf uns?“

Der Lord lachte heftig auf. „Nein, bei Gott, Mc Intyre. Natürlich ist es etwas anderes in London, keine Frage. Aber es ist mir gelungen, meinen französischen Koch zu überreden, mir in dieses trostlose Kaff zu folgen. Keine Sorge also. Auch Ihr, Mac Laurin! Ihr seid stets willkommen. Meine

Frau müsst Ihr allerdings entschuldigen, sie ist leidend und hütet zumeist das Bett. Damit wir nicht ganz ohne Damengesellschaft bleiben, hättet Ihr wohl die Güte, Eure bezaubernde Schwester mitzubringen? Selbstverständlich mit ihrer Chaperon. Damenbesuch ist eine Rarität in dieser Militärstation. In dieser Beziehung ist Indien doch weitaus unkomplizierter." Ein hässliches, anzügliches Lachen hallte durch die ganze Schenke.

Kurz darauf verabschiedete man sich und jeder ging seiner Wege.

Die beiden jungen Schotten ritten langsam nebeneinander her.

„Wie kann ein Mensch sich so gehen lassen. Der Mann war total betrunken." Pat war angewidert.

„Betrunken? Sotherland ist nie betrunken. Du weißt, dass wir Schotten eine ganze Menge vertragen. Aber der Lord ist in dieser Beziehung ein Naturwunder. Wenn er diesen Eindruck bei dir erweckt hat, dann geschah es absichtlich."

Doch Pat war nicht zu tiefsinnigen Gesprächen aufgelegt.

„Hast du Cathy gesehen? Wie findest du sie?"

Fin seufzte. „Armes Mädchen!"

„Was? Warum? Ist was nicht in Ordnung?"

Fin tat entrüstet. „Da fragst du auch noch? So ein hübsches, kluges Mädchen und bekommt einen Mann, der flucht und sich nicht wäscht. Was soll daraus nur werden?"

Pat versuchte Fin mit der Faust in den Magen zu knuffen, aber die Pferde waren zu weit voneinander entfernt.

„Na, wie wär's, Pat? Hast du Lust auf ein kleines Wettrennen nach Hause? Ich wette, dein alter Nick ist nicht schneller als mein Boxer."

„Das wäre nicht fair, Fin. Dein Pferd ist den Straßenbelag von London gewöhnt, während Nick den Boden hier kennt. Wir machen das anders. Du reitest auf der Straße und ich nehme den längeren Weg durch's Moor. Das gleicht den Vorteil aus."

„Ist das Moor denn sicher? Ich meine, es war doch bis vor ein paar Tagen noch überflutet."

Pat lachte unbekümmert. „Wo denkst du hin! Unser Moor ist wie ein Schwamm, da gibt's kein stehendes Wasser mehr. Außerdem kenne ich die Wege, die immer gangbar sind. Ich glaube eher, du traust dich nicht, was?"

Diesen Vorwurf wollte Fin nicht auf sich sitzen lassen.

„Bis du ankommst, trinke ich mit der süßen Rose die zweite Tasse Tee." Und schon stoben die beiden Reiter in verschiedene Richtungen davon.

Fin ritt, als wäre der Teufel hinter ihm her. Der Straßenschotter spritzte nach allen Seiten und Boxer genoss das Tempo. Goldenes Licht fiel auf die Highlands und ein hauchdünner Nebelschleier machte aus den Hügeln ein Feenland. Fin wurde von einer berauschenden Freude erfasst. Wie hatte er nur denken können, er würde in London glücklich sein?

Patrick hingegen nahm den Weg durch das Moor. Trotz des Sonnenscheins war das Licht im Moor immer trüb. Etwa einen Fuß breit über dem Boden schwebte ein milchig-weißer Nebelteppich, der dicht geschlossen war und die Sicht auf den Untergrund behinderte. Es war eine gespenstische Atmosphäre, die durch die unnatürliche Stille noch unheimlicher wurde. Denn der Morast dämpfte jedes Geräusch und nur das leise Gurgeln, welches von Nicks schweren Tritten aufstieg, war schwach zu hören, als er über die weiche Oberfläche stampfte. Einige Sumpfhühner ergriffen die Flucht und flatterten laut krächzend in den Nebel davon. Pat ritt mit traumhafter Sicherheit über die vertrauten Pfade, die er schon als Kind erkundet hatte und die er genau kannte. Auch der alte Nick kannte die Wege, die sein Reiter heute nutzte und er setzte seine Hufe sicher und fest auf den rutschigen Boden.

„Halt, keinen Schritt weiter, oder ich schieße!“ Pat zügelte sein Pferd mit einiger Mühe. „Keine Bewegung! Wir sehen dich ganz genau.“ Die Stimme kam aus dem Nebel.

„Was wollt ihr? Ich habe kein Geld bei mir“, rief Pat dem unsichtbaren Gegner zu.

„Was hast du hier im Moor zu suchen? Ihr kriegt uns nicht, das kannst du deinem Kommandeur ausrichten. Wenn wir noch einen von deiner Sorte hier finden, ertränken wir ihn im Moor.“

Ein anderer hatte gesprochen und Pat erkannte die Stimme sofort.

„Alexander? Alexander Dunbar, bist du das? Was, in drei Teufels Namen, ist in dich gefahren? Junge, hast du mich erschreckt. Komm her und lass das Versteckspielen.“ Pat versuchte die Nebelschleier zu durchdringen und kniff die Augen zusammen.

Da traten um ihn herum dunkle Gestalten aus dem Nebel. Eine dieser Gestalten war sein alter Freund Alexander Dunbar, der junge Mann, mit dem er vor wenigen Tagen noch im Keller der Witwe Malone gesungen und getanzt hatte. Jetzt sah Alexander erschöpft und abgekämpft aus. Sein Umhang war nass, seine Hosen voller Schlamm. Unter den Augen hatte Alexander dunkle Ringe und seine langen Haare klebten wirr um den Kopf. Das jungenhafte Lächeln war einer steinernen Miene gewichen.

„Was machst du hier, Pat? Wir hätten dich beinahe erschossen.“

Drohende Blicke von allen Seiten begleiteten diese feindseligen Worte.

„Was ich hier mache? Ich reite nach Hause."

„Steig' ab", sagte Alexander und winkte Pat ihm zu folgen.

„Von wegen absteigen, Mann. Ich habe eine Wette und die habe ich vor zu gewinnen. Was glaubst du, weshalb ich sonst diesen scheußlichen Weg genommen habe? Also, ich reite jetzt weiter und du gehst zur Seite."

Aber Dunbar griff in die Zügel von Nick und hielt sie fest. „Ich kann dich nicht gehen lassen, Pat. Du könntest uns verraten. Wir wissen, dass dieser Spion immer noch auf Mac Laurin Castle wohnt. Ein feiner Freund bist du." Verachtung verzerrte den Mund von Alexander.

„Fin ist kein Spion. Er ist ein Schotte wie du und ich."

„Ein Speichellecker ist er!" Bitter wie Galle waren diese Worte im Mund Alexanders und er spuckte sie aus. „Er kommt aus London, nicht wahr? Was für ein Zufall, dass man euch Allan nur wenige Tage später tot nach Hause brachte. Er war auch in London, oder? Und dann noch ein Freund von diesem Sotherland. Was das für einer ist, wissen wir alle. Haben sie Allan auch einen überhöhten Kredit gegeben, als ihr schon so weit verschuldet wart, dass keine Bank der Welt mehr etwas rausgerückt hätte? Und du träumst jetzt davon, mit einer einzigen Ernte, das alles regeln zu können? Wie dumm bist du eigentlich? Genau dasselbe Spiel haben sie letztes Jahr mit uns gespielt. Und jetzt ist meine Familie bereits auf dem Weg nach Massachusetts. Das Land ist weg und das Geld auch. Der feine Lord Cimberly besitzt jetzt Dunbar Gardens. Was glaubst du wie lange es dauern wird, bis ihm auch Mac Laurin Castle gehört?" Pat war einigermaßen sprachlos. Doch er ließ sich nicht so leicht überzeugen.

„Allans Tod war ein Unfall. Cimberly hat nichts damit zu tun."

Erbost fuhr Alexander ihn an. „Patrick, bist du blind? Dein Vater ist alt. Das einzige Hindernis war Allan. Den gibt es jetzt nicht mehr. Vergiss nicht, dass der Kommandant eine neue Frau sucht. Die Spatzen pfeifen es von den Dächern. Vielleicht bist du der nächste, der bald in der Kiste liegt? Wie lange kann sich Rose dann allein halten? Wird sie nicht froh sein, einen reichen Mann zu bekommen, der schon halb Schottland besitzt? Steig endlich ab, du Schwätzer! Wenn du schon nicht weißt, was gegen diese englische Pest zu tun ist, wir wissen es! Und niemand soll uns aufhalten!" Alexander griff wütend nach Patricks Arm, um ihn vom Pferd zu reißen.

Doch er hatte Pat unterschätzt.

Alles, was Alexander vorgebracht hatte, leuchtete Patrick ein. Und jetzt ergriff ihn maßlose Wut über seine eigene Vertrauensseligkeit, seine Naivität und ... Liebe?

Er musste Rose vor Fin warnen. Dieser Zorn verlieh ihm Entschlossenheit. Er stieß Nick die Fersen in die Flanken, so dass dieser einen gewaltigen Satz machte und Alexander umgerissen wurde. Dann ritt er mitten unter die Burschen hinein. Ein jeder beeilte sich zurückzutreten, um Nick nicht unter die großen Hufe zu geraten. Ein kurzer Schenkeldruck und Reiter und Ross sausten auf dem schmalen Weg durch das Moor davon. Ziemlich überrumpelt blieben die Männer im Moor zurück. Keiner von ihnen hatte ernstlich daran gedacht auf Pat zu schießen.

„Du verdammter Bastard, wenn du ein Wort sagst ...", wütend rief Alexander hinter dem Reiter her.

„Von mir erfahren sie nichts", brüllte Pat aus dem Nebel zurück und war auch schon verschwunden. Erbittert ritt er heim. Hier also versteckten sich die Rebellen! Ach was, Rebellen! Aber was sollten sie denn tun? Sie konnten sich drehen und wenden, wie sie wollten ... es gab für sie keinen Ausweg.

War Fin ein englischer Spitzel, der helfen sollte, ihn, Patrick, zu beseitigen, um leichter an sein Land zu kommen, welches er niemals kampflos hergeben würde? Wie gut verstand er plötzlich den jungen Alexander Dunbar.

Fin war als Freund der Familie willkommen geheißen worden. Aber war er das noch, nach all den Jahren? Hatte er etwas mit Allans Tod zu tun? Als er daran dachte, was er diesem Mann alles anvertraut hatte, wurde ihm schlecht.

Geschieht dir recht, Patrick, dachte er, ist deine eigene Dummheit!

Er jagte den armen Nick durch das Moor, als reite er über die trockenste und sicherste Wiese der Highlands. Pat preschte in den Burghof, als Fin gerade aus dem Stall kam.

„Zu spät, mein Lieber", strahlte Fin den wüst zerzausten Patrick an, „Boxer wird gerade gestriegelt. Nun? Wer hat gewonnen?"

Sein siegessicheres Lächeln erstarb spätestens in dem Augenblick, als sich Pat direkt von Nicks dampfendem Rücken auf ihn warf. Pat schlug einige Male gnadenlos mit der Faust zu, egal wohin er traf. Fin wich zunächst aus, erstaunt darüber, was eigentlich los war. Doch als er die ersten Treffer spürte, wurde ihm klar, dass Patrick auf eine Schlägerei aus war.

„Du verdammter Verräter. Was hast du mit Cimberly zu schaffen? Genügt ihm sein Vermögen nicht? Erst schluckt er Dunbars Besitz und jetzt unseren? Du verfluchte englische Schlange!“

Immer noch wollte Fin nicht zurückschlagen. „Hol dich der Teufel, was ist denn in dich gefahren? Hör sofort auf! Du zerreißt mir den Ärmel!“

„Ich pfeif auf deine Ärmel! Was weißt du über Allans Tod? Welche Rolle hast du dabei gespielt?“

Als Fin erkannte, wie die Sache stand, dass es wieder um seine Integrität ging, setzte er sich zwar zögernd, aber schlagkräftig zur Wehr. Die Fäuste flogen und die beiden Kämpfer wälzten sich bald im Staub des Hofes. Die Hiebe, die ausgeteilt wurden, trafen ins Gesicht, auf die Rippen oder in die Magengegend. Man hörte dumpfe Schläge, die dröhnend ihr Ziel fanden. Knochen knacken, als würden sie in tausend Stücke zerspringen. Ganz abgesehen von dem Stöhnen und Knurren der Kämpfer. Der Lärm verfehlte seine Wirkung nicht. Bald waren die beiden Kampfhähne umringt von einer neugierigen Menge, die ihrerseits, mit den Händen in den Hosentaschen, fachmännisch Stellung zu der Balgerei nahm. Männer riefen gute Ratschläge zu, wie: „Jetzt!“, oder „Los, mehr nach rechts, jaaa!“. Kinder johlten und feuerten ihren Favoriten an und hüpften in die Luft. Rose hörte den Lärm und kam aus dem Haus. Fassungslos versuchte sie, die beiden Kampfhähne zu trennen, was sie nicht schaffte. Fast hätte sie selbst noch etwas abgekriegt. Zu verbissen war die Auseinandersetzung.

Erst als Onkel Murdoch dazu kam, packten er und Jack, der Pferdeknecht, die beiden an den Beinen und zogen sie in verschiedene Richtungen auseinander.

„Habt ihr den Verstand verloren?“, zischte Rose und ihre Augen funkelten vor unterdrücktem Zorn. „Sich auf dem Boden zu wälzen und zu prügeln, wie das Gesindel in Edinburghs Straßen! Und das am helllichten Tag, vor allen Leuten! Als wären wir nicht geplagt genug!“ Sie packte ihren Bruder und schob ihn ins Haus. „Gib endlich Ruhe, sonst hole ich Nelly. Und dann kannst du was erleben!“, fauchte sie.

Blutverschmiert und immer noch sehr aufgebracht, tobte Patrick in der Halle weiter. „Dieser feine Herr aus London!“, anklagend deutete er mit ausgestrecktem Arm auf Fin. „Ich hätte es mir gleich denken können.

Er hat das Andenken von Allan nur dazu benutzt, um sich hier einzuschleichen. Rose, nimm‘ dich in Acht vor ihm! Was wissen wir schon von ihm? Nichts! Ist doch schon ein Zufall, dass er den neuen Kommandeur so gut kennt. Ist wohl auch ein Zufall, dass Dunbars Land von diesem englischen Schwein eingeheimst wurde. Das alles hat er in London schon früher erfahren, hat Fin gesagt, nicht? Vielleicht hat er dort auch erfahren, dass Mac Laurin Castle auf der Kippe steht und macht jetzt mit dem Lord gemeinsame Sache? Will ernten, wo er nicht gesät hat!“

Fin versuchte, sich den Lehm und Staub vom Rock zu klopfen, doch er mühte sich vergeblich. Als er Patricks feindselige Worte hörte antwortete er ebenso schonungslos. „Ach, zum Teufel mit dir, du Narr. Dir könnten die Engländer Stein für Stein das Haus wegtragen, du würdest es nicht merken! Wer hat dich denn vor dem Engländer gewarnt? Ich! Wer hat Allan in London geholfen? Wieder ich! Was glaubst du, was geschehen wäre, wenn Sotherland mich nicht hier getroffen hätte? Wer hat ihn abgelenkt, damit er seine Gewehre nicht abgefeuert hat? Ich, ich, ich! Aber Master Patrick trägt seine Nase viel zu hoch, um die Gefahr für seine Familie und sich selbst zu erkennen. Fast die Hälfte aller Besitzungen hier ist der Krone schon zugefallen. Lord Cimberly hat die Vollmacht, schonungslos durchzugreifen. Jetzt ist die Zeit, geduldig durchzuhalten. Aber nein! Master Patrick spielt den wilden Mann! Wenn du mich fragst, Pat, bist du ein hoffnungsloser Fall!“

Mit blutender Lippe und einigen anderen Blessuren zog sich Fin in sein Zimmer zurück. Er wollte packen, um das Haus zu verlassen, in dem er nicht mehr willkommen war.

Rose drohte ihrem Bruder mit erhobener Faust. „Wenn Fin jetzt abreist … Pat, das verzeih‘ ich dir nie!“ Ihre Augen glitzerten nass. Dann gab sie Pat einen Boxhieb gegen die Schulter, der ihn fast vom Stuhl warf. Sie fegte gekränkt aus dem Zimmer. Onkel Murdoch erschien, erstaunt, Pat so zerbeult vorzufinden.

„War wohl doch mehr als eine kleine Rauferei, was?“ Er schlug Pat mitfühlend auf die Schulter.

„Ich habe Alexander Dunbar getroffen“, erklärte Pat stockend, „Er brachte mich auf den Gedanken, Fin könnte mehr sein als ein harmloser Besucher.“

Murdoch sah sich ängstlich nach allen Seiten um. „Pssst! Nicht so laut, mein Junge! Das braucht nun niemand zu wissen. Ist ein richtiger Wirrkopf, der junge Dunbar! Kann böse für ihn ausgehen. So, so und der hat dich auf einen Gedanken gebracht? Vergiss das nur schnell wieder! Fin hat sich in London mehr als hilfreich gezeigt, Pat. Allan hat ihm vertraut und dein Bruder war kein Dummkopf. Ich glaube, du bist im Irrtum."

In diesem Augenblick kam Fin die große Treppe herab. Er hatte seine Sachen nur unordentlich in seine große Tasche gestopft und wollte jetzt, verschmutzt und verschrammt, wie er war, sofort das Haus verlassen. Stocksteif blieb er vor Murdoch stehen und verneigte sich höflich. „Lebt wohl, Sir! Mein überstürzter Aufbruch wird Euch sicher nicht wundern, denn es ist offenkundig, dass ich unerwünscht bin."

Irgendwo im Schatten stand Rose und betete, dass ein Wunder geschehen möge.

„Fin, warte mal", Patrick stand mühsam aus dem hohen Sessel auf, in dem er mehr gelegen hatte als gesessen. Sein Zorn war schon wieder so gut wie verraucht.

„Sir?", Fin zog hochnäsig die Augenbrauen hinauf.

„Es tut mir leid, Fin. Ach, mach doch nicht so einen Wirbel um die Geschichte. Du weißt doch, dass wir Mac Laurins ein höllisches Temperament haben."

„Dies, Sir, ist mir nicht entgangen."

Patrick wusste nicht so richtig, was er zu seiner Entschuldigung vorbringen sollte. Er wollte auch, dass Fin nicht abreiste, sondern dablieb. Ja, er wollte es vielleicht mehr als alle anderen.

„Ich habe mich hinreißen lassen, das ist alles." Pat stand verlegen herum und versuchte Worte zu finden. Da sah er Rose. „Rose, so hilf mir doch! Überrede ihn, nicht abzureisen."

Wie eine wütende Hornisse kam Rose zu ihrem Bruder. „Das ist doch die Höhe!" Die Hände wütend in die Seiten gestemmt, stampfte sie laut mit dem Fuß auf. „Zuerst benimmst du dich wie ein betrunkener Seemann und dann soll ich darum bitten, alles zu vergessen? Wie stellst du dir das vor, mein Lieber?"

Sie eilte zu Fin und ergriff sacht seine Hand. „Siehst du, Fin, unter was für Wilden ich leben muss?", dann drehte sie sich wieder zornig zu ihrem Bruder. „Sieh dir nur an, was du angerichtet hast, Patrick Mac Laurin! Fins guter Rock ist am Ärmel eingerissen und die Spitzen vom Hemd auch.

Machst du dir überhaupt eine Vorstellung davon, wie viel Geld solche Spitzen kosten? Oh, Gott, Fin, du blutest ja an der Augenbraue und hier, am Mundwinkel ... Was stehst du da und glotzt mich an, Pat! Geh, in die Küche und hole Wasser und saubere Tücher. Setz dich doch einen Augenblick, lieber Fin. Ich will dir nur rasch die Wunde säubern. Bist du noch nicht weg, du Streithammel?“

Pat trollte sich in die Küche und hatte es überhaupt nicht eilig wieder zu kommen.

Das Ende vom Lied war, dass Fin sich erweichen ließ, Patricks Entschuldigung anzunehmen und doch wieder seine Tasche auspackte. Dennoch hatte die Schlägerei etwas Gutes gehabt. Die Atmosphäre war wieder geklärt, wie Spannungen bei einem Hitzegewitter, die von einem Blitzeinschlag beendet werden.

*

Als nach dem gemeinsamen Abendessen alle wieder beisammen im Kaminzimmer einen Brandy tranken, genoss Rose Fins Komplimente und fühlte sich unendlich wohl. „Manchmal denke ich, an dir ist ein Dichter verloren gegangen, Fin. Du kannst so schön sprechen.“

Pat wollte die Gelegenheit nicht ungenutzt lassen. Fin sollte sich so richtig vor Rose blamieren. Das würde sie von ihrer Schwärmerei kurieren.

Darum tat er jetzt besonders begeistert. „Oh, ja, ich erinnere mich. Allan hat mal erwähnt, du könntest ganz ordentlich die irische Harfe spielen, die Clairseach. Wir haben irgendwo so ein Instrument, nicht, Rose? Komm, sing uns etwas vor, ja?“

Rose schloss sich der Bitte an und schließlich gab Fin nach.

Das Mädchen machte sich leichtfüßig auf, die Harfe zu suchen, während Pat schadenfroh grinsend in seinem Sessel lümmelte. Der alte William war schon früh zu Bett gegangen und hatte es Murdoch überlassen, sich um den Gast zu kümmern.

Als Rose zurückkam, stellte man fest, dass die Harfe verstimmt war, denn sie war lange nicht gespielt worden, aber das war für Fin kein Problem. In kürzester Zeit waren die Saiten wieder gespannt.

„Zu diesem Instrument würde ein stolzes Lied gut passen, was meinst du, Mc Intyre?“ Murdoch stand am Kamin und kraulte sich den Bart.

„Wie Ihr wünscht, Master. Etwas aus der alten Zeit vielleicht? Ein Lied, das diese Saiten schon kennen. Das schon unsere Väter gesungen haben, wenn es um Haus und Hof ging. Du wirst staunen, Pat, sogar ich kenne die verbotenen Lieder. Allerdings garantiere ich für nichts. Dieser Wilde dort“, Fin deutete mit dem Kinn auf Pat, „hat mir heute bei unserem Austausch von Zärtlichkeiten den Hals so zugedrückt, dass ich mir meiner Stimme nicht ganz sicher bin. Später kann Pat etwas singen, was nach seinem Geschmack ist.“

Fin ließ die geschmeidigen Finger leicht über die gespannten Saiten gleiten und entlockte ihnen sanfte Töne. Und dann begann er mit glockenreiner Stimme zu singen, um die ihn der beste Barde an einem Königshof beneidet hätte.

„Ihr Söhne von Alba, vorbei ist die Nacht.
Auf Hügeln und Inseln, vom Schlummer erwacht!
Das Jagdhorn es ruft, doch kein Wild ist zu sehn.
Wo die Banner sich sammeln, dorthin müsst ihr gehen.

Zur Schlacht ruft es euch, nun geht's in den Krieg.
Mit Dolch und mit Schwert, zu Tod oder Sieg.
Wenn die Clans steh‘ n zusammen, um der Freiheit Ehr‘,
dann siegt oder sterbt und ertragt es nicht mehr.

Fin legte seine Hand auf die noch vibrierenden Saiten der Harfe, damit sie verstummten. Und plötzlich herrschte absolute Stille. Pat atmete tief und geräuschvoll ein, denn er war im Innersten bewegt, wollte es aber nicht zeigen. Und Murdoch ... stand unbeweglich am Kamin und starrte ins Feuer.

Er schluckte, bevor er sprach. „Über dreißig Jahre habe ich dieses Lied nicht mehr gehört. Über dreißig Jahre, ein halbes Menschenleben!“ Er starrte ins Feuer und rührte sich nicht. Seine tiefe Stimme klang noch tiefer, als er zu erzählen anfing. „Wir wussten, dass die große Schlacht bevorstand. Wie all‘ die anderen brannten wir darauf in der ersten Reihe zu stehen. Wir waren junge Narren, einer wie der andere. Dein Vater, Pat, hatte gerade geheiratet. Die schöne Elisabeth ... Zwei Tage, bevor die Männer nach Culloden ausrückten, feierten wir, als hätten wir den Sieg schon in der Tasche. Wir waren völlig betrunken. Meine Mutter und Elisabeth haben William und mich gefesselt und bei Nacht und Nebel auf einen Karren verfrachtet. Zwei Knechte haben ihnen dabei geholfen. Einer von ihnen war der alte Hamisch. Gut, damals war er dreißig Jahre jünger. Sie brachten uns beide in eine geheime Höhle, nicht weit von hier, direkt am Seeufer. Dort haben sie uns drei Monate lang versteckt."

Pat sprang auf, „Davon weiß ich ja gar nichts. Wieso habt ihr das nie erzählt?"

Murdoch drehte sich zu seinem Neffen und fuhr bitter fort. „Weil es eine Schande war und auch heute noch ist. Darum! Du weißt doch, wie die Schlacht für uns ausging. Sie sind alle gefallen, fast alle. Wir haben uns geschämt, dass wir überlebt haben. Also haben wir geschwiegen."

Fin war ernst wie selten. „Mein Vater hat erzählt, das eigentliche Schlachten begann erst nach dem Sieg der Engländer."

Murdoch ließ sich in einen Sessel fallen und kippte seinen Brandy auf einen Zug hinunter. Dann fuhr er bitter fort:

„So ist es, Mc Intyre. Drei Monate lang durchkämmte die englische Armee die Highlands. Neun Tausend englische Soldaten. Sie schlachteten Männer, Frauen und Kinder. Sie zündeten die Dörfer an und vernichteten die Vieherden. Sie brannten Burgen und Herrenhäuser nieder. Mac Laurin Castle blieb nur darum unbeschädigt, weil der Oberbefehlshaber der englischen Truppen hier sein Hauptquartier einrichtete. Als meine Mutter und Elisabeth von der verheerenden Niederlange der Schotten hörten, waren sie klug genug, nicht zu zögern und so viele Dorfbewohner in der Höhle zu verstecken, wie sie nur finden konnten. Wenn ich an diese Zeit denke, kann ich nur sagen: wir alle verdanken es der Entschlossenheit der beiden Frauen, dass wir überlebt haben. Häuser kann man wieder aufbauen, Felder können wieder bestellt werden, aber wer kann den Toten das Leben wiedergeben?"

Patrick, gefesselt von dem, was er soeben erfahren hatte, schüttelte den Kopf. „Das muss ja eine riesige Höhle sein. Wie viele wart ihr denn? Ich kann mir gar nicht vorstellen, wo es hier so eine Höhle geben soll."

„Oh, wir waren bestimmt an die sechzig, siebzig Leute. Ja, es ist eine riesige Höhle. Wie eine unterirdische Kathedrale. Mit Tropfsteinen. Dass du davon noch nie etwas gehört hast, wundert mich nicht. Wir haben das Geheimnis gut gehütet. Man kann nie wissen, Pat, wozu es gut ist."

Rose hatte bis jetzt geschwiegen. „Das hört sich alles sehr seltsam an und macht mir Angst. Wie der alte Steinkreis auf dem Hügel. Dort ist es auch nicht geheuer. Ich glaube, dort spukt es!“ Sie machte große Augen und drückte sich in ihren Sessel, als wollte sie sich verstecken.

Murdoch winkte ab. „Ach das! Das ist nichts! Du solltest nicht auf das abergläubische Geschwätz der Leute hören, Rosi. Das ist nur noch eine Ruine aus vergangenen Zeiten.“

„So vergangen nun auch nicht“, Pat hörte sich ziemlich frostig an. „Dem Stier, den sie dort geopfert haben, wäre es sicher lieber gewesen, die Leute hätten sich daran erinnert, was Pater Mackanzie sonntags in der Kirche predigt. Wir sind doch Christen, Onkel Murdoch, oder nicht?“

Fin wiegte den Kopf hin und her. „Das eine schließt das anderen nicht aus, Pat, wirklich. Du wirst im katholischen Irland mehr Zauberern, Zwergen und Feen begegnen, als zur Zeit der Heiden.“

Patrick schüttelte den braunen Schopf. „Ich weiß nicht, wie ihr so reden könnt. Wir sind doch alle …“, er beendete den Satz nicht, hielt inne und lauschte mit angehaltenem Atem.

„Was ist?“, wollte Fin wissen.

„Pssst“, zischte Pat und lauschte aufmerksam. „Das kommt von draußen, weit draußen. Da, das war ein Schuss! Und schon wieder! Da wird geschossen, ich bin sicher. Da draußen stimmt was nicht.“

Pat stand auf, und holte aus einer Schublade im Sekretär eine polierte Holzschatulle. Er entnahm ihr eine der beiden alten Duellpistolen. Gekonnt lud er sie.

„Was hast du vor?“, wollte Murdoch wissen. „Wenn da draußen geschossen wird, ist es besser, du bleibst hier im Haus.“ Doch Pat war schon auf dem Weg zur Eingangstür. „Ich möchte den sehen, der auf meinem Grund und Boden herumknallt. Ich will wissen, was da los ist.“ Er durchquerte die Eingangshalle mit großen, energischen Schritten und riss das Tor auf.

Nichts. Ein paar unnütze Hunde lungerten im Hof herum und der alte Hamish kam aus dem Gesindehaus, denn auch er hatte etwas bemerkt und wollte nachforschen. Doch auch auf seine Warnungen wollte Pat nicht hören. Mit der Pistole im Anschlag schritt Patrick durch das Tor und machte sich auf die Suche nach der Ursache der Schüsse. Fin kam aus dem Haus und brüllte ihm hinterher. „Pat, komm zurück, das ist gefährlich. So in der

Dunkelheit!“ Doch da konnte er Pat schon nicht mehr sehen.

Dort, wo Mac Laurin Castle dem Moor am nächsten kam, dort schien es eine Menge Unruhe und Lärm zu geben. Pat lenkte seine Schritte in diese Richtung. Er hatte keine Angst. Das alles war Mac Laurin Land und Pat fühlte sich als Clanoberhaupt. Nicht mal eine Kanonenkugel hätte ihn aufhalten können. Pat lauschte angestrengt. Wieder Schüsse, aber diesmal auch Stimmen, rufen, schreien, Hundegebell. Pat war jetzt mehr als eine halbe Meile vom Schloss entfernt. Die Nacht war stockfinster, kein Mond, keine Sterne, alles hinter dichten Wolken verborgen. Das Moor begann hier gleich hinter einem breiten Streifen aus Hecken und Sträuchern. Der würzige Duft von Kräutern stieg ihm in die Nase und er musste niesen. Im nächsten Augenblick knackte und raschelte es zu seinen Füßen im Gesträuch. Pat erkannte eine geduckte Gestalt, die, durch ihn aufgeschreckt, sich davonschleichen wollte. Ein Tier konnte es nicht sein, denn da war ein Geruch von Feuerholz, Speck und nasser Kleidung in der Luft. Er sah in einiger Entfernung brennende Lampen und hörte Pferde wiehern. Befehle wurden laut gebrüllt. Pat verstand sie nicht genau, aber der Ton war eindeutig. Dies alles nahm er in wenigen Augenblicken wahr. Pat entschied blitzschnell. Er warf die Pistole auf den Boden und stürzte sich auf die dunkle Gestalt, die zu fliehen versuchte. Es wurde ein stummes Ringen in der Dunkelheit. Doch Patricks Kräfte waren schier endlos, während sein Gegner schnell ermattete. Hier gab es für ihn kein Entkommen. Mit eisernem Griff hielt Pat seinen Gegner gepackt.

„Hör mal, Freundchen, es ist besser du gibst jetzt auf und bleibst schön ruhig hier liegen, sonst kann ich nämlich für nichts garantieren.“ Wieder hörte Pat die Hunde bellen. Pferdehufe stampften auf feuchten Morast. Patrick hielt inne und lauschte. Diesen Moment wollte der Gefangene sich zu Nutze machen und versuchte noch einmal, zu entwischen, doch vergeblich.

„Was soll das? Bleib nur schön hier. Ich weiß zwar noch nicht, was hier gespielt wird, aber wir haben die ganze Nacht Zeit, es herauszufinden, Kleiner.“

„Um Christi Willen, Maser Patrick, seid Ihr es?“

„Tommy? Tommy Burns? Zum Teufel, was schleichst du hier nachts herum? Was ist das für ein Lärm, da draußen?“

„Verratet mich nicht, Master Patrick, ich flehe Euch an. Ich tue, was

Ihr wollt, aber verratet mich nicht. Sie werden mich töten."

Vor Angst und schierem Entsetzen packte Tom, der am Boden lag, Pat auf ihm, Patricks Hemd und krallte sich an ihm fest.

„Immer mit der Ruhe", versuchte Pat den Jungen zu beruhigen. „Wer ist hinter dir her und warum? Keine Angst, hier ist Mac Laurin Land und hier gilt mein Wort." Patrick sah weit aufgerissene, dunkle Augen in einem blassen, schmalen Gesicht.

Doch Tom ließ sich nicht beruhigen. Noch immer klammerte er sich an Pat.

„Sie kommen, ich höre sie kommen! Sie sind schon ganz nah! Master Patrick, ich bitte Euch, bei allen Heiligen, liefert mich nicht aus." Der Junge war fast wahnsinnig vor Angst und ließ Patrick nicht los.

„Ist schon gut, Tommy, hab' keine Angst. Ist schon gut!" Pat erkannte, dass er hier mit Vernunft nicht viel würde erreichen können und strich Tom sanft über's Haar. Der Junge war zu verstört. „Hab' keine Angst, Tommy, es wird alles gut. Ich bin bei dir."

Dies sollten die letzten Worte sein, die Thomas Burns in diesem Leben hörte. Seine verkrampften Finger lösten sich von Patricks Hemd und er tat seinen letzten Atemzug.

In der Dunkelheit hatte es Pat nicht sehen können, aber Toms Jacke war über und über mit Blut verschmiert. Eine Gewehrkugel hatte ihn getroffen, knapp am Herzen vorbei, doch war eine der großen Blutadern zerfetzt worden. Tom war verblutet. Darum hatte er sich auch nicht den Händen, die ihn festhielten, entwinden können. Er hatte einfach keine Kraft mehr gehabt. Entsetzt stellte Patrick fest, dass Tommy Burns, der stille, schüchterne Tommy Burns, tot in seinen Armen lag. Jetzt bekam es auch Pat mit der Angst zu tun. Was war hier los? Das war kein harmloses Spiel mehr. Er tastete auf dem Boden nach seiner Pistole. Kaum hatte er sie gefunden, wurde es lebendig um ihn herum. Er erahnte die Gestalten mehr, als dass er sie sah. Auch ein großer Bluthund war dabei. Er bellte und knurrte und blieb schnüffelnd vor Toms Leiche stehen.

„Der Hund hat etwas gefunden!", keuchte es aus dem Gebüsch.

„Der ist mausetot", antwortete ein anderer. „Behalte den Hund an der Leine. Wir müssen den Toten mitnehmen." Doch der Hund riss sich los, denn er hatte Patrick erschnüffelt.

„He, Jungs, da ist noch einer ... aufgepasst, der scheint noch ziemlich lebendig zu sein. Fass ihn, Buck, fass ihn!"

Mit einem Riesensatz sprang der Hund Patrick an. Das Tier wollte die Kehle zu fassen kriegen. Pat spannte den Hahn und schoss. Der Hund wurde von einer unsichtbaren Faust in die Luft geschleudert und blieb zuckend auf dem Erdboden liegen, bis der kurze Todeskampf vorbei war.

„Das Schwein hat eine Pistole!", brüllte der Soldat, denn ein Soldat war es. Überall in Britannien waren die englischen Infanteristen als „Rotröcke" bekannt. Und das Rot der Uniformjacke, welche dieser Mann trug, war selbst im spärlichen Nachtlicht zu erkennen.

Pat wollte etwas Erklärendes sagen, doch da wurde es laut um ihn herum. Er hörte Fluchen, Schießen, die Schreie von Getroffenen. Fackeln und Reiter bewegten sich in seine Richtung. Schon im nächsten Augenblick war er in ein wüstes Handgemenge verwickelt, in dem er keine Chance hatte. Immer wieder versuchte er zu erklären ... aber es war völlig sinnlos! Niemand achtete auf seine Worte. Zwei, drei Angreifer warfen sich gleichzeitig auf ihn und bearbeiteten ihn mit den Fäusten. Patrick wehrte sich nach Kräften. Plötzlich erhielt er einen schweren Kolbenschlag auf den Kopf und verlor das Bewusstsein.

*

Langsam, ganz langsam kehrten normale Empfindungen in Patricks Körper zurück. In seinem Kopf brummte und summte es, wie in einem Hornissennest.

Er lag mit geschlossenen Augen da und zitterte vor Kälte. Seine Arme und Beine waren wie gelähmt. Pat versuchte, mit den Fingerspitzen langsam, Stückchen für Stückchen, die Umgebung zu ertasten. Er lag auf feuchtem Steinboden. Als er die Augen mühsam öffnete, nahm er nur matten Lichtschein wahr und sah schemenhafte Umrisse von Menschen, die bewegungslos in seiner Nähe kauerten. Pat schloss die Augen wieder, denn das Licht verstärkte die Schmerzen in seinem Kopf.

„Er kommt zu sich", sagte jemand, als Pat versuchte sich auf den Ellenbogen aufzustützen. Pat griff nach seinem brummenden Kopf und stellte fest, dass seine Haare an der Schläfe mit Blut verklebt waren. Auch sonst befand er sich in keinem sehr erfreulichen Zustand.

„Wie geht es Euch, Master Mac Laurin?", fragte die Stimme.

Pat stöhnte. „Gott steh‘ uns bei, ich hätte wetten können, dass in dieser wunderbaren Lage ein Mackanzie seine Finger im Spiel hat.“ Der Junge, der gefragt hatte, war Dermot Mackanzie, ein entfernter Verwandter des Pfarrers.

„Dermot, wo sind wir hier?“, fragte Patrick, der die Augen wieder geschlossen hatte, denn alles drehte sich in seinem Kopf.

„Man hat uns in den Kerker des Militärpostens gebracht, Master. Oben in Househill.“

„Wen uns?“

„Uns alle, Master, die man im Moor gefangen hat. Außer denen, die getötet wurden.“

Patrick war auf einmal hellwach und erinnerte sich an die Ereignisse im Moor.

„Willst du damit sagen, dass wir hier im Gefängnis sitzen?“

„Ja, sicher, Master. Aber wenigstens sind wir hier alle zusammen.“

„Schöner Trost!“, knurrte Patrick. „Hör mal, bist du nicht erst vierzehn Jahre alt? Höchstens?“

„Das Alter spielt keine Rolle, Master. Der alte Clay ist einiges über siebzig und sie haben ihn trotzdem mitgenommen.“ Patrick sah in der hinteren Ecke der Zelle zwei Gestalten im Dunkel sitzen. „Der alte Clay und der Großvater von Alexander Dunbar. Der wollte nicht mit in die neue Welt. Das hat er nun davon.“

„Was ist mit Alexander?“

Traurig schüttelte der Junge die roten Löckchen. „Ist tot, Master. Draußen im Moor. Und auch der arme Tommy. Ich habe noch andere liegen sehen, aber ich konnte sie nicht erkennen. Gott sei ihren armen Seelen gnädig. Wir haben den Rotröcken gesagt, dass Ihr nichts mit uns zu schaffen habt, aber sie haben uns nur ausgelacht.“

Pat stand langsam auf, obwohl ihm jeder Knochen einzeln zu zerspringen drohte. Im Dämmerlicht der Zelle erkannte er das Gitter der Kerkertür. Zwei Wachsoldaten spielten Karten an einem kleinen Tisch, der genau unter der Öllampe stand. Pat gelang es unter Aufbietung all seiner Kräfte, bis zu der Gittertür zu gehen.

„He, Soldat, sag‘ Lord Cimberly, dass ich Patrick Mac Laurin bin. Sag‘ ihm, ich will mit ihm sprechen. Das alles ist ein Irrtum. Ich habe mit seinen Rebellen nichts zu schaffen.“

Die beiden Soldaten brachen in schallendes Gelächter aus.

„Ja, sicher, wir werden seine Lordschaft sofort holen, weil so ein Lump wie du mit ihm etwas zu bereden hat. Verschwinde von der Tür, sag' ich dir!“ Der Mann drehte sich wieder zu seinem Gegenüber und bemerkte höhnisch: „Ich glaube, der hat den Verstand verloren. Vielleicht war sein Schädel doch nicht so hart, wie du denkst, John.“

John, der einfach nur in seine Karten schaute, brummelte etwas Unverständliches. Die beiden dachten gar nicht daran, Meldung zu machen. Pat taumelte wieder zurück in die Zelle und setzte sich auf einen feuchten Strohhaufen.

Patricks Kopf drohte zu zerspringen. Wenn er doch einen klaren Gedanken hätte fassen können! Er sah sich in der Zelle um. Steinmauern. Ein kleines, längliches Fenster im oberen Drittel der Außenwand, mit Eisenstäben gesichert. Die beiden Alten hockten nebeneinander auf dem Boden und blickten stumm vor sich hin. Sie hatten eine merkwürdig schicksalsergebene Haltung eingenommen, so unbeweglich wie sie dasaßen. Die Köpfe gesenkt, die Rücken krumm, die Knie angezogen. Es schien, als wären sie eingeschlafen. Patrick wandte sich an den jungen Mackanzie. Er sprach langsam, denn der Klang seiner eigenen Stimme verursachte ihm rasende Schmerzen im Kopf.

„Kleiner, hast du ihnen gesagt, wer ich bin und dass ich nichts mit euch zu tun habe?“

Der Junge erhob sich und blickte verächtlich auf Patrick herab. „Doch, Master, ich habe es ihnen gesagt und auch der alte Dunbar. Aber sie haben uns nicht geglaubt. Oder vielleicht haben sie uns auch geglaubt. Es war ihnen auf jeden Fall gleich. Dabei sieht doch jeder, dass Ihr keiner von uns seid.“

Unter anderen Umständen hätte sich Pat von einem Jungen, der fast noch ein Kind war, diesen Ton niemals gefallen lassen. Doch die Dinge lagen heute anders als sonst.

„War Lord Cimberly schon hier?“, fragte er geduldig weiter. Der Junge nickte nur und sah dann weg. Er wollte mit Patrick offenbar nichts mehr zu tun haben. Er ging zu den beiden Alten und setzte sich neben sie.

Pat versuchte, seine Gedanken zu ordnen. Offensichtlich hielt man ihn für einen Kumpanen von Alexander Dunbar. Der Schein sprach auch für so eine Vermutung. Aber Lord Cimberley hatte ihn hier im Kerker gesehen und wusste, wer er war. Er wusste auch, dass Fin sein Freund war. Sicher würde sich bald etwas zu Patricks Gunsten ergeben. Entweder jemand von der Familie oder Fin würde kommen und diesen Irrtum aufklären. Er musste nur Geduld haben. Leider aber war Geduld eine von den Eigenschaften, mit der Patrick nicht gesegnet war. Die Schmerzen im Kopf waren unerträglich und Pat sank langsam wieder in die Bewusstlosigkeit.

Laute Stimmen und Gelächter weckten ihn. Zuerst dachte Pat, es sei jemand gekommen, um ihn hier rauszuholen. Aber er sollte seinen Irrtum bald erkennen. Es waren vier rotberockte Soldaten, groß und stämmig, die zuerst die Zellentür aufschlossen und dann unter den anfeuernden Rufen der beiden Wachposten in die Zelle drängten. Was sich dann in den nächsten zehn Minuten abspielte, war für Patrick mehr als nur ein Albtraum. Es war schrecklicher, denn er konnte einfach nicht wach werden und damit den Spuck beenden. Er sah fassungslos zu, wie sich die Männer auf die beiden Alten und den Jungen stürzten. Wieder hielten ihn die Kopfschmerzen im eisernen Griff der Bewegungslosigkeit. Er konnte weder Arme noch Beine rühren. Nicht einmal den Kopf konnte er drehen. Er konnte nur zusehen. Zusehen, wie die beiden alten Männer widerstandslos alles mit sich geschehen ließen, sich nicht wehrten und endlich wie weggeworfene Kleiderbündel auf dem Boden lagen. Nicht einmal gestöhnt hatten sie, als sie mit derben Fäusten und Stiefeln bearbeitet wurden. Für Augenblicke verlor Pat wieder die Besinnung. Als er zu sich kam, hatten die Soldaten gerade die Zelle verlassen und die Gittertür hinter sich abgeschlossen. Grölend wurden sie von ihren Kumpanen verabschiedet, die noch auf Wache standen. Dass Pat nur darum verschont worden war, weil es überhaupt keinen Spaß machte, sich an einem Bewusstlosen zu vergreifen, wusste er nicht.

Der junge Mackanzie hatte die ersten zwei Minuten des Grauens nicht lebend überstanden. Wie ein Tiger war er auf die vier Männer losgesprungen, als sie in die Zelle kamen, doch ging er hoffnungslos unter. Vier Männer gegen zwei Greise und ein Kind …

Die vier hatten ganze Arbeit geleistet. Einer der beiden Alten lag sterbend auf dem Steinboden. Der andere war verletzt, doch nicht lebensgefährlich. Der tote Junge lag noch immer zusammengekrümmt in einer Ecke der Zelle, in die derbe Soldatenstiefel seinen zerschmetterten Körper achtlos geschleudert hatten. Der sterbende Alte flüsterte Worte, die nicht mehr zu verstehen waren. Letzte Grüße an seine Lieben oder Flüche für seine Mörder? Niemand würde es je erfahren. Der alte Dunbar saß mit gesenktem Haupt und leerem Blick neben seinem Leidensgenossen. Eines seine Augen war milchig trüb. Er wirkte noch schicksalsergebener als vorher. Pat rappelte sich mit aller Kraft auf.

„Wie geht es ihm?", fragte er heiser.

„Er redet irre. Der Körper wehrt sich noch gegen den Tod. Sein Geist ist schon nicht mehr hier. Er wird die Nacht nicht überstehen. Und wie geht es Euch, Master Mac Laurin?"

„Oh, nicht so schlimm, was ich abgekriegt habe. Und Ihr? Es wundert mich, dass Ihr noch lebt."

„Tja, Master, ich bin nun schon einige Sommer über unsere schönen, schottischen Wiesen gewandert und habe eins gelernt: Wenn dich ein wütender Bulle angreift, dann stell dich tot. Seht Euch den armen Jungen dort an. Er hatte nicht den Schatten einer Chance. Und warum? Er hat gekämpft wie ein Löwe. Ich habe mich nicht gewehrt und habe überlebt. Das lernt man in den Highlands." Der Alte kicherte stillvergnügt in sich hinein. „Es ist nur schade, dass sie uns hängen werden, ob wir uns wehren oder nicht."

„Wart Ihr mit Alexander im Moor?", fragte Patrick leise.

„Nein, Master, dafür bin ich zu alt. Ich habe den Jungen gewarnt. Ich sagte ihm, dass er keine Chance gibt, gegen das Militär. Aber er wollte mir ja nicht glauben. Er wollte unbedingt den Kommandeur erwischen, weil er unser Gut übernommen hat. Armer Junge. Ich bin froh, dass ihm dieser Ort erspart geblieben ist."

„Wieso seid Ihr hier drin?"

„Die Patrouille hat die Gegend durchkämmt und das ganze Dorf durchsucht. Viele Häuser am River Nairn brennen heute Nacht, Master. Als sie herausgefunden haben, dass ich ein Dunbar bin, haben sie mich mitgenommen."

„Aber dazu hatten sie kein Recht." Pat schwieg einen Augenblick, denn eine neue Welle von Schmerz jagte durch seinen ganzen Körper, „Ich werde mich um Euch kümmern, wenn ich hier wieder raus bin."

„Verzeiht, Master, aber wie wollt Ihr herauskommen? Wir sind Rebellen. Aufständische gegen den König. Wieso denkt Ihr, dass wir hier heil herauskommen?“

„Dunbar, was redet Ihr! Meine Familie wird mich suchen. Ich habe nichts getan und werde wieder frei sein.“

„Glaubt das, Master. Ich will Euch wünschen, dass Ihr recht behaltet.“ Dunbar rutschte dicht an seinen sterbenden Leidensgenossen und verfiel in eine Art Starre. Nur dass er ab und zu die Ratten verscheuchte, die fiepend um den liegenden Körper huschten. Pat sah ein, dass hier jedes Wort umsonst war.

Am Gitter wurde es lebendig. Ein Vorgesetzter war erschienen und die beiden Wachsoldaten erhoben sich zackig.

„Nun, wie steht's? Haben sie gestanden?“

Einer der beiden Soldaten erstattete Bericht. Jetzt erst sah Pat, dass der Mann zwar mit der rechten Hand grüßte, der linke Ärmel aber leer war.

„Jawohl, Sir! Sie haben gestanden. Der Junge hat gestanden, ist aber leider gestorben. Der Alte, Clay heißt er wohl, macht es auch nicht mehr lange. Sind alle als Rebellen überführt und haben gestanden.“

„Das ist gelogen! Kein Wort von dem, was dieser Mann sagt, ist wahr.“

Pat klammerte sich an den Gitterstäben fest. Ihm war fürchterlich schwindlig.

„Ich bin Patrick Mac Laurin. Lord Cimberly kennt mich. Ich habe mit der ganzen Angelegenheit nichts zu tun. Ich verlange, dass Lord Cimberly sofort berichtet wird, dass ich irrtümlich gefangen genommen wurde. Es war mein Land, auf dem sich die Rebellen befanden und ich habe nur nachgesehen, was draußen los war. Dann wurde ich niedergeschlagen. Als ich zu mir kam, war ich hier eingesperrt. Ich habe kein Verbrechen begangen.“

Ein kurzer fragender Blick des Offiziers zum Wachsoldaten. „Hat Ihre Lordschaft den Gefangenen gesehen?“

„Jawohl! Sie sind allesamt Rebellen.“

„Kennt Lord Cimberly diesen Mann?“

„Nein, Sir, er kennt keinen von ihnen und erwartet, dass sie alle baldigst ein Geständnis ablegen.“

„In Ordnung, Großmaul“, der Offizier grinste höhnisch in Patricks Richtung, „Das wäre also geklärt. Morgen früh kümmere ich mich höchst persönlich um dich.“ Der Mann ging und Patrick blieb verzweifelt zurück.

„Das darf doch alles nicht wahr sein. Gibt es denn kein Recht mehr in diesem Land?“ Pat tastete sich an der Wand hinunter, ließ sich auf den

Boden fallen und lehnte sich mit dem Rücken an die Wand. Es sah düster aus für ihn.

Der alte Duncan kicherte leise in sich hinein. „Was wollt Ihr, Master? Englisches Gesetz! Und Ihr erwartet davon Gerechtigkeit in Schottland? Haaah, Ihr seid nicht recht bei Verstand!“ Er murmelte unverständlich vor sich hin, stellte sich gemurmelte Fragen und war mit den Antworten, die er sich gab, zufrieden.

„Der neue Kommandant, man sagt, er kauft alles Land, das er kriegen kann.“ Duncan hatte sich wieder zu dem stumm dasitzenden Patrick gedreht und flüsterte: „Gott verdamme ihn, den verfluchten Bastard, den verfluchten! Er verschenkt das Land an die Krone. Will sich die Unterstützung der Regierung für seine Pläne in Indien sichern. Die schwarze Pest für ihn! In wie vielen Ländern will er noch das Blut der Menschen aussaugen? Er sucht wohl auch eine neue Frau? Hörte, er hätte ein Auge auf die Missy geworfen? “

Der sterbende Clay seufzte tief auf und war dann plötzlich stumm. Patrick schlug ein Kreuzzeichen vor der Brust.

„Dann soll er sich doch Land kaufen, dieser verfluchte Engländer. Er soll märchenhaft reich sein!“

Wie eine Viper fuhr Duncan zu Pat herum und zischte. „Würdet Ihr ihm Mac Laurin Castle verkaufen, Master?“

„Niemals, nicht, solange ich lebe!“ Pat war entrüstet, allein über die Frage.

Der Alte nickte heftig. „So geht es uns anderen auch. Also muss er sich andere Tricks einfallen lassen. Wir Dunbars wären im Schuldturm gelandet, wenn wir nicht verkauft hätten. Oder verhungert. Seht Ihr nicht, wie viele der Pächter in die neue Welt auswandern? Wir Schotten sind keine Herumtreiber, Master, keine Nomaden. Nein, beim heiligen Herrn Jesus nicht. Und trotzdem findet man uns überall auf der Welt. Warum ist das so? Weil wir keine andere Wahl haben. Man hofft in der Fremde zu Geld zu kommen, damit man Haus und Hof irgendwann zurückkaufen kann. Aber diese Hoffnung“, der Alte spuckte voller Ekel aus, „diese Hoffnung ist nur ein frommer Wunsch. Nicht jeder hat so viel Glück, wie Euer Bruder Allan, Gott hab ihn selig.“

„Glück nennt Ihr es, im Sarg nach Hause zurückzukehren? Na, ich weiß nicht.“

„Ich nenne es Glück, auf meinem eigenen Land zu sterben und dort auch begraben zu werden."

„Irrtum, Dunbar. Allan starb auf hoher See."

Dunbar sah ihn misstrauisch an. „Euer Onkel ist doch Murdoch Mac Laurin, oder? Und er hat Euch erzählt, dass Allan auf See starb? Gut! Gut, gut. Dann habe ich keinen Grund, anderes zu behaupten." Mit verschlossener Miene zog sich Dunbar zu seiner selbstauferlegten Totenwache zurück. Pat witterte neue Erkenntnisse. Fast hätte er über sein eigenes Unglück den Tod seines Bruders vergessen. Er ließ den Alten nicht in Ruhe, sondern kroch zu ihm hin und setzte sich neben ihn.

„Was wisst Ihr von dieser Sache, Dunbar? Wenn wir morgen hängen, macht es keinen Unterschied, ob Ihr heute plaudert oder nicht!"

Dunbar zuckte hilflos mit den Schultern. „Es mag an Eurer Jugend liegen, Master, dass man Euch noch nicht eingeweiht hat. Nur eines will ich Euch verraten: Allan starb auf seinem eigenen Land! Dann brachte Euer Onkel ihn zur Küste, wo das Schiff wartete, und weiter segelte nach Nairn. Ein Matrose von der „Prince George" hat es mir erzählt."

Pat ließ nicht erkennen, wie betroffen ihn diese Neuigkeiten machten. „Weshalb sollte mein Onkel mir das verschweigen? Mensch, Dunbar, Ihr wisst mehr darüber, als Ihr zugebt."

Das gesunde Auge des Alten glomm wie irre auf. „Sicher weiß ich mehr, und ich bin nicht der Einzige, der mehr weiß. Könnt Ihr denn immer noch nicht ermessen, was es für die Mac Laurins bedeutet, dass Allan in London Geld aufgetrieben hat? Er war der Clanchef und an ihm war es, uns alle vor Hunger und Elend zu bewahren, uns alle, die zum Clan gehören. Allan wusste das. Er hat alles auf eine Karte gesetzt. Nun hängt die Ernte vom Wetter ab. Aber da müsst Ihr Euch keine Sorgen machen, Master Patrick. Die Ernte wird gut werden."

„Heee! Ihr da! Gebt Ruhe! Sonst schließe ich euch das Maul!" Einer der Wachsoldaten, der sich irgendwie in ihren Holzstühlen zurechtgelegt hatten und eingedöst waren, fühlte sich gestört. Er stand verschlafen auf, schlug mit einem Knüppel gegen das Türgitter und setzte sich wieder zu seinem Kameraden an den Tisch.

Pat flüsterte fast unhörbar leise. „Wie könnt Ihr wissen, dass die Ernte gut wird? Mensch, Dunbar, was verschweigt Ihr mir?"

„Ich sagte Euch doch, dass ich mehr weiß als andere, Master. Der See gehört zu Eurem Gebiet, nicht wahr? Habt Ihr nie etwas Auffälliges beobachtet? Keine Geräusche gehört? Wie könnt Ihr nichts wissen und das ganze Dorf weiß es?"

„Ihr meint, diese Stimmen? Ihr wollt mir doch nicht erzählen, dass Ihr diesen Humbug ernst nehmt?"

„Habt Ihr nie Wellen und Bewegungen gesehen, Master Patrick, obwohl kein Wind und kein Tier die Oberfläche störte?"

„Doch, ja. Da war mal was ... aber was hat das alles mit Allan zu tun, oder mit der Ernte. So redet doch, in Gottes Namen!"

Der alte Dunbar kicherte stillvergnügt. „Nicht in Gottes Namen, ganz sicher nicht! Aber wegen all dieser Dinge zusammen genommen kann ich Euch beruhigen: die Ernte wird gut werden und Ihr werdet Grund und Boden behalten. Darüber braucht Ihr Euch keine Sorgen mehr zu machen. Viel wichtiger ist die Tatsache, dass Ihr die Ernte nicht mehr erleben werdet. Ihr werdet neben mir hängen und im Wind schaukeln, bis die Krähen von uns nichts mehr übriggelassen haben"

„Aber weshalb? Ich bin kein Rebell und Ihr auch nicht! Ihr seid ein alter Mann." Pat verzog die Lippen zu einem spöttischen Lächeln.

„Ihr lacht, weil ich heute alt bin und müde und zahnlos? Ihr habt recht, Master. Früher, als ich noch Kraft hatte, da hätte ich ... gegen die Machthungrigen, die Gewissenlosen ..." Dunbar schüttelte die knochige Faust. „Aaaahhh, da wäre mein Alexander nicht diesen elenden Tod im Moor gestorben. Zum Teufel mit der ganzen Welt, die unsere Kinder frisst und ganze Völker ausradiert!" Mit Dunbar war nicht mehr zu reden. Er wickelte sich in seinen zerrissenen Rock und legte sich nieder, als wollte er schlafen.

Pat ging leise zu dem jungen Mackanzie, der immer noch mit verdrehten Gliedern in But und Erbrochenem lag. Pat streckte die Beine des Jungen gerade, faltete ihm die Hände auf der Brust und strich ihm die wirren roten Löckchen aus dem Gesicht. „Schlaf gut, Kleiner!" Mehr konnte er für ihn nicht tun.

Fliehen oder Sterben

Dann wurde sich Patrick seiner eigenen verzweifelten Lage bewusst. Er war die grenzenlose Weite des Hochlandes gewöhnt. Die bedrückende Enge seiner Gefängniszelle und die grausigen Vorgänge der Nacht wirkten niederschmetternd auf ihn. Und trotzdem erwachte in ihm der eiserne Wille, gegen das Schicksal anzukämpfen. Er musste und er würde einen Ausweg finden. Nur schnell musste es gehen, schnell! Durch die schmale, vergitterte Fensteröffnung in der Außenmauer des Gebäudes sah er, wie die tiefblaue Dunkelheit des Himmels sich zu verändern begann, wie es langsam heller wurde. Er musste aus dieser verfluchten Zelle heraus! In hilfloser Wut schlug er einige Male mit der geballten Faust gegen die Gefängnismauer.

„Mac Laurin? Patrick Mac Laurin? Seid Ihr da drinnen?" Eine fragende Stimme flüsterte von draußen zur Fensteröffnung herein.

Patrick hielt erstaunt inne. „Wer will das wissen?"

„Einer der Euch retten will, Sir."

„Ich kenne Euch nicht und ich traue Euch nicht."

„Ich bin Lady Cimberly, Sir, und biete Euch meine Hilfe an, die leider nicht allzu groß sein kann. Doch andere werden an meiner Stelle handeln. Kennt Ihr einen Murdoch Mac Laurin, Sir? Da war noch ein Name, wie war er doch gleich...ein junger Mann, sehr freundlich..."

Pat wusste gleich, wen sie meinte, „Fin Mc Intyre, Mylady, war das der Name?"

„Ja, so hieß er wohl. Aber Sir, ich bitte Euch, sprecht leise, denn es wird Tag und man könnte mich hier entdecken."

Pat benutzte die unebenen Steine der Mauer als Leiter und zog sich am Fenstergitter hinauf. Auf diese Weise konnte er wenigstens so weit hinausschauen, dass er seinen Gesprächspartner ansehen konnte. Was Patrick da im Morgengrauen stehen sah, war ... ein Engel! Eine Frau, so schön wie keine, die Pat bisher getroffen hatte. Blauschwarzes, langes Haar, dunkle, geheimnisvolle Augen, die Gestalt einer Elfe, gehüllt in einen hellblauen Umhang. Plötzlich schossen Pat heiße Tränen in die Augen. War es wegen Cathy? Wegen dem Mädchen, welches er nicht liebte, welches aber die gleiche Herzensgüte besaß, wie die wunderschöne Mylady? Oder war es wegen Fin, den er liebte und der hier irgendwo steckte, um ihn zu befreien?

Doch dafür war jetzt keine Zeit.

Patrick fragte hastig: „Die beiden Männer, Mylady, wo sind sie?"

„Sir, die beiden sind seit Stunden hier, in der Garnison und haben versucht, meinen Gatten zu sprechen. Doch der ließ sie abweisen."

Lady Cimberly atmete tief ein, oder seufzte sie?

„Sie wandten sich an mich um Hilfe, Sir. Und sie trafen mich ins Herz. Wir erdachten einen Plan, Sir, um Euch zu retten. Auf meinen Gatten könnt Ihr nicht hoffen. Der lässt alle Aufständischen hängen. Ich habe es gehört, wie er das Urteil mit seinen Offizieren besprach. Aber Euer Onkel wird gleich hier sein und Euch helfen, aus dem Kerker zu entkommen. Der andere junge Gentleman ist gerade dabei, die Stallungen in Brand zu setzen. Die Pferde werden nachher hier durch preschen. Das ist der Augenblick, der für Eure Flucht am günstigsten ist. Ihr dürft den Pferden nicht hinterher, Sir. Auf keinen Fall. Ihr müsst in die entgegengesetzte Richtung. Dort gibt es eine kleine Pforte im Palisadenzaun, die direkt ins Freie führt, aus der Garnison heraus. Die werde ich jetzt gleich aufschließen. Ich habe den Schlüssel an mich genommen. Gott vergebe mir, ich habe ihn heimlich gestohlen und muss ihn später genauso heimlich wieder an seinen Platz hängen. Möge Gott Euch gnädig sein, Patrick Mac Laurin."

„Wartet einen Augenblick, Mylady. Ich bitte Euch. Ich will Euch danken, von ganzem Herzen. Sollte es irgendwann in meiner Macht liegen, Euch beizustehen in der Not, so zögert nicht, meine Hilfe anzunehmen." Durch die Gitterstäbe hindurch reichte er ihr die Hand.

Nun verschwand die schlanke Gestalt im hellblauen Umhang so geräuschlos, wie sie gekommen war. Patrick schöpfte wieder Hoffnung.

Hastige, schnelle Schritte. Pat warf einen prüfenden Blick in das Dunkel der Zelle. Hatte jemand sein Gespräch gehört? Dunbar schien zu schlafen, der alte Clay war wohl schon gestorben, denn er lag seit Stunden ohne Bewegung. Die Wachen dösten, den Kopf auf die Tischplatte gelegt. Die Brandyflasche auf dem Tisch war leer und beide schnarchten. Irgendwie musste er die Gittertür öffnen.

„Pat, mein Junge bist du da?" Es war Murdoch.

„Onkel Murdoch, bist du allein, kannst du mich hören?"

„Ja, ja, doch. Sei um Christi Willen leise. Wie steht es mit dir?"

„Heute Morgen werde ich gehängt, ob schuldig oder nicht. Die Wahrheit will keiner wissen. Der Kommandeur gibt vor, mich nicht zu kennen."

„Wir haben einen Plan, aber wir haben nicht viel Zeit. Du musst deine Zellentür öffnen. Kannst du das?"

„Die Wache hat den Schlüssel. Zwei Männer, aber sie schlafen. Ich komme nicht ran."

Murdoch überlegte. „Du musst sie dazu bringen, die Zellentür aufzuschließen. Egal wie. Lass dir etwas einfallen. In wenigen Minuten werden die Stallungen brennen. Im Durcheinander werde ich versuchen, von außen zu dir vorzudringen. Und dann durch das kleine Tor. Deine Wachen sind sicher nicht die einzigen Soldaten, die sich im Gebäude aufhalten. Hier!", Murdoch schob einen langen, spitz zulaufenden Dolch durch die Gitterstäbe. „Du wirst ihn brauchen. Jetzt los!"

Pat hielt das Messer in seiner Hand. Noch nie hatte er eine Waffe gegen einen Menschen gerichtet. Doch er war entschlossen, zu fliehen, koste es was es wolle. Er musste Rose warnen. Er würde dafür auch töten, wenn es sein musste. Wie sehr unterschied er sich von dem Patrick, der er noch vor wenigen Tagen gewesen war.

Dunbar hob den Kopf. Hatte er geschlafen, oder hatte er etwas gehört? „Ich helfe Euch, Master", flüsterte der Alte. Sein gesundes Auge brannte leidenschaftlich und das faltige Gesicht schien zu glühen. Der Alte bewegte sich schnell wie ein Eichhörnchen. Er huschte zurück zur Gittertür. „Ich weiß, wie wir die Bastarde in die Zelle locken. Wenn die Tür offen ist, dann flieht, hört Ihr! Schaut nicht zurück! Tut es für meinen Alexander. Er war doch Euer Freund!" Pat nickte stumm. Dann, plötzlich, warf sich der Alte auf den Boden und begann zu brüllen und zu toben.

„Nein, lasst mich, Ihr Schurke, lasst mich los. Ihr habt mein Geld gestohlen, gebt es mir wieder, sofort. Das sind meine ganzen Ersparnisse. Nicht einmal die Engländer haben es mir genommen. Hilfe!", damit begann er mit Armen und Beinen zu strampeln, als würde er um sein Leben kämpfen. Fast hätte Pat gelacht. Er musste an einen dicken Käfer denken, der auf dem Rücken lag.

„Ach was, wozu brauchst du so viel Geld, Alter?", Pat gab sich Mühe, besonders derb und rüde zu klingen. „Morgen hängst du sowieso. Da brauchst du keinen Penny mehr. Also gib mir auch die anderen Goldmünzen. Ich kann viel mehr damit anfangen", dabei trat er nach dem Alten mit dem Fuß, was schlimmer aussah, als es war.

Die beiden Soldaten wurden wach durch das Gebrüll und lauschten dem Streit. Geld? Sogar Goldmünzen? Hatten sie etwas bei der Durchsuchung übersehen?

„Was ist hier los?", fragte eine der beiden Wachen schläfrig und stand auf. „Was ist das für Geschrei? Soll ich euch was auf' s Maul geben?"

Gab es da etwas zu holen? Der Mann machte sich am Türschloss zu schaffen. Auch der zweite Soldat war aufgestanden. Noch immer zeterte der Alte und kreischte, als sollte er geschlachtet werden, denn Pat schüttelte ihn rücksichtslos. Beide Soldaten betraten die Zelle. Der eine kam direkt auf Patrick zu und packte ihn am Hemd, um ihn wegzureißen.

„Her mit dem Geld, aber ein ...", seine Augen wurden groß und rund. Er starrte ungläubig auf den jungen Schotten, der ihm blitzschnell den Dolch bis ans Heft in die Brust gestoßen hatte. Durch die Uniformjacke hindurch, durch die Muskeln, an den Rippen vorbei, ins Herz. Mit diesem ungläubigen Blick würde der Mann vor seinen Schöpfer treten. Pat riss den Dolch mit einem Ruck wieder heraus. *So also stirbt ein Mensch*, schoss es durch Patricks Kopf.

Er sah sich nach dem alten Dunbar um. Dieser hatte sich aufgerappelt und war dem zweiten Soldaten wie eine Katze mit gekrümmten Fingern direkt ins Gesicht gesprungen. Der Mann brüllte auf vor Schmerz.

„Lauf, Patrick, lauf, so schnell du kannst! Zur alten Höhle!", dann krallte er sich wieder wie eine Wildkatze an seinem Gegner fest. In diesem Augenblick hörte man schrille Schreie von draußen.

„Feuer! Feuer! Hilfe, der Stall brennt! Kommt schnell, alle! Schnell, schnell, die Pferde ... Helft, Leute!" Einen Augenblick lang war alles ganz still. Dann begann der Tumult. Rufe, schläfrige Kommandos, Gerenne. „Wo sind die Eimer?" „Her mit dem Wasser!" „Nein, zuerst die Pferde aus dem Stall."

Diesen kurzen Moment des Durcheinanders musste Pat nutzen, um aus dem Gefängnis zu kommen. Er hastete durch die Zellentür, ließ diese weit offen. Vielleicht würde es Dunbar doch noch schaffen. Sich immer im Schatten haltend schlich Pat von Ecke zu Ecke, immer vorsichtig nach allen Seiten spähend. Kein Mensch, niemand zu sehen. Draußen schien es lebendig zu werden. Im trüben Licht einer Öllampe erkannte Pat einen riesigen Schatten, der sich bewegte. Dieser noch, dann hatte er es geschafft. Die anderen Soldaten waren alle hinausgestürzt, um beim Löschen zu helfen. Pat schlich sich an und wollte sich mit erhobenem Dolch auf diesen stürzen, als er vor seinem Onkel stand.

„Los, Junge, beeil dich! Zieh das über." Onkel Murdoch bückte sich wieder und machte sich an einem leblosen Mann zu schaffen, um ihm die rote Uniformjacke auszuziehen. „Nimm du den anderen dort!", er zeigte mit dem Kinn in eine dunkle Ecke des Raumes. Dort lag ein zweiter Soldat am Boden. Pat nahm dem Mann die Jacke ab.

„Sind die tot?", fragte er beiläufig.

„Hach! Nein, leider. Leben beide noch. Ich brauch' doch keine Waffe", lächelte Murdoch und hob seine geballte Faust, „Ich habe noch nie eine Waffe gebraucht", fügte er hinzu.

Jetzt trugen beide rote Röcke und standen geduckt an der Eingangstür des Hauses. Dort lauerten sie auf eine passende Gelegenheit. Diese bot sich, als mehrere verängstigte Pferde heranstürmten, und in Panik nach allen Seiten ausbrachen. Soldaten versuchten sie einzufangen und den anderen aus dem Weg zu schaffen, die mit Wassereimern umherrannten. Viele waren nur halb bekleidet. Der Nebel der Nacht hatte sich noch nicht gehoben, die Sicht wurde aber zusätzlich durch den aufsteigenden Rauch des Feuers verschlechtert. Der Rauch biss in den Augen und die Soldaten husteten. Pat und Murdoch liefen durch dieses Durcheinander unbehelligt hindurch. Es bereitete den beiden keine Mühe, sich zwei Pferde zu greifen und neben ihnen her zur kleinen Pforte zu gehen. Offen, Gott sei Dank! Draußen, in einem dichten Ginstergebüsch, wartete Fin mit ihren eigenen Pferden. Der alte Nick wieherte erfreut, als Patrick sich auf ihn schwang. Fin hatte seinen Teil zu dem riskanten Plan beigetragen. Das Warten auf Patrick war ihm allerdings schwergefallen. Jetzt fiel ihm ein Stein vom Herzen. „Du bist verletzt!" Fin erschrak über Patricks Kopfwunde.

Murdoch winkte ab. „Nicht jetzt, Fin, nicht jetzt! Jetzt müssen wir weg. Los, schnell!"

Und sie verschwanden im Dämmerlicht der Highlands.

Im Haus des Kommandeurs wurde es hinter einigen Fenstern hell. Im ersten Stock, hinter einem Spitzenvorhang, stand eine junge, schlanke Frau. Mit schimmernden Augen sah sie hinaus in das wirre Durcheinander von Menschen und Pferden. Es war ein wildes Land, dieses Schottland. Auch hier herrschte das Schwert, wie zu Hause, in Indien. Gab es denn nirgendwo Frieden auf der Welt?

*

Die drei Männer ritten schweigend nebeneinander. Es kam darauf an, die erste Verwirrung in der Garnison auszunutzen und möglichst viele Meilen zwischen sich und die Verfolger zu bringen. Denn unbemerkt konnte Patricks Flucht nicht bleiben. Nur fort aus dieser Gegend, die bald von Soldaten wimmeln würde. Plötzlich hielt Pat sein Pferd an. Nick hatte Schaum vor dem Maul und Schweiß tropfte von seinen dunklen Flanken.

„Wohin reiten wir, Onkel Murdoch?" Das war nicht der Weg nach Hause. Er strich beruhigend über den Hals des Tieres, das laut keuchte. „Ich muss heim. Ich muss mit Rose sprechen, unbedingt."

Murdoch drehte sich zu Pat. „Sei kein Dummkopf, Pat! Du kannst jetzt nicht nach Hause, noch nicht. Das ist genau der Ort, wo sie dich suchen werden. Du musst dich erst mal verstecken, bis wir wissen, was die Engländer planen."

„Das kann ich dir auch sagen", Patrick hielt sich den Kopf, den seine Wunde schmerzte wieder. „Man hat die Rebellen auf unserem Moor gefunden und gejagt. Alexander Dunbar und Tom Burns sind tot. Wen sie noch getötet haben, weiß ich nicht. Ich weiß auch nicht, wer noch darin verwickelt ist. Im Kerker war ich zusammen mit Alexanders Großvater. Ohne ihn wäre ich nicht entkommen. Er hat mir gesagt, sie haben Häuser durchsucht und angezündet, im Dorf. Der Kommandeur gab vor, mich nicht zu kennen." Pat wankte auf dem Pferd, denn die Welt um ihn herum begann sich wieder zu drehen.

Fin hatte bis jetzt kein Wort gesagt. Jetzt stieg er ab und trat neben den schwer atmenden Nick.

„Komm runter, Pat. Wir müssen diese Wunde verbinden. Es macht keinen Sinn dich aus dem Kerker zu befreien, und dich auf der Flucht sterben zu lassen. Komm, steig' ab! Das dauert nicht lange."

Pat war dankbar um Fins' s geöffnete Arme, in die er sich sinken ließ. Behutsam half ihm Fin, sich ins Gras zu legen.

„Dafür haben wir keine Zeit, Jungs. Wir müssen uns beeilen."

Fin erwies sich aber als harter Brocken, denn er entgegnete schroff: „Master Murdoch, wir müssen diese Wunde verbinden. Von mir aus nur schnell und notdürftig. Aber wenn Patricks Blut weiter auf den Boden tropf, dann werden die englischen Bluthunde ziemlich bald unsere Spur erschnüffeln."

Murdoch nickte und ließ sie machen, denn er sah ein, dass Fin recht hatte. Mc Intyre riss einen Streifen Stoff von seinem Hemd und benetzte ihn mit Wasser aus seiner Wasserflasche. Damit wischte er das Blut aus Pats Gesicht und säuberte die Wunde. Dann wickelte er einem zweiten trockenen Streifen fest um Patricks Kopf. Fin beugte sich tief hinunter, als wollte er den Verband kontrollieren.

„Na, geht's wieder? Hast du noch Schmerzen?", flüsterte er leise. Seine Augen verrieten Pat, wie glücklich er über Patricks Rettung war und wie sehr er sich um ihn sorgte.

Pat senkte verlegen die Augenlider. „Danke, es geht schon. Alles gut!" Er ließ sich von Fin wieder aufhelfen, drückte dabei dessen Hand einen Augenblick ganz fest. Das musste vorerst genügen.

Pat zog sich langsam und vorsichtig wieder aufs Pferd. „Dunbar sprach von einer Höhle. Ich sollte mich dort verstecken. Was meinte er damit?"

Murdoch lehnte sich auf den Sattelknopf. „Davon sprach er? Seltsam! Hat er noch etwas gesagt?"

Murdoch tastete sich vorsichtig vor und Pat merkte es.

„Ja, er erzählte eine ganze Menge." Langsam zog er sich die rote Jacke herunter. „Weg damit!", er holte aus und wollte sie ins Gebüsch schleudern.

Fin reagierte blitzschnell und fing sie aus der Luft auf. „Halt! Halt! Halt! Wenn die von den Engländern gefunden wird, wissen sie, wo wir entlanggekommen sind. Gebt mir auch Eure Jacke, Master Murdoch. Ich werde sie später im Moor versenken."

Murdoch nickte. „Wie du willst, Mc Intyre. Hmmm, vielleicht hat der alte Dunbar gar nicht so Unrecht. Ich werde dich zur Höhle bringen. Fin, hör mal … ich muss dich bitten, dich jetzt von uns zu verabschieden. Die Sache ist die: Ich kann dir nicht verraten wo die geheime Höhle ist. Solltest du sie jemals finden, müsste ich dich töten. Und das sollten wir vermeiden, meinst du nicht? Ich bitte dich, reite zum Schloss zurück und …"

Pat fiel ihm ins Wort, „…und pass auf Rose auf, Fin. Du darfst sie nicht einen Augenblick allein lassen. Ich glaube, Lord Cimberly plant einiges, was sie betrifft."

Murdoch nickte und kraulte sich den wolligen, grauen Bart. „Das habe ich schon befürchtet, als ich ihn das erste Mal sah, an Allans Beerdigung. Dieser Mann hat sie mit hungrigen Wolfsaugen angegafft. Wenn man bedenkt, dass er verheiratet ist! Was für ein Bastard!"

Pat stöhnte vor Hilflosigkeit. „Verflucht, und ich kann nichts tun!"

Fin beruhigte Pat und legte ihm seine Hand auf den Oberarm. „Sei unbesorgt. Ihr wird nichts geschehen. Ich gebe dir mein Wort." Dann gab er Boxer einen Schenkeldruck und jagte mit ihm in Richtung Mac Laurin Castle davon.

Pat drehte sich wieder zu seinem Onkel. „In welcher Richtung liegt diese geheimnisvolle Höhle?"

„Sie liegt am See. Der Eingang befindet sich zur Hälfte unter Wasser. Aber du wirst es selbst sehen."

Und weiter ging es mit unverminderter Geschwindigkeit.

Es war heiß und die Sonne stand hoch am Himmel. Die Wiesen waren nicht mehr feucht vom Regen der vergangenen Monate. Weit draußen, am Horizont konnte man die Oberfläche des Sees glänzen sehen, wie poliertes Silber. Die Luft war voll süßer Düfte und Bienen und Käfer summten emsig durch die Gegend.

Die beiden Reiter mussten ab und zu die Augen zukneifen oder den Kopf wegdrehen, um sich die kleinen Plagegeister vom Halse zu schaffen.

Murdoch ritt nicht auf den befestigten Wegen, sondern querfeldein. Sie mieden Gehöfte und machten einen Bogen um jedes Haus, jede Kate, die bewohnt war, um nicht gesehen zu werden

„Sind wir im Kreis geritten? Das ist hier doch in der Nähe des alten Steinkreises." Pat wusste es nicht genau, denn seine Kopfverletzung machte es ihm schwer, alles exakt und richtig wahrzunehmen.

Murdoch nickte. „Nicht die ganze Zeit. Wir haben zwei, drei Hacken geschlagen. Nichts verwirrt Hunde mehr, als wenn sie im Kreis herumlaufen. Irgendwann erschnüffeln sie dann nur noch ihre eigene Fährte. Auch Menschen lassen sich davon irreführen. Ich bin sicher, man verfolgt uns jetzt schon seit einer Weile. Steig ab, Pat, von hier ab geht's zu Fuß weiter."

Sie banden ihre Pferde zwischen den hohen Eibenbüschen an, unsichtbar für alle, die auf dieser Seite des Sees unterwegs sein mochten.

Dann stiegen die beiden Männer vorsichtig die steile Böschung zum See herunter. Das ging langsam, denn sie versuchten, nicht die Grasflächen zu benutzen, sondern traten auf graue Felsen, auf denen keine Spuren zurückblieben. Am See befand sich zur Mittagszeit kein Mensch. Die meisten der Bauern schufteten auf den Feldern. Ihre Kinder, die sonst gerne am Wasser spielten, mussten dabei kräftig mithelfen. Die Ernte war dieses Jahr einfach zu wichtig. Als Pat und sein Onkel endlich den Kies des Seeufers erreichten, zeigte Murdoch mit dem Arm ins hohe Schilf. „Siehst du den spitzen Stein dort? Neben dem Ginsterstrauch? Das ist der Höhleneingang. Siehst du wie niedrig das ist? Du stehst bis zur Brust im Wasser, wenn du reingehst. Es gab auch schon Zeiten, da war der Eingang völlig unter Wasser und man konnte gar nicht hinein. Aber jetzt regnet es ja nicht mehr. Komm!"

„Und ich hab' das immer für einen alten Dachsbau gehalten." Pat war verblüfft darüber, das sich die geheimnisvolle Höhle so nah am Schloss befand.

Beim Ginsterbusch angekommen, zogen sie ihre Schuhe aus und trugen sie in der Hand mit, als sie sich ins eisig kalte Wasser gleiten ließen.

„Halte dich fest", Murdoch zeigte auf einige dürre Zweige und alte, ledrige Wurzeln, die bis ins Seewasser reichten, „sonst rutscht du aus. Hier ist der Untergrund besonders uneben."

Tief gebückt folgte Pat seinen Onkel durch den niedrigen Eingang und kroch und kletterte ins Innere der geheimen Höhle.

Nach einigen Schritten, die bergauf führten, trat er dort auf trockenen Steinboden. Sie gingen durch einen engen Gang, gerade mal mannshoch, in die Tiefe. Dann öffnete sich ein großer, weiter Raum vor Patrick, den er in der Dunkelheit nicht sehen, aber spüren konnte.

„Warte hier, ich mache Licht." Murdoch kam nach kurzer Zeit mit einer Fackel wieder.

Zuerst konnte Patrick nicht viel erkennen, doch Murdoch, der sich scheinbar sehr gut auskannte, entzündete mehrere Öllampen, die an der Wand befestigt waren. Als sich Patricks Augen an das flackernde Dämmerlicht gewöhnt hatten, erkannte er erst das Ausmaß der Höhle. Sie befanden sich in einem riesigen Saal! Pat hielt die Luft an! Über ihm wölbte sich die Decke fast so hoch, wie in der Kathedrale von Edinburgh. Tropfsteine wuchsen von oben herab und vereinigten sich mit dem fast weißen Bodengestein. Diese Tropfsteine bildeten Säulen, die kleine Seitennischen abtrennten. Sie sahen aus, wie rundliche Erker, von denen wieder neue Gänge nach allen Seiten führten.

Pat war überwältigt. Nie im Leben hatte er etwas Ähnliches gesehen, geschweige denn hier in der Nähe vermutet.

Er sah sich staunend nach allen Seiten um. „Das ist … gewaltig!"

„Großartig, nicht wahr?", Onkel Murdoch führte seinen Neffen stolz durch den riesigen Saal, als würde er ihm sein neues Schloss präsentieren. Ihre Schritte hallten, ihre Worte, auch wenn sie leise sprachen, tönten mit weichem Klang durch das ganze riesige Gebilde.

„Das ist noch nicht alles." Murdoch machte den Führer und Pat folgte, stumm und ehrfürchtig. Trotz ihrer nassen Kleider war den beiden nicht kalt, denn das Klima in der Höhle war angenehm. Durch einen Seitengang gelangten sie in einen angrenzenden Saal, der genauso riesige Ausmaße hatte, dessen Boden aber höher lag. Erst nachdem auch hier die Lampen entzündet wurden, sah Pat die Schätze, die hier, unter einem Gebirge aus massivem Stein, verborgen lagen: Ringsum, an den Wänden der riesigen Halle, befanden sich unzählige Darstellungen und Zeichnungen. Je länger Pat schaute, umso mehr Wandmalereien entdeckte er. Die Wände waren übersäht damit. Es waren zum Teil kindliche, einfache Bilder, die Szenen des Alltags darstellten. Jäger, die ein Hirschrudel jagten, oder Menschen um eine Feuerstelle versammelt.

Andere Bilder, weiter im Hintergrund der Höhle, wiesen eine perfekte Zeichentechnik und naturgetreue Wiedergabe von Lebewesen und Szenen auf. Da waren Studien von Tierkörpern, als hätte der Maler einen einzigen Augenblick in aller Genauigkeit darstellen wollen. Die Exaktheit der Wiedergabe war verblüffend. Hier waren große Künstler am Werk gewesen. Patrick konnte es gar nicht glauben.

Er drehte sich um seine eigene Achse und breitete die Arme aus. „Was ist das alles hier?"

Onkel Murdoch verstand seine Fassungslosigkeit. „Großartig, nicht? Tröste dich, mir ging es genauso, als man mich zum ersten Mal hierher mitnahm. Ich werde dir das alles erklären, oder zumindest das, was ich darüber weiß. Aber jetzt habe ich keine Zeit mehr, Pat. Ich muss die Pferde wegbringen. Ich komme morgen wieder. Mit Essen und Ale. Bis dahin, ruh dich aus. Die Lampen muss ich natürlich ausmachen. Es besteht kein Grund, das Lampenöl zu verschwenden."

Sie kehrten beide zurück in den ersten Saal. Dort zeigte Pat auf einige

Ballen trockenes Stroh. „Kann ich mir damit ein kleines Feuer machen? Um die Hose und mein Hemd zu trocknen." Murdoch nickte. Pat griff zu, als sein Onkel ihm das Heu aus der Hand schlug.

„Nicht das, mein Junge, bloß nicht! Nimm das andere hier, das gelbe. Da hättest du fast einen schweren Fehler gemacht. Das hier ist kein Heu", er zeigte auf einen kleinen Haufen getrockneter Gräser, „das nennt man Hanf. Du weißt doch noch ... die Stieropfer? Wenn die Tiere bockig sind und unruhig, dann zünden wir eine Handvoll davon an. Den Rauch bläst man dem Stier in die Nüstern. Es ist wie ein Zaubermittel. Der Stier wird dann friedlich und du kannst ihn führen, wohin du willst. Aber das andere hier", er stieß mit dem Fuß gegen einen großen Ballen, „das kannst du ruhigen Gewissens nehmen. Oder besser, ich bringe dir ein paar dürre Äste mit, wenn ich wieder komme. Stroh qualmt zu stark. Schütte dir damit lieber ein Bett auf."

Patrick fiel etwas ein.

„Was ich dich noch fragen wollte, Onkel, ihr wart doch gestern Nacht in der Garnison in Househill und wolltet den Lord sprechen. Du und Fin. Wie seid ihr mit der Lady zusammengekommen? Wie habt ihr sie dazu gebracht, mir zu helfen? Ich weiß, ihr Gatte behandelt sie schlecht, aber dass sie mir bei der Flucht hilft ..."

Murdoch nickte ein paar Mal. „Ja, das hat er davon, der ach so reiche Lord! Ich glaube, seine eigene Frau hat ihn durchschaut! Sie ist wunderschön, diese Frau, nicht? Mylady hat eine Zofe, eine gewisse Margaret Ramsay, die Cousine von unserer alten Nelly! Du weißt doch, dass Nelly mit dem halben Dorf verwandt ist!" Patrick nickte und hörte weiterhin aufmerksam zu, „Wir haben mit Margaret gesprochen und sie wiederum hat mit Ihrer Ladyschaft gesprochen und sie gebeten uns doch anzuhören. Na ja ... Fin! Du kennst Fin und seine glatte Zunge! Er hat die schöne Lady davon überzeugt, uns zu helfen, weil du unschuldig gehängt werden solltest. Die Lady scheint nicht nur schön, sondern auch mutig zu sein. Dieser Bastard, dieser Lord Cimberly, er hat so eine Frau nicht verdient. Na dann, Pat. Leg dich schlafen, mein Junge. Ich komme morgen wieder."

Murdoch schlug seinem Neffen kameradschaftlich auf die Schultern und machte sich auf den Weg durch den engen Zugang. Patrick blieb in der Höhle allein zurück.

Als Murdoch mit den Pferden auf Mac Laurin Castle eintraf, begegnete er vielen fragenden und besorgten Blicken. Er nahm sich aber nicht die Zeit für irgendeine Erklärung, sondern machte nur eine Geste zu allen Anwesenden im Burghof, die bedeuten sollte: Nur abwarten, es wird schon wieder werden.

Als er ins Kaminzimmer trat, um sich einen kräftigen Whiskey zu genehmigen, traf er Rose und Fin in ein intensives Gespräch vertieft.

„Also werdet Ihr Euch vor ihm in Acht nehmen, Missy! Und wir machen es wie abgemacht. Ihr geht keinen Schritt ohne mich. Nirgendwo hin! Ab sofort folge ich Euch wie ein Schatten."

Rose, die aufmerksam zugehört hatte, stürzte auf ihren Onkel zu.

„Ist es wahr? Pat ist in Sicherheit? Wo ist er? Wann kommt er? Dieser grausame Mann hier will mir nichts darüber sagen."

Murdoch lächelte nachsichtig. Warum machten sich Frauen nur immer so viele Sorgen? Doch dann spürte er, wie kalt ihre kleine Hand war, sah die dunklen Ränder unter den Augen, denn auch sie hatte nicht geschlafen, letzte Nacht. Verflucht, er war doch auch völlig am Ende.

„Keine Angst, Kleine!" Er leerte sein Glas mit einem einzigen mächtigen Zug und stellte es laut auf den Kaminsims. „Ich hätte dich ohnehin um diesen Gefallen gebeten, Mc Intyre. Pass auf Rosi auf und weiche ihr nicht von der Seite. Ich habe dich immer für einen der Unsrigen gehalten, trotz deines übertriebenen, englischen Auftretens. Dein eleganter Rock konnte meine alten Augen nicht irreführen. Es steckt ein ganzer Schotte in dir, nicht wahr?"

Fin nickte ertappt. „Mir scheint, Master, Eure Augen sind schärfer als meine eigenen. Ich dachte, ich hätte mich an das Leben in London einigermaßen gewöhnt, aber mit jedem Tag in den Highlands wird mir das Gegenteil bewusst. Weiß der Himmel, wie das noch enden soll!"

Rose hatte schon eine ausgezeichnete Lösung parat. „Warum kehrst du London nicht den Rücken und gehst nach Hause zurück?"

Fin betrachtete sie ernst und schüttelte traurig den Kopf. „Das ist nicht so einfach, Missy. Es gibt nichts, zu dem ich zurückkehren könnte. Wir haben alles aufgegeben, als wir nach London zogen. Meine Heimat ist nicht so malerisch wie Mac Laurin Castle. Nur der Fischfang hält die Leute noch über Wasser. In Lerwick ist der Sommer nur sehr kurz und nicht sehr warm. Da wächst nicht viel."

„Lerwick? Ich dachte du hättest gesagt, dass du auf Mainland …"

„Ja, Missy, Lerwick auf Mainland. Der nördlichste Punkt im Königreich. Die Norweger benutzten die Insel als Stützpunkt für ihre Raubzüge in Schottland. Von ihnen haben wir den Walfang gelernt. Aber dafür muss man ein Schiff haben. Meine Mutter hat immer gesagt", Fin lachte leise in sich hinein, „sie sagte, das einzig Gute, das sie uns hinterlassen haben, ist, dass die meisten von uns blaue Augen haben."

Rose errötete, denn Fins sehr blaue Augen waren das erste, was ihr schon vor Jahren an Allans Freund aufgefallen war.

„Also, ich geh jetzt schlafen! Komisch, früher hat es mir nichts ausgemacht, ganze Nächte zu verbummeln." Murdoch unterbrach recht unsanft die traute Zweisamkeit der beiden jungen Menschen. Schon mit der Hand an der Türklinke drehte er sich nochmal um. „Wie geht es William?", fragte er noch kurz.

„Nicht so gut, Onkel", Rose schüttelte die braunen Locken. „Vater ist heute gar nicht erst aufgestanden. Wir haben ihm von Patricks Verschwinden noch nichts erzählt. Wir haben uns nicht getraut."

Murdoch nickte müde. „Gut, dann lassen wir es dabei. Kann sein, der hochnäsige Bastard von Kommandeur war diesmal zu schlau: Wenn er Patrick angeblich nicht unter den Aufständischen gesehen hat und sein Name auch sonst in den Dokumenten nirgends auftaucht, ist das ein großer Vorteil für uns. Na, wir werden sehen. Weckt mich, wenn es dunkel wird. Ich muss später noch mal weg."

Fin und Rose blieben allein.

„Ich nehme an, Ihr habt auch nicht geschlafen, heute Nacht, Missy?"

Rose fuhr sich unwillkürlich über's Haar. „Oh ich weiß, ich sehe mitgenommen aus, aber … Pat dort draußen und ihr alle beide in der Garnison … wie hätte ich da schlafen können? Nichts als Unglück und Kummer! Erst Allans Tod, dann die Geschichte mit Patrick … Du hast dir deinen Urlaub bei uns sicher auch anders vorgestellt, nicht, Fin? Es sollten sicher fröhliche, unbeschwerte Tage werden … und jetzt das!" Die Stirn des Mädchens zog sich kummervoll zusammen. Dann griff Rose nach Fins Hand und legte sie zwischen ihre beiden Hände. „Habe ich dir schon gesagt, wie sehr ich dir für deine Unterstützung danke, Fin Mc Intyre? Ich weiß nicht, was ich in den letzten Tagen ohne dich gemacht hätte. Du warst mir eine große Hilfe." Rose drückte dankbar Fins Hand. Nie hatte sie schöner ausgesehen. Das blaue Wollkleid, das ihre schmale Taille betonte, die dunklen Locken, mit Spangen gebändigt, das Gesicht, völlig ohne Schminke, war anziehend und von liebenswerter Offenheit.

„Rose, ich muss dir etwas sagen! Komm, setz dich zu mir an den Tisch." Fin zog sie hinter sich her zum kleinen Intarsien Tisch und setzte sie in einen der großen Gobelinsessel. Er setzte sich ihr gegenüber. Rose wartete gespannt.

„Ich weiß, es ist nicht der richtige Zeitpunkt, Rose, darüber zu reden, mit all dem Unglück, das die Mac Laurins heimsucht. Allan, Pat, die Ungewissheit der Ernte. Es kommt so viel zusammen. Vielleicht sollte ich lieber warten und auf einen günstigeren Augenblick warten, um darüber zu sprechen." Fin sah die Enttäuschung in den Augen des geduldigen Mädchens. „... aber andererseits kann ich dir gerade in dieser schweren Zeit beweisen, dass ...", Fin fuhr sich nervös durch die Haare. Verflucht, so schwer hatte er sich das nicht vorgestellt! Er war doch sonst nicht um die richtigen Worte verlegen. Hilflos sah er zu Rose. „Oh, mein Gott, Rose, ich hatte mir doch alles so schön zurechtgelegt! Und jetzt fällt mir kein passendes Wort ein."

Rose, deren Herz wie wild pochte, hing gespannt an seinen Lippen. Sei's drum! Fin gab sich einen Ruck und stand auf. Er sank vor dem Mädchen auf ein Knie und nahm vorsichtig ihre kleine Hand. „Rose Mac Laurin, wenn Ihr mir die Ehre geben wolltet, meine Frau zu werden, so will ich Euch mein Ehrenwort verpfänden, dass ich alles Menschenmögliche tun werde, um Euch glücklich zu machen."

Rose war selig. Sie strich dem vor ihr knienden Mann zärtlich über die Wange und sagte: „Lieber Fin, ich möchte so gerne deine Frau werden. Ich habe sehr gehofft, dass du mich fragst."

Fin dachte an die gekünstelte Geziertheit der Londoner Ladies und empfand die Aufrichtigkeit des Mädchens als besonders liebenswert.

„Willst du dich nicht zuerst mit deinem Vater und deinem Onkel beraten?" Rose schüttelte energisch den Kopf. „Nein, das will ich nicht. Ich habe meine Wahl getroffen."

„Willst du mit mir nach London kommen?"

„Natürlich, ich liebe das Stadtleben!", war die prompte Antwort des Mädchens.

„Aber vielleicht ziehe ich mit der Familie zurück nach Lerwick. Da ist es sehr kalt und einsam."

„Dann gehen wir eben nach Lerwick. Wenn ich es mir recht überlege, ist das Stadtleben vielleicht doch nicht das Richtige für mich."

„Willst du mit mir Wale fangen?" Fin hatte nur im Scherz gefragt. Aber Rose war nicht zu erschüttern.

„Das ist genau das, was ich immer schon mal machen wollte. Und ich werde dir eine warme Mütze stricken, damit du dich nicht erkältest." Sie sagte das so bestimmt und ernsthaft, dass Fin die Worte fehlten.

„Ach, Fin, ich gehe mit dir, wohin du willst. Wir könnten aber auch auf Mac Laurin Castle bleiben und hier leben. Platz gibt es hier genug."

Fin lächelte sie entzückt an. „Was für ein Mädchen hat mir der Himmel nur geschenkt! Ich bin schon jetzt der glücklichste Mann auf Erden." Und er schloss Rose in seine Arme, um ihr einen ersten, zärtlichen Kuss zu geben.

*

Lady Cimberly hatte keinen so angenehmen Morgen verbracht. Das Lager war seit Stunden in hellem Aufruhr. Das Feuer hatte man bald unter Kontrolle gebracht, aber die Pferde hatten in rasender Angst die Flucht ergriffen und waren in alle vier Himmelsrichtungen gelaufen. Nun hatten die Soldaten die undankbare Aufgabe, sie wieder einzufangen und durchkämmten das gesamte Gebiet.

„Wie geht es dir heute Morgen?", fragte ungewohnt liebenswürdig Lord Cimberly seine Frau.

„Danke, gut", sie hatte schon einige hässliche Ehejahre mit ihrem Gatten hinter sich gebracht, sah aber immer noch wie ein junges Mädchen aus. Sie musste fast noch ein Kind gewesen sein, als sie ihn geheiratet hatte.

„Wir haben Gefangene gemacht, gestern Abend", sagte Cimberly.

Die Lady saß mit gesenkten Augen am Frühstückstisch und antwortete nicht.

„Aber ich glaube, das ist dir nicht ganz unbekannt!" Sie erschrak heftig, versuchte dies aber zu verbergen.

„Was meinst du damit, Reginald?"

„Oh, bitte, erspare dir und mir das Theater. Glaubst du denn, dieser Grobian von einem Schotten hätte mich nicht geweckt mit seinem aufdringlichen Ersuchen? Ich weiß, dass du mit ihm gesprochen hast."

„Er war ganz außer sich vor Sorge um seinen Neffen." Lady Cimberly trank etwas Tee aus dem dünnen, zerbrechlichen Porzellantässchen, ließ alles andere unberührt. Dafür griff ihr Gatte umso beherzter zu. Gebratener Lachs, Eier, grüne Bohnen, geröstete Zwiebeln. Und Unmengen von Kaffee. Trotzdem warf er schon zu dieser frühen Stunde gierige Blicke auf die Kristallflasche mit dem Brandy!

„Er wollte eigentlich mit dir sprechen, Reginald, doch man ließ ihn nicht vor."

„Mit gutem Grund! Ich pflege meine Nachtruhe nicht auf Wunsch von irgendwelchen, dahergelaufenen Rebellen zu unterbrechen. Du, meine Liebe, scheinst da einen seltsamen Geschmack zu entwickeln." Das einzige Geräusch im Esszimmer schien das Geklapper seiner Gabel auf dem zarten Porzellanteller zu sein. Mit übellaunig herabgezogenen Mundwinkeln goss er sich eine weitere Tasse Kaffee ein.

„Übrigens, was hattest du heute Morgen am Kerkerfenster zu schaffen, Weib? Du weißt, es interessiert mich nicht sonderlich, wie du den Tag verbringst, aber vielleicht hast du vergessen, mich über diesen nächtlichen Besuch zu unterrichten?"

Die Lady kannte das rücksichtslose Temperament ihres Gatten zu Genüge und sie überlegte einen kurzen Moment, was sie ihm antworten sollte. Dann entschied sie sich für die Wahrheit. Sie war die Tochter eines kämpferischen und mutigen Volkes. Mochte ihr Gatte noch so grausam und gefühllos zu ihr sein, sie hatte nie Angst vor ihm gehabt. Ihre Stimme war ruhig wie immer, als sie antwortete. „Ich habe die Gefangenen nach ihren Namen gefragt, um dem besorgten alten Mann weiterzuhelfen."

Cimberly spottete: „Und? War sein Neffe dabei?" Sein Griff zur Brandyflasche beendete das Frühstück.

„Das solltest du doch am besten wissen, Reginald. Du hast den Wachen doch erklärt, dass es sich bei den Gefangenen um Rebellen handelt, die im Moor aufgegriffen wurden. Wäre der junge Mac Laurin darunter gewesen, hättest du ihn sicher erkannt. Du hast mir ja erzählt, dass du ihn kennengelernt hast. Du hättest ihn um eine Erklärung gebeten, denke ich."

Lady Cimberly hatte noch ihr langes, cremefarbenes Spitzennachthemd an und trug darüber ihren blassblauen Morgenrock. Ihr schwarzes langes Haar fiel fast bis auf den bunten Wollteppich, der auf dem Boden ausgelegt war. Alles in allem war sie eine traumhafte Erscheinung. Ihr Ehemann aber sah sie nur geringschätzig an.

„Wie schlau du doch bist, meine Liebe, aber nicht schlau genug. Ich habe sie wegreiten sehen, genauso, wie ich dich ins Haus zurückkehren sah. Verflucht, dass sich jedermann in meine Pläne einmischen muss!“, zornig schlug Cimberly mit der Faust auf den Tisch, dass die Kristallgläser aneinanderschlugen. „Ich hätte den Jungen heute gehängt und seine Schuld oder Unschuld hätte in London niemanden interessiert. Aber es ist ebenfalls in meinem Sinne, dass er mit seinem Onkel auf und davon ist. Mindestens fünfzig Augenpaare haben den Alten gesehen, bei dem Krawall, den er veranstaltet hat. Und dann vergiss nicht, dass es einen Toten bei dem Ausbruch gegeben hat.“ Cimberly war aufgestanden und spazierte im Raum auf und ab. Seine Frau folgte ihm mit aufmerksamen Augen.

„Damit kriege ich den Alten an den Galgen. Der Junge muss sowieso irgendwohin verschwinden, wo ihn keiner kennt, oder er wird gevierteilt. Wie du siehst, treu und brav, alles nach dem Gesetz. Ich hörte, der Vater segnet bald das Zeitliche ... Tja, so sprenge ich die ganze Familie!“ Er rieb sich lachend die Hände und freute sich teuflisch über sein erfolgreiches Spiel. Der Lady lief es kalt den Rücken runter.

„Du siehst also, meine Liebe, du hast mir sogar einen Gefallen getan.“ Damit erhob der Lord sein Brandyglas und trank es mit einem Zug leer.

Lady Cimberly betrachtete ihren Gatten aufmerksam: die sorgfältig frisierten Haare, den roten Offiziersrock, die maßgefertigten, makellos polierten Reitstiefel. Manchmal erkannte sie den Mann nicht wieder, der hier vor ihr stand.

„Warum tust du das, Reginald? Was hast du davon, diese Familie zu zerstören? Reicht es dir nicht, was du täglich mir antust? Was willst du von diesen Leuten?“

„Oh, bitte, nicht ganz so dramatisch“, der Lord wirkte belustigt. „Es hat dich doch niemand gezwungen mich zu heiraten, nicht wahr? Mach mich nicht für deine verstiegenen Vorstellungen von einer Ehe verantwortlich. Was ich von den Mac Laurins will? Ihr Land, selbstverständlich! Sie verkaufen niemals. Also, was soll ich deiner Meinung nach tun? Oh, doch, da wäre noch eine Möglichkeit! ... Da gibt es noch eine kleine Tochter. Ein reizendes Geschöpf! Ich könnte mich um ihre Hand bewerben, dann wäre alles andere nur ein Kinderspiel.“ Cimberly wusste, wie sehr er seine Gattin mit diesen Worten verletzte, kümmerte sich aber nicht weiter darum. „Aber leider, leider … habe ich schon ein Weib!“ Er schnaufte tief auf.

„Reginald … hast du mich je geliebt? Ganz am Anfang unserer Ehe? Oder war es immer nur das Geld?“ Lady Cimberly blickte prüfend auf die Brandyflasche, die bald leer sein würde.

„Phuuu … ich weiß nicht mehr, meine Liebe! Tatsächlich, ich glaube, ich habe es vergessen. Sicher hat mich deine Schönheit beeindruckt. Ja, so muss es gewesen sein. Ich dachte nicht daran, dass sich diese Ehe als Mühlstein um meinen Hals erweisen würde.“

Trotzig und stolz richtete sich die Lady auf. „Ja, du bist an mich gebunden. Und ich werde dich niemals freigeben.“ Indira Sathem Devi, Tochter aus altem Fürstengeschlecht, hatte ihren Glauben und ihre Heimat aufgegeben, um diesem Manne zu folgen, der sie nicht liebte. Er wusste nicht, dass sie seit langem schon wieder zu den Göttern und Dämonen ihrer Heimat betete. Sie betete um ein Zeichen, um einen Wink, was sie tun sollte, um aus dem verfluchten Kreislauf ihres verfehlten Lebens auszubrechen. Sie betete wieder zu Durga und Durga würde sie nicht verraten. Durga würde ihr gnädig die Hand reichen. Sie musste ihr nur ein Opfer darbringen. Das liebste, das sie hatte, das würde Durga verlangen. Das liebste und teuerste, das sie hatte, das musste sie der Göttin opfern, um frei zu werden von der Schuld, ihrem Volk den Rücken gekehrt zu haben.

Lord Cimberly trat ans Fenster. „Wir wollen nicht streiten, meine Liebe, der Tag ist zu schön. Endlich einmal kein Nebel, sondern wolkenloser, blauer Himmel. Was für ein armseliges Land. Ich weiß nicht, warum diese Wilden so daran hängen.“ Er warf einen Blick über die Schulter zu seiner Frau. „Willst du mit mir einen kleinen Ausflug unternehmen? Ein bisschen reiten? Zu diesem malerischen See. Es ist nicht weit. Wir könnten auch eine kleine Bootsparty unternehmen. Natürlich nur, wenn es dir nicht zu anstrengend ist.“

Die liebenswürdige Behandlung erstaunte Lady Cimberly. „Danke für deine Sorge, aber es geht mir wie immer ausgezeichnet. Gern, ja, ich würde gerne einen kleinen Ausflug machen. Nur auf die Bootfahrt verzichte ich. Du weißt, dass ich mich vor tiefen Gewässern fürchte.“

„Nun, wir werden sehen, meine Liebe. Kleide dich um für einen Ausritt. In einer Stunde können wir aufbrechen. Bis dahin …“, Cimberly verneigte sich kurz und deutete einen Handkuss an, „bis dahin werde ich mich in Sehnsucht nach meiner göttlichen Gemahlin verzehren." Damit verließ er den Raum und schloss die Tür hinter sich. Er war noch keine zwei Schritte gegangen, als er in spöttisches Gelächter ausbrach, wohl wissend, dass seine Frau ihn auch durch die geschlossene Türe hören musste. Doch das war ihm gleichgültig.

Lady Cimberly war unschlüssig. War dies ein neuer, grausamer Scherz ihres Gatten? Sie kannte seinen merkwürdigen Sinn für Humor und fürchtete ihn. Sollte sie sich weigern mitzureiten? Er wusste, dass sie ihn noch immer liebte und dass es ihm Spaß machte, sie zu quälen. Nein, er sollte sie nicht schwach sehen.

Dann hatte sie sich entschlossen. „Margaret soll kommen!"

Sie läutete nach ihrer Zofe. „Margaret, bitte leg mir das schwarze Reitkleid heraus. Ich mache einen Ausflug mit meinem Gatten. Was ist das für ein See, in der Nähe?"

Margaret beeilte sich, das schwarze Samtkleid aus dem Schrank zu nehmen und plauderte dabei.

„Das kann nur der Mac-Laurin-See sein, Mylady. Er ist sehr groß und hat einen Zufluss zum Meer. Aber, Mylady", Margaret senkte warnend die Stimme, „seid vorsichtig, dort ist es nicht geheuer."

„Was meinst du damit?"

Margaret schüttelte den Kopf. Was für unvorsichtige Leute diese Engländer doch waren! Sie war nie aus den Highlands herausgekommen. Sie kannte sich aus. Die Lady sollte sich nur in Acht nehmen.

„Man sagt, in den Tiefen des Sees lebt ein Ungeheuer. Wenn Ihr mich fragt, Mylady, es ist nicht das richtige Ziel für einen Ausritt."

„Ein Ungeheuer?"

„Ja, Mylady. Und wenn dem Clan der Mac Laurins ein Unheil droht, dann hört man am See Stimmen, als würde der See seufzen. Erst neulich war es so, als der junge Master Allan tot im Sarg nach Hause zurückkehrte, Gott hab ihn selig." Margret schlug ein Kreuzzeichen über der Brust. „Und dabei werden die Schulden immer größer und jetzt auch noch das Unglück mit dem jungen Patrick ..." Margaret seufzte mitleidig. „Aber das wisst Ihr ja, Mylady. Ich bin Euch von Herzen dankbar, dass Ihr dem alten Murdoch zugehört habt. Es wäre doch zu schrecklich gewesen, wenn beide Erben ums Leben gekommen wären."

„Du weißt, Margaret, dass der Junge geflohen ist?"

Margaret zögerte. „Gewiss, Mylady, und ich bin froh darüber. Ihr werdet mich nicht verraten, ich weiß es. Patrick mag ein ungestümer Raufbold sein, aber ein Rebell ist er sicher nicht. Obwohl er allen Grund hätte einer zu sein."

„Wie meinst du das?"

„Ach, Mylady, belastet Euer hübsches Köpfchen nicht mit dem Schicksal von uns kleinen Leuten. Es führt doch zu nichts."

Margaret fuhr fort, der jungen Lady die Haare zu flechten. Die Lady ihrerseits erinnerte sich daran, dass eben jener junge Patrick der einzige Mensch in ihrem Leben war, der ihr jemals angeboten hatte, ihr im Fall der Not beizustehen.

„Aber wieso gibt es Unfrieden zwischen den Mac Laurins und meinem Gatten?"

„Mylady, seht: Meine Cousine Nelly lebt als Kinderfrau bei den Mac Laurins und sie erzählte mir, dass Euer Gemahl einen erheblichen Anteil am Unglück der Familie trägt. Er ist wohl an ihrem Land interessiert."

Es war nicht das erste Mal, dass die Lady schlimme Nachrichten über ihren Gatten hörte.

„Und Patrick Mac Laurin hat eine Schwester?"

„Oh, ja! Die süße, kleine Rose. Sie wird siebzehn oder sechzehn Jahre alt sein."

Lady Cimberly nickte. Mit sanfter, ruhiger Stimme bat sie. „Sei so gut, Margaret, und hol mir eine Heckenrose aus dem Garten vor dem Haus. Sie haben schon kleine Knospen. Das wird das Schwarz des Kleides etwas auffrischen, meinst du nicht?"

„Gerne, Mylady. Ich bin schon unterwegs."

Lady Cimberly blieb still sitzen und betrachtete ihr Gesicht im Spiegel. Hätte der Lord sich mehr um seine Frau gekümmert, hätte er erkannt, was für ein scharfer und kühner Verstand sich in seiner wunderschönen Gattin verbarg. Aber Lord Cimberly hatte kein Interesse daran gehabt, das Wesen seiner Frau näher kennenzulernen. Indira Sathem Dewi betrachtete ihr Spiegelbild ernst und durchdringend. „Heute!", flüsterte sie, „heute!" Dann stand sie langsam auf und ging zum Schreibtisch.

Als Margaret ganz außer Atem wieder ins Ankleidezimmer kam, saß Lady Cimberly wieder vor dem Spiegel. Nachdem die Zofe ihre Arbeit beendet hatte, blickte sie zufrieden auf das Resultat ihrer Bemühungen.

„Ihr seid eine wunderschöne Frau, Mylady. Wenn Ihr nur mehr Grund zum Lachen hättet. Ach, es tut mir in der Seele weh, Euch so unglücklich zu sehen."

Die Lady lächelte dankbar.

„In der kurzen Zeit, die wir uns kennen, bist du mir fast eine Freundin geworden, Margaret. Hier, ich möchte dir eine Kleinigkeit schenken. Du kannst es ruhig annehmen." Die Lady reichte ihr eine kleine, mit Juwelen übersäte Brosche.

Margaret schlug die Hände zusammen und hatte kaum Luft sich zu bedanken. „Danke, Mylady, aber, ... das geht doch nicht ... ich meine, das ist doch so kostbar, dass ..."

„Oh, du sollst es nicht ganz umsonst erhalten. Du sollst mir einen kleinen Dienst erweisen. Aber es muss heimlich geschehen. Niemand darf etwas davon erfahren, Besonders nicht mein Gatte. Willst du mir das versprechen?"

Margaret war eine Frau in den besten Jahren und sie war eine echte Schottin. Auch in ihren Adern rollte das heiße Blut ihrer Vorfahren. Eine kleine Verschwörung gegen den Lord? Hmmm ... warum nicht? Das war genau nach ihrem Geschmack. Wie zum Schwur hob sie die Hand. „Ich will alles tun, was Ihr verlangt, Mylady."

„Sieh hier, Margaret. Diese kleine Schachtel sollst du Master Patrick Mac Laurin übergeben. Aber nur ihm. Niemand anderem. Du musst sie in seine Hände legen. Niemand darf etwas davon erfahren. Wirst du das tun, Margaret?"

Die Zofe nickte entschlossen. „Ihr könnt Euch auf mich verlassen."

„Ich danke dir, Margaret! Erledige deinen Auftrag aber erst heute Abend."

Der Lord hatte für seinen Ausritt eine kleine Eskorte von vier Mann mitgenommen. Mehr brauchte es nicht.

Der Tag war herrlich. Die Sonne brannte. Die Luft roch nach würzigen Kräutern. In der Ferne kreischten einige Möwen, die hoch am klaren Himmel ihre Kreise zogen. Es war Sommer in den Highlands.

Lord und Lady Cimberly sprachen nicht viel miteinander.

„Dort ist schon der See." Sergeant Willson machte seine Leute auf den silbernen Wasserspiegel am Horizont aufmerksam. Die Lady lächelte. „Das erinnert mich an zu Hause." Und wirklich. Die Hochtäler Indiens mit ihren kristallklaren Gewässern und reißenden Flüssen waren dem Anblick, der sich ihr bot, recht ähnlich. Ihr Gatte reagierte nicht.

An der südlichen Steilküste angekommen, blieb der ganze Trupp stehen.

„Lass uns hier, im Schatten, eine kleine Pause machen, Reginald", bat die Lady. „Es ist so heiß. Nachher können wir am Ufer etwas spazieren gehen, wenn du willst." Der Lord warf einen missmutigen Blick nach dem kleinen Ruderboot, welches, wie vorbereitet, am Strand wartete. Er würde seine Bootspartie schon noch durchsetzen. Allerdings nicht vor fremden Ohren.

„Wie du willst, meine Liebe. Sergeant Willson kann mit seinen Männern hierbleiben. Wir beide steigen hinunter zum See. Im Übrigen", der Lord drehte sich zu seinen Männern, „wollen Ihre Ladyschaft und ich nicht gestört werden. Ist das klar, Willson?" Die Worte kamen drohend und streng.

Willson beeilte sich zu versichern: „Jawohl, Sir, keine Störungen!" Der Mann atmete sichtbar auf, als sich das Paar Richtung See entfernte. Voller Hass blickte er ihnen nach. Der Teufel sollte diesen Blutsauger und sein barbarisches Weib holen! Willson war viel älter und militärisch erfahrener als der Lord. Und doch musste er die Befehle dieses Mannes ausführen. Geld und Titel hatten es möglich gemacht. Beides würde Willson niemals besitzen. Die Soldaten sattelten ab und ließen die Pferde grasen. Die Männer legten sich auf die Wiese und begannen zu dösen.

Da waren einige große Steinblöcke, ähnlich den Opfersteinen, an denen das Paar vorbei gegangen war. Die Lady überholte leichtfüßig ihren Gatten und setzte sich auf einen Steinblock.

„Komm, setz dich zu mir, Reginald. Von hier aus hat man einen herrlichen Ausblick. Hmmmm, wie die Luft nach Meerwasser duftet. Ich denke, der Wind weht von See herüber. Du hast mir eine große Freude gemacht, mit diesem Ausflug, Reginald, weißt du das? Darum will ich dir auch eine Freude machen." Die Lady griff in die üppigen Falten ihres Kleides. Sie zog ein flaches, silbernes Fläschchen hervor. „Der beste Cognac, diesseits des Kanals."

Cimberly war freudig erstaunt. „Soll einer sagen, die Weiber seien zu nichts gut! Lass mal probieren, was du da hast. Wird schon so ein Fusel sein.“ Durstig trank er einige tiefe Züge. „Nicht übel“, bemerkte der Lord anerkennend. Er setzte sich auf einen Steinblock und wischte sich den Schweiß von der Stirn. Seine Frau pflückte die zahlreichen Wiesenblumen und summte leise vor sich hin. „Was tust du da? Bis wir wieder zu Hause sind, sind die Blumen doch längst verwelkt. Was für ein Unsinn! Los, komm schon, ich möchte hinaus aufs Wasser.“ Sein Ton war rüde und derb. Er wollte aufstehen, um sie zu packen und endlich mit ihr zum Boot gehen. Doch er ließ sich wieder auf den Stein fallen und schnaufte tief. „Ich glaube, ich bleibe doch noch etwas sitzen. Verdammte Hitze!“ Der Lord zerrte ungeduldig an den Knöpfen seines Uniformkragens, der ihm zu eng wurde.

Lady Cimberly hingegen war heiter und fröhlich. „Ist dir nicht gut?“, fragte sie fürsorglich.

„Ach, nur die verdammte Hitze!“ Er stöhnte und riss mit einer einzigen heftigen Handbewegung alle Knöpfe an der Uniformjacke auf. Die Lady legte ihre Blumen auf den Boden und blieb bewegungslos stehen. Mit wachsamen Augen beobachtete sie ihren Gatten.

„Du bist ja ganz weiß im Gesicht, Reginald. Wenn wir nach Hause kommen, werde ich dir erst mal einen Tee kochen. Du weißt, ich verstehe mich auf Pflanzen. Ich kenne unglaublich viele Heilkräuter, aber man muss sehr vorsichtig damit sein. Man kann sie mit anderen Pflanzen verwechseln, die sehr giftig sind. Aber mach dir keine Gedanken, ich kenne sie alle, die Guten und die Giftigen. Viele von ihnen wachsen auch in diesem kalten Land.“

Lord Cimberly hatte kaum auf die Worte seiner Frau geachtet, aber er sah sie dastehen, starr und bewegungslos, wie eine Statue.

Indira Sathem Dewi achtete darauf, nicht in die Reichweite ihres Gatten zu gelangen. Aber diese Vorsichtsmaßnahme war unnötig. Das Gift hatte ihn fast schon vollständig gelähmt. Entsetzen weitete seine Augen, als er diese Lähmung an sich wahrnahm.

„Was ... was ...?“, fragte er mit müder Zunge. Er blickte nach der Cognacflasche und seine Frau lächelte zustimmend.

„Ich habe dir immer gesagt, dass du weniger trinken solltest, Reginald. Du siehst, dass ich recht hatte.“

Der Lord wollte nach Sergeant Willson rufen, doch er war nicht mehr dazu in der Lage. Panik ergriff ihn. Aus seiner Kehle kam nur ein grässliches Gurgeln. Langsam sank er auf den Steinblock nieder, auf dem er gesessen hatte. Indira ging und hob die gepflückten Blumen auf. Sie hatte einen eintönigen Singsang angestimmt und ging Schritt für Schritt um den Felsen herum, auf dem ihr Mann zusammengesackt war. Jetzt lag er bewegungslos auf dem Stein. Nur noch seine Augen zeigten, dass er lebte. Indira setzte sich neben ihn.

„Du wolltest mit mir auf den See hinaus. Sollte ich dort ins Wasser fallen, oder sollte mich die verirrte Kugel eines Rebellen treffen? Ich habe zu Durga gebetet, Reginald. Und sie hat mir den Weg gewiesen. Ich habe mein Land verraten, ich habe unsere Götter verraten. Alles aus Liebe zu dir, Reginald. Weißt du, was das Wort Durga bedeutet? Es bedeutet: Schwer. Ja, es fällt mir schwer, dich zu töten, Reginald, denn meine Liebe zu dir hat nie aufgehört."

Sein Entsetzen hatte sich in unbändige Wut auf seine Frau verwandelt. Seine Augen sagten ihr, dass er sie noch hörte.

Die Lady nahm die Blumen und legte sie ihm zu Füssen nieder. „Siehst du? Eisenhut! So ein wunderschönes Blau und dabei so giftig ... Ich habe nie aufgehört, dich zu lieben, Reginald. Als ich dich zum ersten Mal im Palast meines Vaters sah, wusste ich, dass mein Schicksal besiegelt war. Ich wollte so gerne mit dir leben."

Jetzt sagten ihr seine Augen, wie sehr er sie hasste.

Sie nahm das silberne Fläschchen. „Wenn ich nicht mit dir leben kann, dann will ich mit dir sterben." Sie schraubte den Deckel ab und trank. Dann schloss sie die Flasche wieder und schleuderte sie in hohem Bogen ins Wasser.

Wie durch Zauberhand landete die Flasche in dem kleinen Boot, das immer noch am Ufer wartete. Indira lachte lauthals auf. Gut getroffen! Sie fuhr fort in ihrem Singsang und stieg auf den Steinblock. Sie kniete sich so hin, dass der Kopf ihres Gatten in ihrem Schoss ruhte. Immer noch sang sie. Manchmal lachte sie, oder vielleicht weinte sie auch. Oder war es gar kein Gesang, sondern ein Gebet? Das wusste hinterher niemand genau zu sagen. Auch Sergeant Willson und seine Männer nicht, die es nicht wagten, den Lord und seine Gattin zu stören. Erst nach einigen Stunden stellten sie fest, was in Wahrheit geschehen war.

Die Höhle

All diese Dinge ereigneten sich, während Patrick in seinem Versteck erschöpft schlief.

Die Sonne ging unter, und die Dunkelheit legte ihren Mantel über alles Leid dieses Tages. Der Nebel kroch über das Moor bis zu den Hügeln und legte sich wie eine weiche Decke auf das Land. Mac Laurin Castle ragte stolz und finster in die Dunkelheit. Doch der Mond war fast voll und sandte sein silbernes Licht auf Hügel und Täler. Auf dieses Licht verließ sich auch der Reiter, der noch zu später Stunde das Schloss verließ.

Als Murdoch Mac Laurin die Höhle betrat, hatte er nicht nur eine Öllampe in der Hand, sondern trug auch einen Leinensack auf dem Rücken.

„Besuch!", brüllte Murdoch und stieß seinen Neffen sachte mit dem Fuß an. Patrick lag zusammengerollt unter einem Haufen Stroh.

„Hier bringe ich dir etwas zu essen und einen Schlauch Ale. Und damit du nicht wie eine Feldmaus im Stroh schlafen musst, das hier! Die wärmste Wolldecke von ganz Schottland!"

Pat kroch verschlafen unter dem Stroh hervor und wischte sich mit beiden Händen über das Gesicht, als würde er sich den Schlaf aus dem Augen waschen. Dann gähnte er herzhaft.

„Uuuaaahhh, dann war das mit der Höhle doch kein Traum. Ich bin wirklich hier drin." Aber mehr als die Höhle interessierte ihn der Inhalt des Leinensackes.

Brot, Schafskäse, Lauchzwiebeln und ein Schlauch mit Ale. Patrick stopfte alles hungrig in sich hinein. Murdoch sah ihm eine Weile zu.

„Scheint dir ja schon wieder ganz gut zu gehen, Pat, was?" Murdoch schmunzelte zufrieden.

Patrick hielt in seiner Mahlzeit inne und seine Züge wurden todernst.

„In der Garnison, in Househill, da war im Kerker ein Junge mit uns eingesperrt. Gott weiß, ich kann diese heimtückischen Mackanzies nicht leiden, aber dieser Junge ... kein Junge, ein Kind ... sie haben ihn einfach totgeschlagen. Einfach so. Wie man eine Ameise zertritt. Großer Gott!" Pat kniff die Augen fest zusammen und schüttelte so energisch den Kopf, dass seine Tränen zur Seite spritzten.

Wütend ballte er die Faust. „Wenn ich Waffen hätte, gute Waffen und mutige Männer ...“

Murdoch stieß ihn heftig gegen die Schulter. „So hat auch Alexander Dunbar geredet. Und wo ist er jetzt? Jetzt liegt er irgendwo im Moor und die Krähen hacken ihm die Augen aus. Wir töten sie, sie töten uns, dann töten wir wieder, dann sie ... so wird das nichts! Hörst du? Unsere Pflicht heißt jetzt: ÜBERLEBEN! Du, ich, der ganze Clan! Das wichtigste ist der Clan. Du bist jetzt das Oberhaupt, die Hoffnung für viele andere, die mit der Verzweiflung kämpfen, genau wie du. ... Komm, ich zeige dir etwas.“

Beide standen auf.

„Sind deine Sachen wieder trocken?“, fragte Murdoch beiläufig.

Pat nickte. „Ging auch ohne Feuer. Sind an mir getrocknet.“

Murdoch legte seinem Neffen die wollene Decke um die Schultern.

Jetzt erst sah Pat sie genauer an. „Das ist ja mein guter Kilt. Der für feiertags. Hmmmm ...“, er kuschelte sich in den Stoff und zog ihn noch enger um seinen Körper.

„Sieh her“, Onkel Murdoch hielt die Lampe an eine der Höhlenmalereien. Das flackernde Licht der Flamme warf tanzende Schatten an die Wand.

„Wir können froh sein, Patrick, dass diese Höhle lange unentdeckt blieb. Stell dir vor, was passiert wäre, wenn die Kirche davon Wind bekommen hätte! Das alles wäre vernichtet worden.“

„Wieso kannte der alte Dunbar diese Höhle? Wie kommt es, dass all diese Lampen hier unten sind? Bist du oft hier drin? Du und die anderen?“

„Viele Fragen, mein Junge, viele Fragen! Jedes Clanoberhaupt kennt diese Höhle. Sie hat dem Clan vor vielen Jahren, beim großen Schlachten, das Leben gerettet. Ich habe dir davon erzählt. Dunbar war einer von denen, die hier drin mit uns Monate lang ausharrten, bis die verdammten Engländer endlich abgezogen sind. Sie hinterließen eine Wüste und nannten es Frieden.“ Murdoch presste die Lippen trotzig zusammen, als er an jene blutige Zeit dachte.

„Ich kam zum ersten Mal hierher, als ich so alt war wie du. Die Clanoberhäupter kennen diese Höhle seit Jahrhunderten, aber wir haben ihr Geheimnis gut gehütet.“

„Wir? Wer ist wir?“

„Nun ... Die Leute eben, denen die Vergangenheit nicht gleichgültig ist. Die nicht vergessen können oder wollen. Wir haben viel Wissen über die Zeiten hinweg zusammengetragen und geben es an andere weiter. Es gibt uns überall. In Schottland, in Irland, in Frankreich ... Und wir stehen in Verbindung miteinander. Du hast selbst die alte Kultstätte im Steinkreis gesehen. Vielleicht war das hier auch so etwas. Im geheimen natürlich. Ist hier doch eine ideale Zufluchtsstätte! Und auch der richtige Ort, um zu beten, zu wem auch immer. Vielleicht war der Eingang früher tiefer im Wasser, darum blieb diese Höhle so lange unentdeckt. Wir holen uns heute nur nasse Füße."

Pat sah sich um. Die Malereien an den Wänden faszinierten ihn.

Er betrachtete eine Zeichnung, die ganz ohne Zweifel den See darstellte. Eine Gruppe von Jägern war zu sehen, sie alle hatten Speere und Steine in den Händen, die sie nach einer Beute warfen, die in den See geflüchtet war. Halb im Wasser, halb außerhalb, war ein Wesen zu sehen, groß und gefährlich. Aber was für ein Tier? Es war nicht zu erkennen. Murdoch schien alles zu verstehen.

„Siehst du? Alle zusammen, gegen den Feind. Es geht ums Überleben, Pat. Und wenn es nicht mit Gewalt geht, dann anders." Murdoch machte einige Schritte in die Dunkelheit, Pat folgte ihm. „Schau", Murdoch zeigte auf eine andere Malerei: Wieder war der See abgebildet, lang und schmal, wie in Wirklichkeit auch. Mitten in diesem See ragte die obere Hälfte eines Untieres aus dem Wasser. Ein Drache? Eine riesige Schlange? Oder ein Wesen, das schon lange ausgestorben war? Am Ufer jedoch, lagen viele Menschen auf den Knien und verneigten sich. Es war eine einfache Zeichnung, drückte aber so viel Demut und Unterwürfigkeit aus. Am Rand des Sees, zwischen zwei bewaffneten Männern, stand einer - aufrecht, die Arme auf dem Rücken gefesselt – und wurde dem Ungeheuer zugeführt. Er war ein Opfer für das Wesen aus dem See. In Sekundenschnelle begriff Pat den Sinn des Gemäldes.

Irgendwie fühlte sich Patrick nicht wohl in seiner Haut. Er hatte plötzlich das Gefühl, als wären alle diese Gestalten an der Wand lebendig und bewegten sich. Es war etwas Fremdartiges und Bedrohliches an diesem Ort, das man nicht benennen konnte. Patrick wich instinktiv einige Schritte zurück. Er sah seinen Onkel an. Auch er wirkte in dem spärlichen, flackernden Licht wie ein Fremder. Das lange weiße Haar, der wallende Bart und die tanzenden Schatten, die ihn umgaben, hatten ihn irgendwie verändert. Er sah aus, als sei er aus einem der Bilder an der Wand herabgestiegen. Und das alles erschreckte Patrick.

„Warst du auch mit Allan in dieser Höhle?", fragte Pat einer Eingebung folgend.

„Sicher! Jeder Clanchef muss von ihrer Existenz wissen. Ich habe es dir doch erklärt: Das Oberhaupt war immer für den Kult zuständig, auch als es unsere Kapelle noch gar nicht gab."

Pat schüttelte entschlossen den braunen Schopf. „Ich möchte hier nicht bleiben! Hier ist es unheimlich."

Murdoch polterte. „Mach dich nicht lächerlich, Junge. Hier bist du vor den Engländern sicher. Ach ja, ich habe etwas für dich, das deine Laune sicher aufbessern wird: Fin Mc Intyre hat sich mit Rose verlobt. Er hat um ihre Hand angehalten und sie ist hell begeistert. Na, mal sehen, was dein Vater dazu sagt."

Pat war sprachlos. Auf jeden Fall war er weit davon entfernt, durch diese Neuigkeit bessere Laune zu haben.

Als sein Onkel durch den Höhleneingang wieder verschwand, nahm er die Lampe mit und Pat bleib mit vielen verschiedenen Gefühlen in der Höhle zurück. Es war nicht einfach für ihn, hier untätig zu sitzen, während es dort draußen so viel für ihn zu tun gäbe. Die verfluchte Ernte wollte gehegt und gepflegt sein, Rose musste beschützt werden und was Fin jetzt wieder im Schilde führte, war ihm auch noch nicht ganz klar. Er dachte auch an Allan, dessen Tod ihm ein Rätsel war. Immer noch! Wie lange sollte dieses verfluchte Versteckspiel dauern?

Als ein schwacher Lichtschein zum Höhleneingang hereinfiel, merkte Pat es erstmal gar nicht.

„Ist es gestattet einzutreten, Master Mac Laurin?" Fin stand mit einer Öllampe und einem Bündel Brennholz bewaffnet vor Patrick. Zudem baumelten seine zusammengebundenen Schuhe über seine Schulter.

Er sah sich prüfend um. „Hmm, kein übler Ort, nur der Eingangsbereich sollte mal wieder renoviert werden." Er ging ohne Hast auf Patrick zu, der nicht mit Fins Auftauchen gerechnet hatte.

„Wie, in drei Teufelsnamen, kommst du hierher? Dieser Ort ist für dich verboten. Du riskierst deinen Kopf." Pat war erstaunt und verärgert zugleich.

„Auch dir einen schönen Abend, Patrick. Mit so einem herzlichen Empfang habe ich nun wirklich nicht gerechnet. Wenn man bedenkt, dass ich in Kauf genommen habe, meine neue Hose im Wasser zu verderben, nur um dich zu sehen. Im Ernst, Pat. Es war nicht so schwer, dich zu finden. Ich bin nur deinem Onkel und dem Schein seiner Laterne gefolgt. Ist in der Nacht nicht zu übersehen."

Fin stellte seine kleine Öllampe auf den Boden und begann, mit dem mitgebrachten Holz ein kleines Lagerfeuer zu entzünden.

„Du solltest nicht hier sein", Pat freute sich riesig, Fin zu sehen, wollte dies aber nicht zugeben.

Jetzt, da das Feuer brannte, setzte sich Patrick neben ihn und hielt die Hände über die wärmenden Flammen. „Wie geht es deiner Wunde? Lass mal sehen!" Fin machte sich daran, den alten Verband abzuwickeln. Dabei war er sanft und vorsichtig. Er sehnte sich danach, Patrick zärtlich zu berühren, doch erschien ihm dieser Wunsch im Augenblick nicht passend. Für Pat gab es sicher anderes, was seine Gedanken ganz in Anspruch nahm.

„Ich habe frisches Verbandszeug mitgebracht. Und auch etwas Salbe. Von deiner Nelly. Ich habe ihr erzählt, dass ich mich beim Reiten verletzt habe. Du siehst, ich habe nichts verraten." Fin verarztete Patricks Wunde aufmerksam und sachkundig. Als er fertig war, setzte er sich neben Pat an's Feuer. Der sprach kein Wort.

Dann endlich. „Warum willst du Rose heiraten?"

„Weil ich sie sehr gern habe. Und sie mich auch."

„Das … gefällt mir nicht!" Pat wusste nicht, was er davon halten sollte.

„Ich verspreche, ich werde ihr ein guter Ehemann sein und sie ehren und achten. Ich werde alles tun, um sie glücklich zu machen."

Pat atmete tief ein und wieder aus.

Eine Weile waren sie still. „Und außerdem … wenn ich dein Schwager werde, habe ich immer einen Grund, mich auf eurem alten Schloss aufzuhalten und dich zu besuchen. Um dich zu sehen, dich, dich, nur dich! Denn ich kann an nichts anderes mehr denken als an dich! Gestern Nacht, als sie dich in den Kerker gesperrt hatten, bin ich fast wahnsinnig geworden." Fin bedeckte das Gesicht mit beiden Händen und schwieg wieder.

Patrick schaute ernst in die Flammen. „Ich habe lange nicht gewusst, was es ist. Diese Gefühle, die mich quälten. Diese Sehnsucht nach Dingen, die … es ist alles so fremd und wie kann das nur sein, Fin? Dass ich verflucht bin, von Gott und den Menschen, und dabei kann ich mir nicht helfen? Niemand kann das. Ich glaube, ich kann ohne dich nicht mehr leben."

Fin horchte auf. „Du weißt aber, was du da sagst? Sage nichts, was du nicht wirklich meinst, Pat. Es wäre zu grausam, hinterher festzustellen, dass du dir nur einen Spaß machen wolltest."

Pat lachte laut heraus, es hörte sich aber eher nach Verzweiflung an. „Spaß? Einen Spaß? Fin, ich habe gestern Nacht einen Menschen getötet. Einen völlig fremden Menschen. Und ich wollte, ich hätte es nicht getan. Glaube mir, ich habe wirklich nicht vor …"

Weiter kam Patrick nicht, denn ihm stockte der Atem. Dabei war es doch gar nicht so eine entsetzliche Tat, dass Fin ihm ganz sanft über die Wange streichelte. Dass er sich zu ihm drehte und Patricks beide Hände nahm, einen sanften Kuss auf die geöffneten Handflächen drückte und fast weinte, als er lächelnd erklärte:

„Und ich dachte gestern, dass ich dich verloren habe, für immer. Dass ich dich erst wiedersehe, wenn du am Galgen hängst oder schlimmer. Ich dachte, ich sehe dich nie wieder, Pat. Ich dachte, ich sehe dich nie wieder."

Patrick wusste nicht, was er sagen sollte. Durch den engen Höhleneingang hörte man das Lied einer Nachtigall. Leise zwar, aber man hörte es.

Patrick schaute zu Fin, sah in seine sehr blauen Augen und flüsterte: „Ich verstehe, warum gerade du Allans bester Freund warst. Heute kann ich das verstehen."

Sie wollten sich umarmen und küssen, aber das war ziemlich schwierig, denn sie saßen fast gegenüber, und das Feuer trennte sie.

Patrick breitete wortlos seinen Kilt auf dem Boden aus und zog Fin mit sich, als er sich darauf legte. Als sie sich nochmals küssten, drängte Patrick ungeduldig:

„Was für Esel wir doch sind, Fin! Glaubst du, ich spüre nicht, wie erregt du bist? Was glaubst du, wie es mir geht? Lass uns diese verfluchten Hosen ausziehen, denn ich halte es nicht mehr aus, ohne dich."

Sie entledigten sich ihrer Kleider, umarmten sich leidenschaftlich, gierig nach Zärtlichkeit und Lust. Nackte Haut lag auf nackter Haut, hartes Glied rieb an hartem Glied und starke Arme hielten fest, was sie nur greifen konnten. Es war ein ausgehungertes, ein verzweifeltes Spiel, das in der geheimen Höhle gespielt wurde. Sie beide entluden sich nacheinander, mit nur einigen lauten Atemzügen und leisem Stöhnen. Das alles war zu schnell und zu rücksichtslos geschehen. Danach lagen sie für Augenblicke still da, versunken in den Anblick des anderen.

Fin, auf den Ellenbogen gestützt, betrachtete Patricks nackten Körper und konnte sich nicht sattsehen. „Das geht besser, Pat, viel besser. Nicht so ... so ...“, erfand das richtige Wort nicht, hätte es auch nicht aussprechen können, denn Pat schloss ihm mit einem wüsten Kuss den Mund. Dann flüsterte er in Fins Ohr.

„Was meinst du mit anders? Zeig es mir. Wir haben Zeit, heute Nacht. Niemand wird uns stören.“

Patricks Appetit auf Fins Zärtlichkeiten schien unendlich zu sein. Fin brauchte keine weitere Einladung. Er drückte Pat mit dem eigenen Körper zurück auf die Decke und hielt ihn dort fest. Erst übersäte er Patricks Gesicht mit kleinen Küssen. Dann knabberte er kurz an Patricks Ohrläppchen, was diesem ein leises Kichern entlockte.

„Holzkopf“, murmelte Fin vorwurfsvoll, aber es hörte sich eher an wie eine Liebkosung. Dann küsste sich Fin den Weg herunter bis zum Hals, über die Brust, wo er begann, an Patricks Brustwarzen zu zupfen. Mit den Fingerspitzen knetete und drückte er, bis die kleinen rosa Dornen sich in dunkelbraune harte Knospen verwandelten. Patrick zuckte einige Male heftig zusammen, blieb aber ruhig liegen, um nichts von diesem erregenden Genuss zu verpassen. Man sah seinen Zügen die Spannung an, mit der er auf Fins Zärtlichkeiten wartete.

Fin ließ seinen Mund weiterhin forschend über Patricks Körper gleiten. Über die breite Brust, die krausen, dunklen Haare, die hier zu finden waren. Fin merkte, dass Patricks Glied wieder hart geworden war. Trotzdem achtete er darauf, dass er es nicht berührte. Er ließ seine Fingerspitzen über die Innenseiten der Oberschenkel gleiten, kratzte auch schon mal mit den Fingernägeln über erwartungsvoll gespannte Muskeln, vermied aber jeden Kontakt mit Patricks praller Männlichkeit. Das machte Pat ungeduldig. Er reckte Fin sein Glied einladend entgegen und stieß ungeduldig dorthin, wo er Fins Mund vermutete, aber Fin wich geschickt aus und Patricks Stöße gingen in die leere Luft. Fin wollte nichts übereilen. Patrick zitterte am ganzen Körper.

„Quäl mich nicht, Fin, bitte!“, Patricks Stimme klang heiser, wie zerbrochenes Glas.

Fin küsste das verschwitzte Gesicht des Mannes, den er liebte, wie nichts anderes auf der Welt. „Wir haben Zeit, mo chridhe, mein Herz, wir haben Zeit“.

Er griff zwischen Patricks Oberschenkel und fuhr wie unbeabsichtigt an seinen Hoden vorbei. Es ging wie ein Ruck durch Patricks ganzen Körper und Fin sah, wie sich seine Brust in heftigen, tiefen Atemzügen hob und senkte. Wieder suchte Pat ungeduldig mit seinem prallen Glied gegen Fin zu stoßen und sich so Erleichterung zu verschaffen, und wieder wich Fin aus. Mc Intyre erhob sich auf die Knie und sah bewundernd auf den liegenden Mann unter ihm.

„Weißt du eigentlich, wie schön du bist?“, murmelte er leise.

„Was? Was sagst du?“, die Worte kamen ganz undeutlich, denn Patrick befand sich in einer anderen, einer sinnlichen Welt.

„Ich sage, dass …“, doch wieder unterbrach ihn Pat.

„Wenn du jetzt nicht voran machst, Fin Mc Intyre, dann werfe ich dich einfach auf den Rücken und dann kannst du … Aaaah!“

Fin hatte Patricks Hoden fast ganz in den Mund genommen. Wie zwei große Perlen fühlten sie sich an und Fin umschmeichelte sie mit der Zunge. Pat kannte kein Halten mehr. Er hob sein Becken vom Boden und stieß so heftig in die leere Luft hinein, dass Fin ihn mit kräftigen Armen festhalten musste, damit er ihm nicht entglitt. Dann fasste er Patricks hartes Glied mit der Hand um die Wurzel herum und hielt es einfach nur fest. Ein starkes Beben ging durch Patricks ganzen Körper. Er begann wie wild in Fins Faust zu stoßen und bewegte sich rhythmisch und viel zu stürmisch. In seinen Ohren brauste ein Wirbelsturm. Fin nutzte die Gelegenheit und befeuchtete den Zeigefinger der freien Hand mit Speichel. Vorsichtig legte er die Fingerspitze zwischen Patricks Gesäßbacken. Pat merkte es gar nicht, so vertieft war er in den überwältigenden Reiz von Fins Faust. Und Pat stieß und stieß. Fin drang vorsichtig etwas tiefer in die dunkle Spalte, bis er an die eine Stelle kam, an der Pat in seinem ganzen Leben noch nie berührt worden war. Eine Feuerwalze fegte plötzlich durch Patricks ganzen Körper und mit einem heiseren Aufschrei entlud er sich und spritzte seinen Samen in hohem Bogen zwei, drei Mal bis zu seiner Brust. Gerade als Fin seinen Finger aus der Spalte zog, fühlte er sich von Patrick unter den Achseln gepackt und hochgerissen. Pat zog ihn in eine gewaltige Umarmung und nahm ihn mit in ein Hin-und-Her-Wiegen, in dem er immer noch den sinnlichen Genuss erlebte. Er hörte nichts, er sah nichts, er fühlte nur. Und Fin? Der lauschte auf jeden einzelnen Seufzer, jeden tiefen Atemzug, denn er genoss auf andere Weise. Nicht so ungestüm und wild, sondern indem er Befriedigung darin fand, dass er es war, der seinem Geliebten einen so erfüllenden Genuss bereitet hatte.

Irgendwann legte sich Patrick auf den Rücken, ließ Fin los und streckte sich, wie ein Kater nach einem guten Mahl. Fin hörte Patricks Sehnen krachen.

„Aaaah, das war gut! Das sollten wir öfter machen."

Fin schwieg.

Pat, der mehr Begeisterung erwartet hatte, fragte: „Ist was?"

Fin schüttelte die hellen Locken. „Wir sollten das lieber nicht oft machen."

Pat stützte sich auf seinen Ellenbogen und sah Fin erstaunt an.

„Hat es dir nicht gefallen? Ich dachte ..."

„Was, bitte sehr, sollte mir gefallen haben? An mich wurde nicht ein Gedanke verschwendet!"

Patrick schlug sich vor die Stirn. „Heiliger Andreas ... Wie recht du hast. Das werden wir sofort ändern! Komm her, du solltest ... Sag' mal was ist denn mit dir passiert? Du blutest an der Lippe." Pat tupfte vorsichtig mit dem Finger an die blutige Stelle.

Fin winkte gelassen ab. „Ach das! Das ist nichts. Ich habe heute einen wilden Bären getroffen. Der hat mich gepackt und ... stell' dir vor ... der wollte mich küssen, und da hab' ich einfach ..."

Patrick küsste Fin sanft auf die Lippen, ohne die wunde Stelle zu berühren. „Das muss vielleicht ein Trottel von Bär gewesen sein."

„Du sagst es! Er hat nicht aufgehört, und wollte ..." Wieder ein sanfter Kuss.

„Ich weiß, diesen Bär kenne ich. Der will immer." Pat drückte Fin mit seinem Gewicht auf die Decke zurück und umarmte ihn nicht gerade sanft, aber dafür voller Liebe.

Fin keuchte.

„Willst du mir die Rippen brechen, Mac Laurin?"

„So ist das bei uns in Schottland, mo chridhe, mein Herz."

„Du hast mich gehört?" Fin lächelte mit geschlossenen Augen.

„Natürlich. Ich bin doch nicht taub. Aber, sei mal still. Ich muss jetzt doch mal nachsehen, was du da unten versteckst." Patrick nahm Fins Penis in die Hand, sacht und vorsichtig. Es brauchte nicht viel und das Glied war hart und wippte gegen Fins Bauch.

Patrick warf sich zwischen Fins Schenkel und nahm kurzentschlossen fast das ganze Glied in den Mund.

„Pass auf, Pat. Deine Zähne …"

Pat gluckste. „Du bist jetzt still! Ich muss mich konzentrieren. Sei bloß froh, dass ich hier bin und nicht dein wilder Bärenfreund von vorhin." Wieder machte er sich daran, das Glied in seinem Mund mit der Zunge zu umschmeicheln.

„Jaaaa, Pat, ich glaube, du bist ein Naturtalent. Gut … Sehr gut. Mach' weiter so, dann bin ich gleich …"

„Hmmm", Patrick war ganz selig, „du schmeckst so angenehm! Und duftest nach … Seife?"

„Nicht nach Zwiebeln?"

Pat schüttelte den Kopf. „Nein, finde ich nicht. Du riechst doch nicht nach Zwiebel!"

„Aber du! Wie ein Gemüsebeet in Lerwick!"

Pat machte sich nichts draus. „Zwiebeln sich gesund, sagt Nelly! Jetzt sei einfach still! Ich versuche hier mein Bestes und du …"

„Pssst!! Hör mal!" Fin setzte sich mit einem Ruck auf. „Hörst du das? Was ist das?" Beide Männer verharrten bewegungslos und lauschten angestrengt.

„Ich hör' nichts! Was war denn?"

Fin schloss die Augen, um besser hören zu können. „Ein Rascheln, dort hinten, in der Dunkelheit. Hörst du nicht?"

„Ach, das sind sicher diese kleinen Eidechsen. Sie wohnen dort, unter dem Strohhaufen. Mach dir keine Gedanken."

Fin war nicht wohl bei der Sache. „Wir dürfen nicht unvorsichtig werden, Pat. Männer wie wir, machen nur einen Fehler. Zu einem zweiten haben sie keine Gelegenheit."

Pat kümmerte sich nicht weiter um Fins Warnungen. „Ach was! Komm, lass die Eidechsen Eidechsen sein. Wir haben etwas ganz anderes vor."

Pat wollte mit seinen Zärtlichkeiten fortfahren, aber Fin hatte keine Ruhe mehr. „Ich weiß nicht, Pat, ich traue dem Frieden nicht. Tut mir leid. Wir verschieben die ganze Sache, ja?"

Nervös schaute er sich um, versuchte die Schatten zu durchdringen und zog sich wieder an.

Pat seufzte. „Angsthase! Nein, warte, sei nicht beleidigt. Wenn du es so willst … aber ich muss dir was zeigen, Fin. Etwas das dich sicher interessiert."

Auch Patrick zog sich an. Dann führte er Fin in den benachbarten, großen Saal der Höhle, und zeigte ihm die Malerei, die eine Menschenopferung darstellte.

„Siehst du dieses Tier? Mir scheint, dieser primitive Stamm hier verehrte es wie einen Gott. Wenn ich jetzt an die Stieropfer im alten Steinkreis denke und die Stimmen, von denen im Dorf erzählt wird, … meinst du, es könnte was dran sein, an dieser Geschichte?"

Fin kratzte sich am Kinn. „Hmmm, ich weiß nicht! Ein Tier kann es nicht sein, ehrlich. Diese Bild stammt aus uralter Zeit. Kein Tier lebt so lange."

„Und wenn es ein Teufel ist, oder ein böser Geist?" Pat erzählte von Onkel Murdochs Meinung dazu.

„Ich traue deinem Onkel nicht, Patrick." Fin äußerte sich über Murdoch zum ersten Mal und sein Urteil war vernichtend.

Patrick erschrak.

„Ich werde dich jetzt verlassen, Pat, denn ich will nicht, dass man anfängt, sich Gedanken zu machen, wohin ich wohl verschwunden bin. Aber eins ist sicher: Wir werden beide Augen und Ohren offen halten müssen."

Zurück am Lagerfeuer zeigte Fin auf das restliche Feuerholz. „Das versteckst du am besten unter dem Stroh. Du wirst es vielleicht noch brauchen. Die Reste vom verkohlten Holz wirfst du in den See. Dein Kopfverband sieht aus wie der letzte auch. Hast du das alles verstanden, Pat? Ach, warte, ich verstecke das Holz selbst." Patrick half, wunderte sich aber über die Pingeligkeit von Fin.

„Du bist vielleicht ein Pedant! Kommt das von deiner Arbeit in London?"

„Und wie willst du, bitte, erklären, wenn dein geliebter Onkel hier Holzreste oder Spuren eines Besuchers findet? Schon mal daran gedacht? Wenn du nicht schon ein Loch im Kopf hättest, würde ich dir jetzt eins draufgeben!"

Pat brummte etwas Unverständliches und drückte die trockenen Äste voller Trotz ganz tief ins Stroh, als er erstaunt ausrief: „Holla … was ist das denn?"

Er zog und zerrte und hatte schließlich ein großes geflochtenes Gebilde aus dem Stroh gezogen.

„Was ist das? Ein Fischernetz?" Das Ding war schwer und sie brauchten vier Hände, um es auseinander zu falten.

„Das ist kein Netz. Viel zu große Löcher. Ein Geflecht aus Weidenzweigen und Leder. Das Ding ist schwer wie Stein. Schau mal. Da passt dein alter Nick rein."

Pat zog und zerrte. „Na, so groß nun auch wieder nicht. Ach, lass liegen, Fin. Wir bringen nur alles durcheinander. Lass los, wir schieben das wieder unter das Stroh. Drück mal! Noch fester!"

Sie verstauten ihren Fund unter dem Stroh.

Patrick war schon wieder guter Laune. „Am Ende treffen sich hier nur ein paar alte Männer, die gelegentlich zu viel Ale trinken und Lachse fischen. Wir machen uns einfach zu viele Sorgen."

Fin sagte nichts. Er schloss Pat in die Arme und drückte ihn fest an sich. „Nimm dir eine Lampe von dort hinten und lass sie brennen. Am besten die ganze Nacht. Und sei vorsichtig! Auch wenn du kein Sodomit bist!" Ein kleines Lächeln, ein zärtlicher Blick und Fin verschwand in der Dunkelheit des Eingangs.

*

Der neue Morgen kam mit leichtem Nebel, der bis zum Mittag verging. Auf Mac Laurin Castle flirrte die Luft vor Spannung. Die Arbeit musste getan werden, wie immer, doch niemand wusste so richtig, wie es weiter gehen sollte. Das Schloss glich einem Pulverfass. Der kleinste Funke würde genügen, um eine gewaltige Explosion hervorzurufen. Der Clanchef schwer krank, ein Erbe tot, der andere auf der Flucht, im Dorf, Heide und Hügel englische Streifen, die nach ihm suchten.

Nur zwei Personen schienen davon nichts zu bemerken. Fin und Rose. Sie saßen im Kaminzimmer und bauten Luftschlösser.

Als Nelly anklopfte, sehr zaghaft anklopfte. Verlegen steckte sie den Kopf hinein und errötete sogleich heftig. Sie war die einzige weibliche Vertraute von Rose. Natürlich hatte Rose, so verliebt wie sie war, ihr kleines Geheimnis Nelly anvertraut. Mistress Nelly Ramsay, die um alles in der Welt nicht als neugierig angesehen werden wollte, scheute sich, die beiden jungen Leute im vertrauten Gespräch zu stören.

„Ich bitte um Entschuldigung für mein Eindringen, aber es scheint mir doch von größter Wichtigkeit, Rose. Es ist Besuch für Master Patrick da."

„Sag dem Besuch, dass Master Patrick nicht zu Hause ist, Nelly."

Nelly flüsterte verlegen: „Es ist Catherine Burns, Rose, und sie lässt sich nicht abweisen."

„Oh, das ist natürlich etwas anderes." Mit Nelly zusammen ging sie in die große Halle. Elend und übermüdet wartete dort Cathy. Ihr Gesicht war grau und unaufhörlich rannen Tränen über ihre Wangen. Ihre Kleider waren staubig und an ihrer Hand klebte eingetrocknetes Blut. Es schien, als hielte sie sich nur noch mit Mühe auf den Beinen.

Rose stürzte auf sie zu. „Heiliger Herr Jesus, Cathy, was ist dir geschehen?" Rose legte dem Mädchen den Arm um die Taille und half ihr auf einen nahen Stuhl.

„Cathy, liebe Cathy, was ist mit dir? Geh, Nelly, hol eine heiße Suppe für das Mädchen. Fin, Fin komm doch bitte her zu mir und hilf mir!" Rose bemerkte, dass Cathy einer Ohnmacht nahe war. Fin sollte ihr helfen, das Mädchen zu einem Sofa zu bringen.

Als Cathy Fins Gestalt in der Tür sah, schrak sie zusammen.

„Es ist mein Verlobter", flüsterte Rose, um sie zu beruhigen. Aber das Mädchen hätte auch so keine Kraft mehr gehabt, sich zu widersetzen. Zusammen brachten sie Cathy in das Kaminzimmer, wo sie sich auf das Sofa legen musste.

„Trinkt das, Mistress Catherine, es wird Euch stärken." Damit reichte Fin dem Mädchen ein halbvolles Glas Brandy.

„Oh, wie praktisch du bist, Fin." Rose blickte bewundernd zu dem jungen Schotten auf.

„Nun, sag mir mal, was geschehen ist, Cathy, dass du so aus der Fassung bist."

„Ich muss unbedingt Master Patrick sprechen, Mistress Rose. Es ist wirklich wichtig."

„Aber er ist nicht hier. Hat Nelly dir das nicht gesagt? Irgendwie ist er in die Geschichte mit dem Militär reingerutscht. Er ist sogar im Kerker gelandet. Und jetzt ist er verschwunden, nicht einmal wir wissen, wo er ist. Tut mir leid"

Cathy schlug weinend die Hände vor' s Gesicht. „Dann ist alles aus.

Oh, heiliger Herr Jesus, was soll nur aus mir werden?“

Das Mädchen schluchzte laut und ließ sich gar nicht wieder trösten.

„Ihr wisst ja nicht, was vorgestern Nacht im Dorf los war“, sie begann zu erzählen, als sie sich wieder etwas gefasst hatte. „Vater und ich wurden nachts von einer Militärstreife geweckt. Tommy sei ein Rebell und man hätte ihn im Moor erschossen. Dann haben sie das Haus durchsucht, ob wir noch andere Rebellen versteckt hätten. Sie haben alles zerschlagen, alles, Mistress Rose. Dann haben sie unser Haus angezündet, den anderen zur Warnung, haben sie gesagt. Ich habe meinen Vater noch nie so gesehen, Mistress Rose. So schrecklich still. Und dabei können wir froh sein, dass sie ihn nicht auch mitgenommen haben. Zuerst hat er angefangen zu streiten, doch als sie das von Tom sagten, war er wie ausgewechselt. Er saß nur da, vor dem brennenden Haus und starrte vor sich hin. Er hat nicht einmal gesehen, dass ich fort ging. Es brannten viele Häuser im Dorf, Mistress. Wir haben alle versucht zu retten, was wir konnten. Und dann, am Tag drauf“, Cathy schluchzte wieder bitterlich in ihre Schürze, „als ich zurückkam, da saß der Vater immer noch vor dem verkohlten Balken unseres Hauses. Und erst da habe ich bemerkt, dass er tot war. Gestorben, einfach so! Großer Gott, und jetzt weiß ich nicht, wo ich hin soll, Mistress. Kein Dach über dem Kopf, Tommy tot und der Vater …“, Cathy weinte nun leise vor sich hin.

Rose, die mit dem armen Mädchen fühlte, hatte selbst Tränen in den Augen.

Nelly kam mit der dampfenden Suppe. „So, mein Kind, iss das! Dann wird es dir gleich wieder besser gehen.“

Nelly wollte dem Mädchen einen Löffel voll in den Mund schieben, doch Catherine drehte das Gesicht weg. „Nein, ich kann nicht. Mir ist nicht gut. Ich kann jetzt nichts essen, Mistress Rose.“ Cathies eiskalte Hand umklammerte Roses Handgelenk und zog sie zu sich runter. Dann flüsterte sie Rose fast unhörbar in‘s Ohr. „Ich erwarte ein Kind von Patrick.“

Rose war zuerst fassungslos. Dann nahm sie Cathy stürmisch in die Arme und streichelte das Gesicht des Mädchens.

„Oh, meine liebe Cathy. Meine liebe, liebe Cathy. Hab keine Angst. Wenn Patrick nach Hause kommt, wird er alles in Ordnung bringen. Ganz gewiss. Hab keine Angst. Du musst jetzt vernünftig sein, Cathy. Am besten, du bleibst hier, bei mir. Ja, so machen wir es. Oder? Was meinst du, Fin?“

Mc Intyre, der zwar nicht jedes Wort hatte hören können, sich aber die ganze Wahrheit zusammenreimen konnte, stimmte Rose zu. „Aye, ich bin sicher, Patrick würde von uns erwarten, dass wir uns an seiner Stelle um Catherine kümmern. Du hast recht, Rose. Wohin sollte das Mädchen denn auch gehen?“

„Ich weiß nicht, ob das richtig ist, Mistress Rose“, gab Cathy zaghaft zu bedenken. „Ihr müsst wissen, Pat hat mir nie irgendwelche Versprechungen gemacht. Vielleicht will er gar nichts mit mir ...“

„Jetzt hör aber mal auf!“ Rose wollte nichts davon hören. „Wie ich Pat kenne, kommt er ganz schnell wieder zurück und wird uns dafür dankbar sein, dass wir uns um dich gekümmert haben. Es wird alles wieder gut, Cathy!“

Beide Mädchen umarmten einander und weinten zusammen heiße Tränen. Fin stand ziemlich hilflos daneben. Was wurde jetzt von ihm erwartet?

Doch Nelly wusste Rat.

„Na, na, Kinder! Wir wollen doch nicht gleich den Kopf verlieren. Kommt, meine Küken, wir werden gleich die kleine Kammer für Cathy herrichten. So, seht ihr, das wird schon wieder.“ Nelly nahm beide Mädchen mütterlich in die Arme. Das alte Kindermädchen sah mit feuchten Augen zu Fin herüber. „Sind das nicht zwei kleine Hasenfüße, Master Mc Intyre? Benehmen sich, als gehe die Welt unter. Nun aber marsch, die Treppen rauf!“ Damit wurde Fin seinem Schicksal überlassen, denn er befand sich jetzt ganz allein im Kaminzimmer. Das war ihm ganz recht, denn er brauchte Zeit zum Nachdenken.

Doch er blieb nicht lange allein.

Nach einer Weile rauschte der alte William herein, in voller Ausgehkleidung, mit dem Barett in der Hand und mit rotem Gesicht. Und er schien etwas vorzuhaben. Er stampfte zum Kaminfeuer und hielt die Hände vor die Flammen.

„So ist das also!“ brummte er undeutlich, dann drehte er sich zu Fin. „Ein Kind, von meinem Patrick! Hast du etwas davon gewusst, Mc Intyre? Das sind Neuigkeiten, das muss ich schon sagen!“

Fin wurde es ungemütlich. „Es tut mir leid, Master Mac Intyre, aber ich hatte davon keine Ahnung. Ich bin sicher, dass auch Patrick noch gar nichts davon weiß. Ich kann mir schon denken, dass diese Nachricht ziemlich ungelegen kommt, Master. Es wird sich bestimmt eine Möglichkeit finden lassen, die alle zufriedenstellt." Verflucht, wenn doch nur Patrick da wäre!

Der alte William schaute verdutzt zu Fin, dann gab er ihm einen derben Faustschlag gegen die Schulter.

„Was redest du, Mann? Du bist nicht recht bei Trost, Fin! Einen besseren Augenblick für diese Neuigkeit konnte es gar nicht geben! Haaah, das hätte ich dem Burschen gar nicht zugetraut!" William schlug die Hände aneinander und rieb sie fröhlich.

„Ihr habt nichts gegen diese Verbindung, Master?" Fin hob erstaunt die Augenbrauen.

„Lieber Herr Jesus, was soll ich denn dagegen haben? Es ist wie ein Wunder, Fin, wie ein Wunder! Ja, so ist es! Ein Erbe tot, der andere verschollen … und jetzt dieses Kind! Ich kann dem Mädchen gar nicht dankbar genug sein. Es ist wie ein Wunder, Mc Intyre! Ein Segen für den ganzen Clan."

Fin atmete erleichtert auf. Diese Sorge hatte sich also in Luft aufgelöst.

William war noch nicht zu Ende.

„Jetzt aber schnell nach Househill, zum Kommandeur. Ich will mir Klarheit über den Stand der Dinge verschaffen. Ob sie wirklich meinen Patrick suchen. Und nach Nairn. Dort soll es wüst her gegangen sein, wie die Kleine erzählt. Ich muss meinen Pflichten nachkommen, wie es sich gehört. Die Leute dort erwarten von ihrem Clanoberhaupt mehr als nur einen warmen Händedruck. Du, Fingal, könntest mir helfen, wenn du willst."

„Gewiss Master, alles was ich beitragen kann, soll …", aber William hatte es eilig.

„Gut, gut, gut. Du schau, dass eines der Gesindehäuser frei gemacht wird. Und sende Nachricht zu den Pächtern. Ich will mit den Familienoberhäuptern sprechen. Wir werden die Obdachlosen bei denen unterbringen, die Platz und Essen haben. Wird ihnen gefallen, schätze ich, denn bei der Feldarbeit wird jede Hand gebraucht. Wir müssen auch klären, wie wir die verbrannten Häuser wieder aufbauen. Na, du weißt schon. Machst ja wohl in London auch so was."

Nein, sowas machte Fin nicht, er hielt aber lieber den Mund.

„Ein Enkel, Fin, ein neuer Mac Laurin! Verflucht gute Nachrichten sind das!“

„Darf ich etwas vorschlagen, Master William?“ Fin war ganz behutsam. „Wie wäre es umgekehrt? Ich reite nach Househill und kläre die Lage dort. Ich kann den Kommandeur dort eher etwas entlocken als Ihr, Master. Und die gute Nachricht für die Opfer des englischen Militärs kann ich ebenso überbringen wie Ihr. Dann könntet Ihr hier im Schloss alles vorbereit. Euren Anweisungen folgen die Bediensteten sicher eher als den meinen.“

William zögerte. Es waren doch seine Aufgaben, die Fin ihm hier abnehmen wollte!

„Und außerdem, Master Mac Laurin, wäre es mir lieber, wenn Ihr Euch um die Sicherheit der Frauen kümmern würdet. Wir sind mit den Engländern noch nicht fertig, Master.“ Das gab den Ausschlag.

William streckte Fin seine Hand entgegen und schüttelte sie kräftig. „Recht hast du, Fin. Ist auch besser, du sprichst mit diesem englischen Blutsauger, ich würde ihm sicher an die Gurgel gehen ... also gut, dann mach dich auf den Weg!“

Also wurde Boxer von Jack gesattelt und Fin schoss über die Landstraße durch die Mittagshitze davon.

Auf halbem Weg schon kamen ihm Menschen entgegen, die, mit wenigen Habseligkeiten, die sie aus ihren verkohlten Häusern gerettet hatten, auf dem Weg zum Schloss waren. Fin versuchte sie zu trösten und versicherte ihnen, dass die Hilfe nicht auf sich warten lassen würde. Es war gut, dass der Tag wieder mal mit wolkenlosem Himmel und strahlendem Sonnenschein aufwartete. So war es den Obdachlosen nicht so schwer, den Weg zum Schloss auf sich zu nehmen. Manche zogen Karren hinter sich her, auf dem die Großeltern saßen, die nicht mehr so gut zu Fuß waren. Auf solchen Karren waren zusätzlich auch Kleinkinder und Säuglinge untergebracht. Und an einer Schur angebunden und beständig meckernd, zog man auch noch die Ziege hinterher. Es machte Fin Freude, den Verzweifelten gute Neuigkeiten zu überbringen. Es war schön, dort Hoffnung zu hinterlassen, wo sich bis vor kurzem Angst vor der Zukunft breitgemacht hatte. Langsam zogen Wolken auf und eine leichte, aber kühle Brise wehte vom

Meer her. Als er in die Nähe des Moores kam, ließ er Boxer einen Augenblick verschnaufen. Der lichte Nebel, der dort immer eine Hand breit über dem Boden schwebte, verhüllte gnädig, was Menschen dort angerichtet hatte. Fin sprach ein kurzes Gebet für die Seelen derjenigen, die dieses Moor niemals mehr verlassen würden. Mit den Neuigkeiten, die er in der Garnison in Househill erfuhr, hatte er allerdings nicht gerechnet.

Nachdem Fin gegangen war, hatte Pat die ganze Nacht geschlafen. Als er aufwachte, aß er den letzten Käse und das Brot. Dann leerte er den Schlauch, in dem sich das Ale befand. Er schlief wieder ein und erwachte Stunden später. Der Kopf tat nicht mehr weh. Es war ein unruhiger und wenig erholsamer Schlaf gewesen. Draußen wurde es schon dunkel, als er plötzlich und mit einem Ruck erwachte. Das Flämmchen der Öllampe war nur noch klein und spendete so gut wie keine Helligkeit. Pat war durch ein Geräusch erwacht. Vom Eingang der Höhle her. Umständlich stand er auf. Vielleicht brachte Onkel Murdoch etwas zum Essen? Pat nahm eine neue Lampe von der Wand, entzündete den Docht und wollte ihm entgegen gehen.

„Onkel Murdoch? Bist du das?“, rief Pat in die Stille der riesigen Höhle und ging unbeirrt weiter.

Plötzlich schrillte ein hoher, pfeifender Ton durch die Luft, dass die ganze Höhle erzitterte. Gleichzeitig war da ein Wispern und Flüstern, wie von hunderten Stimmen und es wurde immer lauter. Doch so plötzlich, wie die Geräusche begonnen hatten, so plötzlich verstummten sie auch wieder. Pat war mitten im Schritt stehen geblieben und hatte sich die Ohren zugehalten, so betäubend war der Klang gewesen. Vielleicht hatte es an seiner Wunde gelegen, vielleicht auch an der Lautstärke, aber in seinem Kopf pochte es zum Zerreißen. Nun herrschte Stille. Er ging langsam und zögernd weiter. Die Lampe vor sich hertragend, warf er argwöhnische Blicke um sich herum. „Ist da jemand?“

Jetzt konnte er auch schon die schwarze Öffnung des Höhleneingangs erkennen. Völlig unerwartet schoss ein mächtiger Strahl Seewasser in den engen Einstieg hinein, wie eine riesige Fontäne. Dann folgte ein Brausen und Gurgeln. Das Wasser begann zu brodeln und zu schäumen. Patrick stand wie erstarrt und beobachtete ungläubig, was hier, in drei-Teufels-Namen, vorging! Unaufhörlich strömte Wasser hinein, als würde es von unsichtbarer Hand hineingepeitscht. Dazu erhob sich jetzt ein Brüllen, welches mit mehrfachem Echo durch die Höhle hallte. War da eine Gestalt im schäumenden Seewasser, oder gaukelten Pat die überreizten Sinne nur ein Trugbild vor? Es war, als würde sich ein dunkles, bedrohliches Wesen im Wasser wälzen. Ein Tier? Ein Mensch? Es war nicht zu erkennen. Oder war da gar nichts, nur Wasser und glitzernde Felsen? Der Lärm wurde so laut, dass Pat seine Hände gegen den Kopf presste, um den bohrenden Schmerz im Inneren zu betäuben. Er hatte die Lampe auf den Boden gestellt und nun flackerte das kleine Flämmchen. Der Schein huschte über die bemalten Wände und erweckte die Malereien zu neuem, geheimnisvollem Leben.

Patricks Augen fielen auf einen dieser Lichtflecken und ihm stockte das Blut in den Adern. Der See war abgebildet, lang und schmal, so wie er wirklich aussah. Und darin ein gewaltiges Untier. Groß, schwarz und gefährlich. Patricks Augen kehrten zurück zu den Wassermassen, die durch den Höhleneingang hereingeschleudert wurden. Er hörte den ohrenbetäubenden Krach, der die Höhle erfüllte und dessen Echo ihn fast wahnsinnig machte. Sein Atem war einen Moment lang ins Stocken geraten und sein Herz schlug, als wollte es zerspringen. Im nächsten Augenblick ergriff ihn schreckliche Angst. Noch einmal kehrten seine Augen zu dem Wandgemälde zurück. Was war es, das sich hier durch den engen Eingang hindurch winden wollte? Was verursachte diese schrecklichen Schreie? Pat ließ jede Überlegung fallen, drehte sich um und rannte, die Lampe in der Hand, in den hintersten Teil der Höhle zurück. Es war eine wilde Flucht. Er sah sich nicht um, die Angst ließ ihm keine Zeit dazu.

Was immer durch den Eingang herein wollte, es durfte ihn um Gottes Willen nicht hier finden. Ohne Waffe und im Dunkeln! Pat rannte weiter, blieb auch im hinteren Bereich der Höhle nicht stehen. Er rannte in einen der hinteren Gänge hinein. Über kleine Kiesel, die unter seinen Füssen wegrollten, über glitschige Flechten und über alles, das im Laufe der Jahrhunderte längst zu Staub zermahlen worden war. Nur weiter, nicht stehenbleiben! Es war ihm, als höre er ein heiseres Atmen hinter sich. Doch zum Umdrehen fehlte ihm die Zeit. So rannte Patrick immer weiter in den dunklen, engen Gang hinein. Die Lampe vorneweg, floh er vor einem Verfolger, den es vielleicht nur in seiner Fantasie gab. Er hatte nicht einmal etwas Genaues gesehen, aber da war ein Gefühl, tief in ihm drin, das ihn warnte, ja nicht langsamer zu werden. Das Gefühl, einem grausamen Schicksal entkommen zu müssen. Patrick war ein guter und ausdauernder Läufer und so kämpfte er sich durch den schmalen Gang, der immer enger wurde und immer steiler. Die seitlichen Felsvorsprünge waren spitz, zerrissen seine Kleider und schürften seine Haut auf. Er bemerkte es kaum. Die Höhle lag schon weit hinter ihm. Irgendwohin musste der Gang schließlich führen, aber ein Ende war erstmal nicht abzusehen.

Die Bedrohung, war sie nun eigebildet oder real, saß Pat im Nacken. Es war eine planlose und völlig unüberlegte Flucht. Was, wenn der Tunnel plötzlich in der Dunkelheit endete und er dann einer unbekannten Gefahr gegenüberstand?

Doch eine nie gekannte Panik trieb ihn immer weiter voran. Die Wände des Tunnels verengten sich immer mehr. Pat verringerte seine Schnelligkeit etwas, denn er musste sich seitlich an den Felswänden vorbeizwängen. Die spitzen Felsen zerrissen sein Hemd, seine Brust war blutverschmiert, Blut lief an den Beinen herab. An einer Stelle war der Gang so eng, dass er beinahe stecken geblieben wäre. Es gab kaum noch Platz zum Atmen. Und dennoch ... es gelang ihm, sich aus dieser Felsspalte zu befreien. Von da an wurde der Gang breiter, aber der Weg wurde steiler. Das Gestein veränderte sich. Die Wände wurden glatter. Der Boden auch. Das war das Werk von Menschenhänden. Patrick schöpfte Hoffnung. Was immer ihn verfolgt haben mochte - durch die Enge der Felsen war es sicher nicht geschlüpft.

Patrick hatte das Gefühl für die Zeit vollständig verloren. War er nur Minuten unterwegs gewesen? Stunden? Oder Tage? Er hätte die Frage nicht beantworten können.

Es war immer noch stockdunkel in dem engen Gang, doch die Dunkelheit war nicht mehr bedrohlich. Bald würde seine Lampe verlöschen.

Und wieder veränderte sich der Untergrund: Er ging über glatte Steinquader. Hier war ein Weg verlegt worden! Dem Himmel sei Dank, endlich ein gutes Zeichen! Er sprach für die Nähe von Menschen. Patrick stöhnte auf. Wie sehr er sich nach einem Atemzug unter freiem Himmel sehnte! Der Weg stieg weiterhin an. Er verwandelte sich in Stufen. Dann eine schmale Wendeltreppe. Sie endete an einer sehr alten Holztür. Als Pat sie öffnen wollte, stellte er erstaunt fest, dass sie unverschlossen war. Patrick war verschrammt, zerkratzt, seine Kleider waren in Fetzen gerissen. Doch als er durch die offene Tür trat, fiel alle Angst von ihm ab. Als hätte er das Grauen hinter sich gelassen, in den verborgenen Tiefen der Erde. Hier, wo er wieder auf Spuren von menschlichem Leben stieß, war die Gefahr in seinem Rücken plötzlich unwirklich und nur ein Produkt seiner Einbildung. Wieder eine kurze, aber steile Treppe und wieder eine Tür. Auch sie ließ sich mühelos öffnen.

Pat betrat einen kleinen Raum. Er hatte ihn in seinem Leben nicht oft betreten, aber er erkannte ihn auf den ersten Blick: Er befand sich im Hinterzimmer der Kapelle von Mac Laurin Castle! In der Sakristei!

Außer einigen dicken Kirchenbüchern und Urkundentaschen lag hier noch die große, alte Bibel, die beim Gottesdienst gebraucht wurde. Der Raum diente auch als Schreibstube und Umkleideraum für den Geistlichen, der zu bestimmten Anlässen den Gottesdienst in der Kapelle leitete.

Patrick war verblüfft ... und doch wieder nicht. Hatte Onkel Murdoch nicht einmal erwähnt, dass die Kapelle auf den Ruinen einer alten Kultstätte erbaut worden war? Patrick schloss die Tür und setzte sich an den kleinen, wackeligen Schreibtisch. Verflucht, es nützte ihm überhaupt nichts wieder auf Mac Laurin Castle zu sein, solange er nicht wusste, ob er als Rebell vom englischen Militär gesucht wurde. Vor ihm aufgeschlagen lag ein altes, in Leder gebundenes Buch. Darin verzeichnete der Geistliche stets das Datum und den Zweck des Gottesdienstes, der hier abgehalten wurde. Die letzte Eintragung betraf den Trauergottesdienst bei Allans Beerdigung. Pat seufzte. Allan ... Patricks Fingerspitzen glitten sanft über den mit dunkler Tinte geschriebenen Namen. Wie lange schien das schon her zu sein! Was war alles seitdem geschehen! Patrick überflog die anderen Eintragungen. Da waren Bittgottesdienste eingetragen, die in den letzten Jahren abgehalten worden waren, als die Ernte immer schlechter geworden war. Pat blätterte zurück und las die Eintragungen in der Familienchronik. Da war Allans Taufe, seine eigene und die von Rose. Die Hochzeit seiner Eltern und die Beerdigung seiner Mutter. Ein Schauder lief über Patricks Rücken. Es war eine neue Erfahrung für ihn, auf diese Weise mit der Vergänglichkeit allen Lebens konfrontiert zu werden. Er las von der Geburt seines Großvaters. Die Handschriften wechselten, so wie auch die Geistlichen nicht dieselben geblieben waren.

Und dann fand er etwas, was er nicht erwartet hatte. „18. August, 1690, Totenmesse für Lilith Mac Laurin, Clanoberhaupt, ungenaue

Todesursache, wahrscheinlich Selbstmord, daher keine Bestattung in der Familiengruft." Patrick stutzte. War die junge Lilith nicht durchgebrannt? So hatte es immer geheißen. Pat sah genauer hin. Aber die anderen Eintragungen hatten nichts mit Lilith zu tun. War das Mädchen eine Selbstmörderin gewesen? Die Kirche verweigerte Selbstmördern die Bestattung in geweihter Erde, da Selbstmord eine Todsünde war. Wo war das Mädchen verscharrt worden?

Als die rostigen Scharniere der Kapellentür knarrten, fuhr Pat aus seinen Gedanken. Jemand hatte die Kapelle betreten. Da das Flämmchen der kleinen Öllampe nur noch schwach flackerte, blies Pat es hastig aus und verhielt sich ruhig. Langsame, schlurfende Schritte, das Holz einer Sitzbank quietschte. Pat schlich lautlos zu der kleinen Verbindungstür, die sich hinter dem Altar befand. Behutsam öffnete Pat einen schmalen Spalt breit. Zwei Kerzen brannten auf dem Altar, vielleicht im Andenken an Allan, vielleicht als Bitte für Patricks sichere Heimkehr.

Durch die buntverglasten Fenster fiel kein Sonnenlicht. Es musste schon dunkel sein. Was trieb wohl diesen späten Besucher zu dieser Stunde in die Kapelle? Pat blinzelte durch den schmalen Spalt. Er sah eine Gestalt, die betend in einer der Holzbänke kniete. Zu Patricks größtem Erstaunen erkannte er Hamish, den alten Pferdeknecht. Pat vergaß jede Vorsicht, riss vor Freude die Tür auf und stürzte in die Kapelle.

„Hamish, alter Knabe, was machst du denn hier? Und das zu dieser Zeit? Ist dein Sündensack so schwer, dass du nachts hierherkommst, um ihn auszuschütten?" Patrick war so glücklich, das alte, mürrische Gesicht wieder zu sehen. Hamish gehörte ebenso unverwechselbar zu Mac Laurin Castle wie er selbst. Und wie oft hatte er in den vergangenen Stunden gefürchtet, sein zu Hause nie wieder zu sehen.

Hamish, tief ins Gebet versunken, sah zu Pat und erschrak erst mal. Er rieb sich die Augen und zwinkerte. Nein, das musste ein Traum sein! Eine Sinnestäuschung! Das war unmöglich! Pat bereute schon, den Alten so unvorsichtig überrascht zu haben. Na ja, Hamish war nicht mehr der Jüngste, nicht dass er vor Schreck noch ...

„Master Patrick ...seid Ihr es wirklich, oder träume ich?" Hamish war nicht so schreckhaft wie Pat glaubte.

„Master, wie in Drei-Teufels-Namen ist das möglich? Ihr seid es doch, oder?"

Hamish rieb sich ungläubig die Augen. Dass er soeben einen derben Fluch ausgestoßen hatte, schien ihn nicht zu kümmern.

„Wo kommt Ihr her, Master? Hier knie ich und bete, dass Euch nichts geschehen möge und Paff – steht Ihr vor mir! Verflucht noch mal!“ Die Freude des Alten äußerte sich auf eine recht ungehobelte Art und Weise. Beide bekamen feuchte Augen und umarmten sich zunächst zaghaft, dann aber wie alte Freunde.

„Aber wie seht Ihr aus, Master? Ihr seid ja verletzt und blutig, überall! Waren das die Engländer?“ Hamishs gewaltiger Schnurrbart geriet gefährlich in Bewegung.

Pat beruhigte ihn. „Nein, nein, das waren nicht die Engländer.“ Ganz unbewusst griff er nach seiner Wunde am Kopf. Was für eine Beule! Patrick hatte sich nie viel aus Äußerlichkeiten gemacht, doch jetzt stellte er bestürzt fest, dass er nur noch ein paar Fetzen am Körper trug. Die spitzen Felsen hatten ihm die Kleider buchstäblich vom Leib gerissen.

„Nein, Hamish, das waren nicht die Engländer“, wiederholte Pat. „Du wirst mir bestimmt nicht glauben, was ich dir erzähle, aber ...“

„Ihr wart in der Höhle?“ Hamishs alte Augen verengten sich zu Schlitzen, die in tausend winzigen Fältchen fast verschwanden. Diese Augen beunruhigten Patrick. „Ja, ja ich war dort. Du kennst sie aus der Zeit des Schlachtens, ich weiß. Ihr habt euch dort vor den Engländern versteckt.“

Hamish reckte sich in die Höhe, soweit es sein krummer Rücken erlaubte. „Ach, Master, denkt nicht zu schlecht von Eurem alten Pferdeknecht, aber seht ... ich war nicht immer alt. Und die Jugend hegt oft geheime Wünsche, nicht wahr? Es gab eine Zeit, da war ich ganz versessen auf die Höhle und ihre Rituale. Aber das ist lange vorbei. Ich war nicht für alles zu haben, was mir Euer Onkel darüber erzählt hat. Ich bin nur ein einfacher Mann, Master, und dieser hier“, Hamish deutete mit dem Kinn auf das einfache Kreuz am Altar, „dieser hier ist mein einziger Gott geworden.“

Pat hatte nicht alles verstanden, was ihm der kauzige Alte gesagt hatte, doch war dies jetzt auch nicht sein dringendster Gedanke.

„Hamish, sag‘ mir, suchen mich die Rotröcke? War jemand vom Militärposten hier, um nach mir zu suchen? Das ist sehr wichtig für mich. Falls sie mich suchen, darf ich auf keinen Fall ...“

„Beruhigt Euch Master, es war kein Rotrock hier. Nicht einer. Wir alle wissen von Eurer Flucht aus dem Kerker. Keiner vom Clan würde Euch verraten. Das ganze Umland ist in Aufruhr. Viele Häuser wurden niedergebrannt, Master. Hätte Mistress Rose nicht die arme Cathy Burns aufgenommen, wer weiß ..."

Patrick packte Hamish am Hemd und riss ihn zu sich heran. „Was sagst du da? Cathy ist hier? Hier bei uns? Großer Gott, und Tommy ist tot, und jetzt auch noch das Haus ... Und ich war wieder mal nicht da! Ich muss sofort zu ihr!"

Hamish hielt den aufgeregten jungen Schotten zurück. „Wartet einen Augenblick, Master. Bedenkt doch, das Geheimnis der Höhle muss gewahrt bleiben und dann die Ladies ... wollt Ihr so unter die Leute, Master? Wartet hier, ich bringe Euch etwas zum Anziehen."

Im Hinausgehen brummelte Hamish leise vor sich hin. „Ein Teufelskerl, dieser Junge! Was für ein höllisches Glück er hatte. Verflucht noch mal." Und dabei strahlte er vor Freude.

In Windeseile war der alte Pferdeknecht wieder zurück.

„Bei dem Trubel, der da drinnen herrscht, war es ein Kinderspiel in Euer Zimmer zu schlüpfen, Master. Nicht mal Nelly war zu sehen. Na ja, sind wohl alle im guten Salon, wo Pater Mackanzie große Reden von Nächstenliebe schwingt." Damit übereichte er Pat ein zerknautschtes Kleiderbündel, das dieser sofort in Augenschein nahm. Ein Hemd und eine Hose. Mehr war es nicht und mehr musste es im Augenblick nicht sein. Pat entledigte sich der restlichen Fetzen, die er am Körper trug. „Ist der auch wieder hier", brummte er, „hat noch nie etwas Gutes bedeutet, wenn ein Mackanzie in der Nähe war."

Pat mochte die Mackanzies nicht. Er hielt sie für Verräter, alle miteinander.

Als Hamish allerdings ein sauberes Tuch zum Vorschein brachte und es ins Weihwasser tauchte, staunte Patrick nicht schlecht. Wie selbstverständlich wischte er Schmutz und Blut von Patricks Verletzungen. Er tat dies mit einer Behutsamkeit, die Patrick dem alten Griesgram niemals zugetraut hätte.

„Ich danke dir, Hamish." Pat schüttelte herzhaft die schwielige Hand des alten Pferdeknechts.

Verlegen kaute der Alte an seinem dichten Schnurrbart.

Pat fiel etwas ein. „Sag mal, Hamish, war nicht dein Großvater auch schon Pferdeknecht bei den Mac Laurins?“

Hamish nickte. „Aye, Master.“

„Hat dein Großvater nicht auch für Lilith Mac Laurin gearbeitet?“ Pat gab sich alle Mühe, seine Frage ganz beiläufig klingen zu lassen, denn Hamish sollte nicht merken, mit welcher Spannung er auf die Antwort wartete. Pat senkte den Blick und versteckte seine dunklen Augen hinter den langen Wimpern.

„Doch, Master, das hat er. Darum weiß ich auch, dass man Mistress Lilith gewaltig unrecht tut, wenn man ihr nachsagt, sie sei durchgebrannt. Sie hätte das Schloss ihrer Ahnen niemals verlassen. Denn hier war alles, was sie so sehr liebte: auch Shawn Liffy, mein Großvater! Damals war er natürlich ein junger Mann!“ Hamish sah sehr wohl die Spannung in Patricks Zügen. „Jetzt kann ich es Euch ja ruhig anvertrauen, Master, denn jetzt seid Ihr auch einer von uns.“

Pat bohrte weiter. „Sie liebte deinen Großvater, bist du sicher? Aber sie sind doch nicht durchgebrannt?“

Hamish schüttelte traurig den Kopf. „Nein, Master, dazu kam es nicht. Man fand die arme Mistress Lilith eines Tages tot in den Highlands. Niemand wusste, was passiert war. Alle dachten, sie hätte sich das Leben genommen wegen ihrer unglücklichen Liebe zu einem einfachen Burschen. Der Pfarrer verweigerte ihr sogar die Beisetzung in der Gruft. Ihr wisst ja, wie streng die Kirchenmänner da sind. Es wurde nur eine jämmerliche Messe für sie gelesen und man begrub sie neben der Westmauer der Kapelle, die arme Seele. Sie dürfe nicht unter geweihter Erde ruhen, hieß es. Verfluchte Schufte! Alles wurde geheim gehalten, niemand sollte etwas davon wissen. Darum haben sie auch das Gerücht in die Welt gesetzt, sie sei durchgebrannt. Das arme Mädchen so zu verleumden! Aber mein Großvater wusste es besser. Er war sich sicher, dass der Teufel aus dem See sie geholt hat.“ Hamish flüsterte die letzten Worte fast unhörbar und Pat fühlte, wie sich das Haar in seinem Nacken sträubte.

„Hallo, wen haben wir denn hier?“ Mit freudig erstaunter Miene trat Fin in die Kapelle und ging schnurstracks auf Patrick zu. „Das ist aber eine Überraschung! Wie kommt es, dass du …“, ein schneller Blick auf Hamish und Fin unterbrach sich. „Eigentlich habe ich dich gesucht, Hamish. Kannst du bitte nach Boxer schauen? Er ist so unruhig. Ich will nicht, dass er im Stall randaliert und sich verletzt."

Fin umarmte Patrick brüderlich. „Es ist gut, dass du wieder zu Hause bist. Es sind wichtige Dinge zu besprechen ...", er hielt kurz inne. „Aber wieso bist du eigentlich hier? Dein Onkel tat so, als müsstest du eine Ewigkeit fortbleiben."

Pat war überglücklich. Allein Fins Anwesenheit hatte eine unglaublich beruhigende Wirkung auf Patricks aufgewühlte Seele.

Er fasste Fins Hand und hielt sie fest. „Die Engländer, Fin. Hast du etwas erfahren? Suchen sie mich? Kann ich mich zu Hause überhaupt sehen lassen?"

„Mach dir keine Sorgen, von dieser Seite ist nichts zu befürchten. Ich habe ..."

Fin unterbrach sich und schaute in das neugierige Gesicht von Hamish. „Um es deutlicher zu sagen, Hamish, ich möchte mit Master Mac Laurin allein sprechen, wenn du erlaubst. Hättest du wohl die große Liebenswürdigkeit, uns allein zu lassen. Wenn es dir recht ist, natürlich."

„Geh nur, Hamish, ich komme schon zurecht." Mit einem misstrauischen Blick hinkte der Alte zur Tür. Dann drehte er sich noch einmal um.

„Falls Ihr mich braucht, Master, ich bin nicht weit weg. Braucht nur laut zu rufen." Noch ein letzter Blick aus zusammengekniffenen Augen, dann waren Fin und Patrick allein.

„Wieso bist du hier?" Fin drängte Pat zu einer Bank und nötigte ihn zum Sitzen. „Es gibt wichtige Neuigkeiten, Patrick. Lord Cimberly ist tot!" Hätte Pat einen Schlag ins Gesicht erhalten, hätte er nicht erstaunter sein können.

Seine Antwort kam kurz und knapp. „Erzähle!"

Also lieferte Fin einen kurzen Bericht darüber ab, was er in der Garnison von den Soldaten gehört hatte: dass Lord und Lady Cimberly tot aufgefunden worden waren, friedlich am Seeufer liegend, während eines Ausrittes. Der Militärarzt hatte eine Vergiftung festgestellt. Man stellte Nachforschungen an.

„Die ganze Garnison schwirrt wie ein Bienenkorb."

Pat konnte es nicht fassen. „Arme Frau", war alles, was er sagte. Vor seinem Auge stand sie, in ihrem hellblauen Morgenmantel, mit wallendem, schwarzem Haar, und einem Gesicht, so schön wie das einer Göttin.

Fin fuhr aufgeregt fort. „Es ist mir gelungen, einen Blick in die Berichte jener Unglücksnacht zu werfen. Dort wird von zahlreichen Toten und vier gefangenen Rebellen gesprochen. Einer heißt Dunbar, einer Mackanzie, die beiden anderen sind namenlos und unbekannt. Die Befehle zur Exekution enthalten auch keine anderen Angaben. Es ist kein Mac Laurin zu finden, in keinem dieser Papiere. Der Lord plante, dich so auf geschickte Art loszuwerden, es macht dich aber jetzt zum freien Mann. Du wirst nicht gesucht und befindest dich außer Gefahr. Ist das nicht großartig?“ Fin umarmte Pat stürmisch. „Aber sag mal, wie siehst du aus? Du bist ganz ... zerkratzt ... du bist doch nicht dem gleichen Bären begegnet, der mich küssen wollte?“ Fin lachte und zeigte dabei sein prächtiges Gebiss.

Pat verzog den Mund zu einem schiefen Lächeln. „Es gab Gründe, aus der Höhle zu verschwinden. Frag nicht weiter, ich kann dir nicht mehr sagen.“

Das war knapp und fast wäre Fin beleidigt gewesen, aber er trat einen Schritt zurück und betrachtete Patrick prüfend und ernst. „Ich dachte immer, du wärst ganz anders als Allan. Aber ich glaube, du wirst ihm immer ähnlicher.“

Dann schweifte sein Blick zu Patricks nackten Füssen. „Du solltest dir Stiefel anziehen, Pat, hebt die Autorität ungemein.“

„Sehr witzig“, brummte Pat. „Komm, wir gehen ins Haus. Mein Magen ist so leer wie diese Kapelle. Sag‘, was ist mit den Pächtern, den Familien der Rebellen? Wer kümmert sich um sie?“

Fin kam zu dem Schluss, dass Pat auf dem Weg zum Clanoberhaupt schon weit gekommen war, laut aber sagte er: „Alles geregelt. Dein Vater hat die Leute als Arbeitskräfte an die Pächter verteilt, damit sie Essen und ein Dach über dem Kopf haben. Ihr werdet neue Häuser im Dorf bauen und alles wird besser sein als vorher.“

In diesem Augenblick hörte man von draußen einen lauten Knall. Dann ein greller Lichtschein. Blitz und Donner läuteten ein kräftiges Gewitter ein.

Als die beiden Männer aus der Kapelle traten, begann es in großen, dichten Tropfen zu regnen. Es rauschte laut und wehte vom Meer her.

„Wenn Vollmond und Flut zusammenfallen, dann gibt’s manchmal schauderhafte Gewitter, Fin. Man denkt, die Welt geht unter. Na, findest du unsere Highlands immer noch so traumhaft?“

Und dann kam es wie eine blitzartige Erkenntnis über Patrick: Wenn

Flut und Vollmond zusammenfallen ... und dann noch das Gewitter, das die Meereswellen hoch auftürmte ... War das der Grund für die Wassermassen gewesen, die so plötzlich in den Höhleneingang hereindrängten? Für das Rauschen und Pfeifen, wenn das steigende Wasser durch den engen Eingang gepresst wurde, wie durch eine Flöte? Hatte es darum in dem engen Tunnel so gezischt und gebrodelt? Vielleicht war am Ende alles nur eine Fantasie aus Angst und Naturgewalt gewesen.

Sie standen im Kapelleneingang und zögerten in den prasselnden Regen zu treten. „Aber die Ernte, Pat! Ist das nicht gefährlich für die Ernte?"

Pat war schon auf dem Weg zum Schlosseingang, quer durch den Regen. „Ach, wo! Die Felder trocknen aus, in der Hitze. Der Regen tut den Pflanzen gut. Komm schon!" Und Fin blieb nichts anderes übrig, als Pat durch den Regen zu folgen.

In wenigen Augenblicken waren die beiden völlig durchnässt.

Fin schüttelte den Kopf. Aus diesem Burschen würde nie ein Gentleman werden. Aber gerade darum liebte er ihn so sehr.

Der Sturmwind jagte immer neue Regenwolken über den Himmel. Pater Mackanzie war ans Fenster des Kaminzimmers getreten. Mit besorgtem Gesicht blickte er prüfend gen Himmel. Die letzten Tage mit ihrem heißen und trockenen Wetter hatten den Boden mehr als sonst ausgetrocknet. Das Gras begann schon hart und dürr zu werden. Den anspruchslosen Hochlandrindern machte das nichts aus. Aber zarte, junge Kornpflanzen, die hatten mit so einer massiven Trockenheit schon zu kämpfen. Der Regen kam gerade richtig. Wenn er nur nicht wieder den ganzen Sommer blieb und die Ernte auf dem Halm verfaulte …

Diese Gedanken schossen durch den weißhaarigen Kopf des Paters, wie die Regenwolken, die über den Himmel jagten.

„Die Pächter haben gerade wieder Hoffnung geschöpft“, nahm er seine unterbrochene Rede wieder auf. „Wir dürfen jetzt nicht den Kopf verlieren, William. Nach dieser Blutnacht im Moor ist die Stimmung mehr als gereizt. Es fehlt nur ein Funke, und alles fliegt uns um die Ohren. Ihr wisst, dass wir gegen das Militär nicht die geringste Chance hätten. Wir sind Bauern, William, wir denken in einfachen und geraden Bahnen. Schafft den Menschen Obdach und Brot, so dass sie an ihre Arbeit zurückkehren können. Dann wird alles Unglück bald vergessen sein.“

In eine warme Decke gehüllt saß der alte William nahe am Kaminfeuer. Er wirkte schwach und zerbrechlich. Seine Stimme bestärkte diesen Zustand.

„Du vergisst etwas, Angus. Auch wir bangen um einen Vermissten. Das Unglück hat vor unserer Tür nicht haltgemacht. Auch wenn Patrick nicht mehr als Aufständischer gilt, ist die Gefahr durch das Militär noch lange nicht verschwunden. Du weißt, Angus, wen die einmal auf der Liste haben, der wird unbarmherzig verfolgt, schuldig, oder nicht …“, William atmete tief durch. Die lange Rede hatte ihn angestrengt.

Brummend fuhr er fort: „Für‘s erste haben wir Hilfe geleistet, soweit wir konnten. Aber meine Mittel sind begrenzt. Verfluchter Regen! Ach, wenn nur die Ernte erst im Sack wäre! Dann soll den Leuten geholfen werden. Das ist doch Ehrensache."

Soeben betrat Fin wieder den Raum. Tropfnass, aber trotzdem bester Laune.

Rose blickte zärtlich zu dem jungen Schotten. Welcher Unterschied zwischen seiner schlanken, geschmeidigen Gestalt und dem knorrigen Pater!

„Du hättest dir eine bessere Stunde aussuchen können, Fin, um deine Wünsche vorzutragen. Nicht, dass du mir als Schwiegersohn unwillkommen wärst, ganz im Gegenteil. Aber du siehst ja, wie es bei uns steht. Kein Mensch weiß, was die Zukunft für die Mac Laurins bereithält. Wenn ich meine Rosi anschaue, was für verliebte Blicke sie dir zuwirft, scheint mir, zwischen euch beiden ist die Sache schon abgemacht. Aber ich will kein unüberlegtes Wort sagen. Ich möchte gern Patricks Meinung zu dieser Ehe hören. Er wird das Oberhaupt des Clans werden, ja, ist es in Wahrheit schon. Seht mich doch an. Also, geduldet euch mit der Antwort bis er wieder zu Hause ist."

Fin lächelte Rose an, die nur leise seufzte. Dann verneigte er sich leicht gegen den alten William. „Dann habe ich zur Abwechslung mal eine gute Nachricht für Euch, Master William. Seht einmal dorthin."

Fin zeigte auf die Tür, durch die man auf die große Treppe in der Eingangshalle schauen konnte. Pat kam eben aus seinem Zimmer zurück, in dem er sich Stiefel angezogen hatte. Es war Patrick und er war es auch wieder nicht.

Irgendwie hatte er sich verändert. Sein Gesicht war ernst, er wirkte größer und männlicher als noch vor einigen Tagen. Seine dunkelbraunen Augen blickten scharf und aufmerksam.

Die Überraschung war so gelungen, dass erst mal ein allgemeines Schweigen herrschte. Rose fand als erste ihre Sprache wieder.

„Patrick, wo kommst du denn plötzlich her? Bist du die ganze Zeit im Haus versteckt gewesen? Lieber Herr Jesus, wie gefährlich!" Das Mädchen ließ dem Bruder keine Zeit zu antworten, sondern lief auf ihn zu und umarmte ihn.

„Nicht, Rosi, ich bin ganz nass." Pat wollte sie sacht wegschieben, aber Rose ließ sich nicht. Sie bugsierte Pat in einen Sessel.

Onkel Murdoch fragte ohne lange Umschweife: „Warum hast du das Versteck verlassen, Pat?"

„Es war dort nicht sicher, Onkel."

Murdoch stutzte, entgegnete aber nur: „Ich hätte dich ohnehin Morgen dort abgeholt. Es besteht erstmal keine Gefahr für dich, denn der verfluchte Cimberly ..."

„Ich weiß, Onkel, ich weiß. Fin hat mich eben informiert. Schreckliche Geschichte. Na ja, um ihn ist es nicht schade, aber die Frau ..."

In diesem Augenblick betrat Nelly mit einem vollbeladenen Tablett den Raum und stellte es in Patricks Nähe auf dem kleinen Tisch ab.

Pat zog sich den Tisch ohne große Umstände näher heran. Dann machte er sich ungeniert über den kalten Braten und das Brot her, das mit enormer Geschwindigkeit in seinem hungrigen Magen verschwand.

„Gut, dass du wieder zu Hause bist." William atmete hörbar auf, „Wie bist du so unbemerkt ins Haus gekommen?"

Pat schluckte zuerst. „Das war nun wirklich keine Kunst. Ihr wart so vertieft in den Anblick des Gewitters, dass ich ganz gemütlich in die Küche konnte, wegen meinem Abendessen. Ich bin sogar hinauf in mein Schlafzimmer, um ... ach, ist doch egal", und schon stopfte er weiter in den Mund hinein.

„Soll es doch regnen, wie es will! Hauptsache du bist nicht mehr in Gefahr! Die englischen Bluthunde wären schon längst hier aufgetaucht, wenn sie ein Interesse an dir hätten. Soll der Teufel die Ernte holen, wenn du nur sicher bist." William Mac Laurin hatte rosige Backen bekommen. Die Gewissheit, dass sein Sohn wohlauf und in Sicherheit war, schien die beste Medizin für den alten Mann zu sein.

„Die Ernte wird gut werden, Vater. Das Gewitter hat nichts zu bedeuten. Die Sonne meint es gut mit uns."

Rose war nicht überzeugt. „Wie kannst du das einfach so sagen, Pat? Du kannst gar nicht wissen, ob nicht ..."

„Ich habe es im Gefängnis erfahren, Rose." Pat stopfte das letzte Stückchen Brot in den Mund und goss mit Ale nach, „Der Großvater von Alexander hat es mir verraten. Und er war seiner Sache sehr sicher." Patrick hatte gedacht, dass irgendeiner ihm widersprechen würde. Wie konnte er einfach so behaupten, dass die Sonne es gut mit ihnen meinte, aber außer Rose hatte ihm wohl niemand zugehört.

Pater Mackanzie sah eine Möglichkeit für sein Anliegen.

„Pat, du solltest wissen, dass meine Anwesenheit einen ganz

bestimmten Grund hat. Es hat viel sinnlose Gewalt gegeben. Häuser sind verbrannt und Menschen sind gestorben. Dein Vater hat die erste Not gelindert. Nun fragen sich die Leute, ob der Clan stark genug ist, die Zukunft des Dorfes zu sichern. Ich hörte, dass einige darüber nachdenken, in die Neue Welt zu segeln und alles hinter sich zu lassen. Was soll ich ihnen sagen, Pat? Wirst du uns allen beistehen?"

Pat sprang aus dem Sessel. „Sollen sie doch segeln. Gute Reise, wünsche ich. Dort drüben werden sie ihre Steuern genau an den gleichen Herren bezahlen wie hier: nämlich an die englische Krone! Ich halte niemanden zurück. Aber die, die bleiben wollen, werden jede Unterstützung erhalten, die möglich ist. Also sagt den Leuten, dass wir tun werden, was wir können. Wie immer. Der Clan muss überleben!" Damit packte Pat seine Schwester am Oberarm und zerrte sie eilig in die Halle hinaus. „Uns entschuldigt einen Augenblick, ich habe dringendes zu erledigen."

„Was ist denn? Hee, wirst du mich wohl ... sofort lässt du mich los, du wüster Kerl!" Rose schimpfte laut, als sie derart unsanft behandelt wurde.

Pat neigte sich zu ihr herab und zischte leise. „Catherine Burns, wo ist sie?"

Über das Gesicht von Rose huschte ein schelmisches Lächeln. Zu gerne hätte sie ihm jetzt die Antwort verweigert und ihn zappeln lassen. Doch dann sah sie die Spannung in seinem Gesicht und sein brennender Wunsch stand in seinen dunklen Augen. Da musste sie an ihre eigene Liebe zu Fin denken und ihre sanften Lippen gaben willig Antwort.

„In der kleinen Kammer neben Nelly. Aber geh jetzt nicht zu ihr. Sie schläft sicher. Sie war völlig erschöpft."

Aber Patrick achtete nicht mehr auf ihre Worte. Wie ein Panther stürmte er im drei-Stufen-Schritt die Treppen hinauf. Im obersten Stockwerk, vor der Tür der kleinen Kammer, blieb er keuchend stehen. Leise klopfte er an.

„Cathy? Bist du da drinnen?" Bevor er auch nur eine Antwort erhalten konnte, war er auch schon eingetreten: Bett, Stuhl und Tisch! Für mehr war in dem kleinen Stübchen kein Platz. Cathrine hatte schon ein paar Stunden geschlafen. Das Gewitter hatte sie geweckt und nun saß sie auf dem einzigen Stuhl, starrte in das Licht der Kerze, die auf dem Tisch brannte und war auch sonst recht hoffnungslos. Im ersten Augenblick erkannte sie Patrick gar nicht. Doch als er auf sie zusprang und sie in seine

Arme riss, da wusste ihr Herz sofort, wer in's Zimmer getreten war.

Zärtlich küsste er das Mädchen und Cathy erwiderte seine Zärtlichkeit mit wilder Verzweiflung.

„Oh, Patrick, Patrick, mein Liebster! Dass ich dich noch einmal wiedersehe!"

Bei der Erinnerung an die letzten zwei Tage krampfte sich Cathies Innerstes zusammen und sie drückte Patrick fest an sich.

Dann lösten sie sich etwas aus ihrer hitzigen Umarmung. Patrick setzte sich auf ihr Bett und zog sie an der Hand neben sich.

„Schlimme Dinge sind gesehen, seit wir uns das letzte Mal gesehen haben, Pat."

Die Freude über Patricks plötzliches Erscheinen, und der Kummer über die schrecklichen Ereignisse der vergangenen Tage machten sich Luft und das Mädchen begann laut zu schluchzen. Sie versuchte anfangs tapfer ihr Weinen zu unterdrücken, aber es gelang nicht. Sie presste die Hände vor den Mund, aber umsonst! Sie bebte am ganzen Körper unter dem Zusammenbruch.

„Hab keine Angst, Cathy! Wie oft soll ich dir noch sagen, dass du keine Angst zu haben brauchst, wenn du bei mir bist. Es wird alles wieder gut. Ich verspreche es dir." Und Pat streichelte sie und tröstete sie, ganz so, wie er es auch mit Tommy gemacht hatte, als er in seinen Armen starb. Aus ihren gestammelten Worten entnahm er, dass sie auch den Vater verloren hatte und das Haus in Schutt und Asche lag. Cathy konnte nicht aufhören zu weinen.

„Dann sollst du jetzt auch die ganze Wahrheit wissen, Pat." Das Mädchen fasste sich und wischte sich entschlossen die Tränen aus dem Gesicht, „Ich erwarte ein Kind von dir, Patrick Mac Laurin!"

Wenn das Mädchen einen Gefühlsausbruch erwartet hatte – im Guten wie im Schlechten – so wurde es jetzt bitter enttäuscht. Pat starrte sie an und zeigte keinerlei Regung.

„Hast du gehört, Pat! Ich erwarte ein Kind von dir!" Immer noch nichts. Cathy wurde nervös. Warum sagte er kein Wort? Warum verzog er keine Miene? Das Mädchen bekam es mit der Angst.

„Ich weiß, dass du mir nie die Ehe versprochen hast, Pat. Du bist das Clanoberhaupt und ich bin nur eine Wirtstochter. Ich werde keine Forderungen stellen." Sie fühlte sich von Pat zutiefst verraten und allein gelassen.

Enttäuscht ließ sie den Kopf sinken und die flammend roten Haare bedeckten ihr Gesicht.

Endlich, als erwache er aus einem Traum, begann Patrick zu sprechen.

„Cathrine Burns, schon lange stehst du meinem Herzen nahe. Du hast immer zu mir gehalten. Bei dir war ich immer glücklich. Das weißt du. Du hast mir dein Vertrauen geschenkt, und ich schenkte dir meines." Er nahm Cathies Hände und hielt sie fest. „Ich verlor meinen Bruder und dir starben Tommy und dein Vater. Nein, unterbrich mich jetzt nicht, Cathy. Es geschehen geheimnisvolle Dinge um uns herum, und ich habe noch nicht alle Antworten auf meine Fragen gefunden. Aber eines ist sicher: Du sollst nie mehr Angst haben. Ich bitte dich, Cathy, bleibe bei mir. Ich habe gesehen, was ein Mann einer Frau antun kann, sei sie noch so reich oder schön. Werde meine Frau, Cathy, und ich werde dir und unserem Kind alles geben, wozu ich fähig bin. Ich verspreche dir, dass du in Zukunft keinen Grund zur Klage haben sollst. Willst du meine Frau werden, Catherine Burns?"

Cathy versuchte trotz des trüben Lichtes in Patricks Gesicht zu erforschen, ob er auch wirklich meinte, was er sagte, doch nichts was sie sah, missfiel ihr.

Patrick küsste ihre Fingerspitzen. „Komm, Liebste. Wir werden den anderen jetzt unsere Entscheidung mitteilen. Ist das nicht ein Kleid von Rose? Ach, ich kaufe dir ein viel Schöneres, wenn das alles vorüber ist, Cathy. Jeder Mann soll sehen, dass du zu mir gehörst. Mir scheint", er legte sanft seine Hand auf den Bauch des Mädchens, „mir scheint, mein Sohn bekommt die schönste Mutter von ganz Schottland!"

Cathy wurde rot bis hinter die Ohren. „Ach, Pat, es könnte auch ein Mädchen werden. Was dann?"

Aber Patrick war großzügig. „Auch gut! Hauptsache, es sieht nicht aus wie meine kleine Cousine Sarah, der vollgefressene Strumpf. Komm, Liebste. Nein, keine Sorge, du brauchst keine Haarbürste. Ich mag deine Haare so, wie sie sind."

Als Pat die Tür aufmachte, fiel ihm Rose fast in die Arme.

Sie war ziemlich außer Atem und konnte erst gar nicht sprechen. „Besuch ...", keuchte sie, „komm schnell, phuuu ...", sie hielt sich die Seite, „beeile dich!" Dann warf sie einen Blick auf die strahlende Cathy. Rose lächelte allwissend und ihre Augen fragten: Alles gut? Und Cathy nickte kaum wahrnehmbar: Ja, alles gut!

Patrick fühlte, dass etwas vor sich ging und seufzte leise. Er würde die Frauen nie verstehen!

So ging Patrick beschwingt die große Treppe hinunter, an jedem Arm eine reizende junge Dame eingehängt. Er betrat das Kaminzimmer und hatte die Absicht, jedermann sofort und recht formlos über seine baldige Eheschließung zu informieren. Eigentlich rechnete er nicht mit ernstlichen Einwänden. Mc Intyre kam den dreien entgegen und verneigte sich, höflich wie immer, vor der schüchternen Cathy.

„Mein lieber Patrick, ich weiß nicht, wie du das machst, aber es ist noch eine Dame eingetroffen, die nichts sehnlicher wünscht, als dich zu treffen. Es ist ein harter Schlag für mein Selbstbewusstsein. Weder Sturm noch Dunkelheit konnte sie abhalten, sich auf den Weg zu dir zu machen. Du scheinst über verborgene Anziehungskräfte zu verfügen."

Fin trat beiseite, damit Pat den seltsamen Gast in Augenschein nehmen konnte.

„Siehst du, da ist er schon! Nun kannst du deine Botschaft ausrichten, Margaret."

Nelly gab ihrer Cousine einen wohlmeinenden Stoß, der sie fast taumeln ließ. Doch Margaret Ramsay war nicht so leicht umzuwerfen. Ziemlich durchnässt stand sie verlegen vor Pat und wischte sich verstohlen einige Regentropfen aus dem Gesicht. Dass er sie in so unordentlicher Aufmachung sehen musste! Doch Patrick schien das nicht zu stören. Rose aber schon. Sie forderte Nelly auf:

„Geh, Nelly, nimm diesen nassen Umhang mit in die Küche und hänge ihn zum Trocknen auf. Die Frau holt sich ja den Tod. Und bringe doch ein heißes Ale für deine Cousine mit, sei so gut, ja? Mistress Ramsey, setzt Euch doch, bitte!", mit zornigen Blicken auf die anwesenden Männer murmelte sie „Alles Holzköpfe!"

Patrick nötigte Mistress Ramsay in einen Sessel. „Ihr wolltet mich sprechen?" Ein entwaffnend offenes Lächeln ermutigte Margaret, ihr Geheimnis zu lüften.

„Verzeiht meinen späten Besuch, Master Mac Laurin, aber ich suchte zunächst meine Cousine Nelly auf. Sie hielt die Angelegenheit dann doch für zu wichtig und meinte, dass es keine Rolle spielen würde, wie spät es ist. Ich war mir nicht sicher, Master Patrick, ob ich Euch überhaupt hier antreffen würde.“

„Aber warum, Mistress Ramsay, seid Ihr nicht früher ins Schloss gekommen?“, wollte Rose wissen, die gerade ein wärmendes Plaid um Margarets Schultern legte und dafür einen dankbaren Blick erntete.

„Oh, es war einfach nicht möglich, ein Pferd zu bekommen, Missy! Diese englischen Rüpel wollten heute morgen einfach keines rausrücken. Wo ich doch Lady Cimberly versprochen habe, mich sofort um die Angelegenheit zu kümmern.“ Margaret putzte sich geräuschvoll die Nase. Diese kleine Pause nützte Patrick für eine direkte Frage.

„Was, Mistress, habt Ihr mit Lady Cimberly zu schaffen? Und von welchen englischen Rüpeln ist hier die Rede? Meint Ihr die Soldaten in Househill?“

Margaret erkannte ihren Fehler und holte sofort zu einer Erklärung aus.

„Ich heiße Margret Ramsay, Master, und es ist nicht nötig Mistress zu mir zu sagen, denn ich bin nur eine Kammerfrau in den Diensten des Kommandeurs gewesen. Lady Cimberly, der ich diente, bat mich, Euch, Master, mit einer geheimen Botschaft aufzusuchen. Aber der Stall war doch verbrannt und die Pferde auf und davon und so konnte ich meinen Auftrag erst heute ausführen. Sie haben wohl die meisten Pferde wieder eingefangen, aber man hat mir trotzdem keines geben wollen.“ Margaret trank von dem heißen Ale, welches Nelly hereingebracht hatte. „Da habe ich den alten Harris, den Hufschmied, gefragt und der hat mir seine Stute geliehen. Ein bockiges Vieh, kann ich Euch sagen.“

Margaret sah sieben aufmerksame Augenpaare auf sich gerichtet und fuhr darum gleich fort in ihrem Bericht.

„Also, heute, am Nachmittag, machte ich mich auf den Weg, um den Auftrag von meiner lieben, süßen Lady auszuführen.“ Ihre Stimme erstickte in unterdrücktem Weinen. „Heiliger Herr Jesus, meine süße Lady, Gott hab‘ sie selig“, wieder drückte sie das Taschentuch ins Gesicht.

Pater Mackanzie ermahnte Margaret streng. „So sprecht doch, Mistress Ramsay. Jede Neuigkeit aus der Garnison ist für Patrick lebenswichtig.“

Die herrische Stimme und ihre eigene Willensstärke ließen Margaret, wenn auch unter Tränen, weitersprechen. „Verzeiht mir, aber es zerreißt mir das Herz, dass meine Lady so schrecklich sterben musste. Nur weil dieser böse Teufel, dieser Lord …“, Margaret hob die geballte Faust, ließ sie aber wieder sinken. „Sie trug mir auf, Master Patrick, Euch dies hier zu übergeben. Nicht mehr und nicht weniger! Hiermit ist meine Pflicht erledigt und mein Versprechen eingelöst.“ Margaret schlug ein Kreuzzeichen über ihrer Brust und nahm aus einer Ledertasche, die sie neben ihren Sessel gestellt hatte, eine polierte Intarsien Schatulle. Diese legte sie in Patricks Hände. „Eigentlich hätte ich Euch diese Kassette unter vier Augen übergeben sollen, aber ich sehe, dass nur Freunde anwesend sind. Meine süße Lady würde mir diesen Verstoß sicher vergeben.“

Wieder dachte Patrick an die feenhafte Gestalt im hellblauen Umhang. Er seufzte. Ein schreckliches Schicksal!

Patrick war mit drei, vier großen Schritten beim Kamin. Dort hingen an der Wand mehrere alte Säbel, eine sächsische Axt aus uralten Tagen und einige fein verzierte Dolche, schottische Dirks, die lang waren und spitz. Einen der Dolche schnappte sich Pat und wollte sich daran machen, die Schatulle aufzubrechen, denn sie war abgeschlossen. Hastig trat Fin zu Patrick, nahm ihm den Dolch aus der Hand und flüsterte.

„Darf ich dir raten, Schwager? Öffne diese Schatulle, wenn du allein bist. Du weißt nicht, welches Geheimnis sie enthält.“

Pat nickte. Stimmt! Daran hatte er nicht gedacht. Er wandte sich an Margaret Ramsay. „Falls Ihr Euren Dienst in der Garnison aufgekündigt habt, Mistress Ramsay, biete ich Euch einen Neuen an. Meine zukünftige Frau, Catherine Burns, wird eine Kammerfrau brauchen. Für eine treue und aufrichtige Seele wie Euch wird es immer Platz geben auf Mac Laurin Castle.“ Er verneigte sich vor Margaret, die bis über beide Ohren errötete und mit Nelly das Kaminzimmer verließ. Dann nahm Pat die Schatulle, steckte den Dolch in den Gürtel und verschwand im benachbarten Speisezimmer.

Alle anderen, die in großer Spannung auf das Resultat von Patricks Bemühungen warteten, blieben mit einer Menge unbeantworteter Fragen im Kaminzimmer zurück.

„Wieso schickt die Lady eine Botschaft an Patrick? Kannte er sie denn?“

Rose sah Fin an, als wüsste er die Antworten auf alle Fragen der Welt.

„Ich wusste gar nicht, dass er ihr jemals begegnet ist.“ Aus dem Speisezimmer hörte man dumpfe Schläge.

Fin trat zu Cathy. „Missy wollt Ihr Euch nicht hier auf das Sofa neben Rose setzen? Das ist sicher bequemer, als zu stehen. Wie wäre es mit einem Kissen für den Rücken? Ich habe mir sagen lassen, dass dies eine Wohltat für ... hmm ... für alle möglichen ...“ aber Pat kam schon wieder zurück. Er ging zu dem dunklen, kleinen Eichentisch, um den die Anwesenden versammelt saßen. Er ging langsam und sehr bedeutungsvoll. Spannung lag in der Luft. Natürlich wollte jeder gerne wissen, was sich in dem Kästchen befand.

„Nun, sag‘ schon, Pat! Was ist drin?“ Rose war kurz davor zu platzen.

Pat sah in die Runde. „Ihr wollt es wirklich wissen?“

Alle Köpfe nickten.

„Also gut, schaut es euch an!“ Pat leerte den Inhalt der Schatulle auf die dunkle Tischplatte. Einen Augenblick lang herrschte atemlose Stille. Dann ging ein Seufzer der Bewunderung von Mund zu Mund. Es brannten nur wenige Lampen im Raum und das Licht war recht spärlich. Doch was jetzt auf dem Tisch lag, schien das gebündelte Sternenlicht zu sein.

Kostbare Geschmeide, einzelne, funkelnde Edelsteine und Perlen kullerten auf die Tischplatte. Da waren Rubine, umrahmt von glitzernden Diamanten, nussgroße Smaragde in Gold gefasst, tropfenförmige Perlen an schwere Ketten gehängt, einzelne, große Diamanten schillerten in tausend Farben. Es war ein strahlendes Feuerwerk mit leuchtenden Lichtblitzen und es lag hier auf dem Tisch.

Pater Mackanzie war der erste, der sprach. „Das ist ja ... ein Vermögen! Das sind zehn Vermögen! Und es soll dir gehören, Patrick?“

„Sieht ganz danach aus“, Patrick war nicht so beeindruckt. „Es lag auch ein kurzes Schreiben bei den Juwelen.“

„Darf man den Inhalt erfahren?“ Fin erklärte auch gleich, warum er das wissen wollte. „Man muss damit rechnen, eines schönen Tages die Rechtmäßigkeit eines so überaus großzügigen Geschenkes nachweisen zu müssen. Englische Bluthunde haben durchweg feine Nasen.“

Patrick entfaltete ein kleines Blatt Papier. „Ihr könnt ruhig alle wissen, was drinsteht. Lady Cimberly hat es geschrieben und auch unterzeichnet.“ Langsam begann er vorzulesen.

„Master Patrick Mac Laurin,

da Ihr diese Zeilen lest, habt Ihr die Schatulle bereits geöffnet. Mein

Gatte hinterließ beim Lordkanzler ein Testament, welches unseren gesamten Besitz der englischen Krone vermacht, solange keine direkten Nachkommen existieren.
Er versprach sich davon große Vorteile für seine ehrgeizigen Pläne.
Dort, wo mein Gatte und ich uns jetzt befinden, spielen weder Besitz noch Politik eine Rolle. Mag England sich gierig auf unser Erbe stürzen.
Euch, Master Mac Laurin, bitte ich diese wenigen Stücke anzunehmen.
Mein Vater schenkte sie mir in glücklicheren Tagen. Mir liegt daran, sie in guten Händen zu wissen.
Schmückt damit einst Eure Braut.

Indirah Sathem Dewi, Lady Cimberly"

Patrick nahm eines der kostbaren Schmuckstücke und ließ es durch die Finger gleiten. „Was meinst du, Fin, wieviel ist so etwas wert?"

Der wiegte abschätzend den Kopf hin und her. „Hmmm, ich bin da kein Spezialist, aber zwanzig bis dreißig Tausend Pfund Sterling ist allein das wert, was du in der Hand hältst. Mindestens. Eher mehr ... Ja, seht nur genau hin! Das sind Juwelen für eine Königin. Dafür kaufst du ganz Schottland und halb London noch dazu."

Allen verschlug es die Sprache.

Patrick sprach in die Runde. „Es versteht sich von selbst, dass ihr alle kein Sterbenswörtchen über diesen Abend erzählen werdet. Vergesst, dass es ihn jemals gab. Rose, Cathy!"

Während Cathy nur stumm nickte, stemmte Rose die Hände in die Taille und fragte streitlustig. „Was willst du damit sagen, Pat? Dass ich den Mund nicht halten kann?"

Fin kam Patrick zu Hilfe. „Er will damit sagen, dass die Engländer nicht nur feine Nasen, sondern auch sehr feine Ohren haben. Und wenn sie Wind von einem solchen Vermögen bekommen, kann es sein, dass ihre unstillbare Gier nach Geld sich nichts aus einem Schenkungspapier macht. Nicht nur Patrick, sondern jeder einzelne, der heute Abend dabei ist und vor Gericht bezeugen könnte, dass diese Juwelen den Mac Laurins gehören, würde dann auf einer Liste landen. Und hinter die Namen, die auf dieser Liste stehen, würde man gerne ein Kreuz setzen. Ein schwarzes Kreuz. Auch hinter meinen, schönste aller Rosen!" Das Mädchen formte mit ihren Lippen ein „Ooooh", blieb aber stumm.

Patrick drehte sich zu Pater Mackanzie. „Pater, tröstet alle, die in den letzten Tagen gelitten haben. Durch die Großzügigkeit der Lady sind unsere Steuern bezahlt bis zu unseren Kindeskindern. Aber macht keine großen Versprechungen. Das wäre der falsche Weg. Wir werden gutes Wetter haben und eine gute Ernte, alles andere darf niemand auch nur ahnen. Alles andere wäre tödlich."

„Du hast recht, Patrick. Ja, bei Gott, wie recht du hast!" Mackanzie nickte bedächtig mit dem weißen Kopf.

Rose hüpfte vergnügt in die Luft und umarmte Fin fröhlich. „Oh, es ist einfach zu schön! Vater, was sagst du dazu? Ist es nicht ein Geschenk des Himmels? Wir können der Lady nicht dankbar genug dafür sein. Es soll immer eine brennende Kerze für ihre arme Seele in der Kapelle stehen, solange ich lebe!" Rose strahlte und sie konnte gar nicht verstehen, wieso der Vater und Onkel Murdoch sich so einsilbig und zurückhaltend verhielten.

Auch Patrick bemerkte die verschlossenen Minen der beiden.

„Geht es dir gut, Vater? Es ist schon mitten in der Nacht und du … Jetzt brauchst du dir keine Sorgen um das Schloss und den Clan zu machen. Siehst du? Es ist doch noch alles gut geworden."

Patrick hatte sich wie früher als Junge, auf eine der Armlehnen von seines Vaters Sessel gesetzt. Der alte William lächelte Pat müde an.

„Aber ich freue mich doch, mein Junge. Aye, es ist eine große Erleichterung und ein Glück für den ganzen Clan. Aber wie groß wäre mein Glück gewesen, wenn heute Abend Allan bei uns gewesen wäre und sich mit uns gefreut hätte … Komm, Murdoch, hilf mir hinauf. Es wird langsam Zeit für uns."

Nur noch die beiden jungen Paare und der Pater waren im Kaminzimmer.

„Es wäre gut, wenn Ihr die Nacht heute bei uns verbringen würdet, Pater, und das nicht nur wegen des Wetters und des langen Heimwegs."

Patrick nahm Catherines Hand und führte sie zu dem alten Mann. „Morgen früh, Pater, sollt Ihr mich und Cathy trauen." Rose staunte, Fin staunte, Cathy schlug die Hände verblüfft vors Gesicht, ja, selbst der alte Mackanzie stutzte vor Verwunderung.

„Morgen früh? Das geht nicht, Patrick, bei aller Freundschaft. Es gibt

Gebote, die einzuhalten sind. Wartezeiten ... Sicher, es gibt Ausnahmen, wenn ein Soldat in den Krieg zieht, zum Beispiel, oder wenn jemand im Sterben liegt. Aber du liegst ja nicht im Sterben, Pat."

„Nein, aber ich ziehe Morgen in den Krieg", entgegnete todernst Patrick, „oder zumindest in einen Kampf. Ich habe heute in meinem Versteck eine sonderbare Entdeckung gemacht. Eine gefährliche, ja tödliche Bedrohung, die ich bekämpfen und vernichten muss. Morgen! Bevor Schlimmeres geschieht."

Cathy klammerte sich ängstlich an Patricks Hand. Was hatte er vor? Hatte sie nicht schon genug Kummer durchlitten?

Pat sprach weiter. „Möglich, dass gar nichts weiter passiert. Es kann aber auch sein, dass ich den morgigen Tag nicht überlebe. Mein Kind soll dann nicht namenlos aufwachsen. Könntet Ihr Cathy und mich morgen früh trauen, Pater?"

Der Pater runzelte die Stirn. „Ich kann euren Leichtsinn nicht gutheißen, Kinder. Aber um deinem Vater einen weiteren Kummer zu ersparen, will ich euch morgen im Bund der Ehe vereinen."

Trotzdem drehte er sich noch einmal zu Pat, um ihm eindringlich zu raten. Leise flüsterte der Pater in Patricks Ohr.

„Die Ehe ist kein Kinderspiel, mein Junge. Überstürze nichts. Bist du sicher, dass du mit Catherine die beste Wahl getroffen hast? Es wird immer wieder Kinder geben, die außerhalb einer Ehe gezeugt wurden, leider Gottes! Ich weiß, ich weiß, Cathy ist ein anständiges Mädchen! Die Frage ist, ob du ihr auch ein verlässlicher Gatte sein kannst! Einer, der ihrer würdig ist?" Mackanzie schien mit stechendem Blick geradewegs in Patricks Seele schauen zu wollen.

„Ihr könnt unbesorgt sein, Pater. Ich werde für mein Weib und mein Kind sorgen und sie nie im Stich lassen. So, wie die Kirche es von uns verlangt."

Auf Pater Mackanzies Stirn zeigten sich einige Sorgenfalten.

„Wenn du also entschlossen bist, Pat, will ich euch trauen, aber enttäusche mich nicht! Ich warne dich! Cathy ist ein gutes Mädchen. Du wirst der neue Clanchef sein und dein Sohn nach dir. Ich hoffe, euer Kind wird uns auf einem sicheren Weg in die Zukunft führen." Mackanzie machte das Kreuzzeichen vor der Brust.

Leiser Donner ertönte aus der Ferne. Das Gewitter war weitergezogen.

Der Regen hatte aufgehört. Rose zog die schweren Samtvorhänge wieder auseinander und öffnete kurz eines der großen Fenster.

„Hmmm, Fin riech mal: Heidekraut. Gut nicht?"

Fin trat neben sie und schnupperte.

Rose stieß ihn an und flüsterte: „Was hat er nur vor, Fin? Weißt du etwas? Von welcher Gefahr spricht mein Bruder?"

Fin flüsterte zurück: „Ich weiß genauso wenig wie du, Rosi. Ich kann mir nicht vorstellen, was er meint."

Cathy wollte sich verabschieden, reichte Mackanzie die Hand. „Pater, bitte, haltet Ihr meinen Patrick von seinem Vorhaben ab. Auf Euch wird er sicher hören."

Mackanzie streichelte dem Mädchen übers Haar. „Meine liebe Cathy, ich bin gewiss der Letzte, auf den Pat hören würde. Du kennst doch das Temperament der Mac Laurins. Ich glaube nicht, dass wir ihn umstimmen können."

Rose, in dem Bemühen Patrick zu unterstützen, was immer er vorhatte, schob Fin zu ihrem Bruder. „Pat, nimm doch wenigstens Fin mit. Er ist sehr mutig. Wenn er bei sich zu Hause auf Walfang war, wird er dir doch sicher hier auch eine Hilfe sein."

Patrick, der gerade den letzten Rest von seinem Ale getrunken hatte, prustete das Getränk in hohem Bogen wieder von sich. Dann lachte er schallend und schlug sich auf die Schenkel. „Gibt's ja nicht! Und das glaubst du ihm, Rose? Obwohl, wenn ich es recht bedenke, wäre eine Harpune genau das richtige, wenn es morgen losgeht."

Fin ließ sich nicht erschüttern. „Sei kein Narr, Pat. Was immer du vorhast, jede Gefahr wird kleiner, wenn ihr zwei Männer entgegentreten, statt einem. Du kannst auf mich zählen, das weißt du hoffentlich. Meine Pistolen sind rasch geladen und mein Degen ist scharf."

Aber Pat ließ sich nicht umstimmen. Als er Cathy zu ihrer kleinen Kammer begleitete, versuchte sie es nochmals. „Mir zuliebe, Pat." Und sie küsste ihn so zärtlich, wie sie nur konnte.

„Jede andere Bitte, Cathy, jeder andere Wunsch! Nur dieses eine nicht. Denke nicht weiter daran, Liebste, denke lieber daran, dass ich dich morgen zu Cathrine Mac Laurin mache. Also schlafe gut und angenehme Träume." Er verbeugte sich übertrieben höflich und deutete einen grazilen Handkuss an.

Das Mädchen stöhnte. Sollte sie denn gar nichts tun können? Doch! Eines!

„Hier, Pat. Nimm das. Wenn du schon nicht auf mich hören willst, dann lege dein Geschick in die Hände des Heiligen Andreas. Mag er dich behüten, wie er mich behütet hat." Cathy nahm die feine, silberne Kette mit dem kleinen silbernen Andreas-Kreuz ab und legte sie Patrick um den Hals. „Es ist natürlich nicht so kostbar wie die Juwelen der armen Lady, aber ..."

„Cathrine Burns, ich verspreche dir, morgen Abend bringe ich dir die Kette zurück, unbeschädigt und an einem Stück. Und mich dazu. Ebenso unbeschädigt!" Und da Pat dazu frech grinste, musste auch Cathy lächeln.

Als Cathrine die Tür geschlossen hatte, stieg Pat die Stufen zu seinem Zimmer herab. Aber nicht wie sonst im drei-Stufen-Schritt, sondern langsam und bedächtig. Er trat auf jede einzelne Steinstufe, so als sollten selbst die Mauern erfahren, wer der Herr auf Mac Laurin Castle war.

Abrechnung

Als Fin in Patricks Schlafzimmer kam, hatte er saubere Leinenbinden, Salbe und einen nassen Lappen zum Säubern der Kopfwunde dabei.

Das Zimmer erglühte im roten Lichtschein des Torffeuers im Kamin.

„Wenn du erlaubst, öffne ich das Fenster etwas. Dieser Torf stinkt."

Pat saß auf seinem Bett und beobachtete jede Handbewegung, die Mc Intyre machte. „Wir müssen leise sein, wenn das Fenster offen ist." Fin machte sich daran, den alten Verband zu lösen. „Na bitte, sieht doch ganz gut aus. Wenn du morgen zur Trauung dein Barett aufsetzt, wird man den neuen Verband kaum bemerken."

Pat war immer noch stumm. Also sprach Fin weiter. „Du wirst morgen früh heiraten. Pater Mackanzie schien mir nicht so begeistert von deiner Idee!" Pat nickte. „Darf ich dein Trauzeuge sein?" Wieder nickte Pat.

„Und nach der Trauung gehen wir zusammen in den Kampf. Ich weiß nicht, gegen wen, oder warum, aber es ist auf jeden Fall besser, wenn ich mitgehe."

„Nein, du bleibst hier!" Pat bat nicht, er ordnete an.

„So, fertig!" Fin setzte sich neben Patrick auf das riesige Bett.

„Du musst hierbleiben, Fin. Du wirst Rose heiraten und hier auf Mac Laurin Castle leben. Wenn ich nicht wiederkomme, dann wird Rose das Clanoberhaupt werden, nach meinem Vater", scheinbar rechnete Pat mit dem Schlimmsten. „Du musst ihr dabei helfen. Und du wirst dich um meinen Sohn kümmern. Ich kann nur kämpfen, wenn ich weiß, dass ich mir darum keine Sorgen zu machen brauche."

Fin überlegte eine Weile. „Pat, was ist das für ein Kampf, erklär mir das."

Und Pat erklärte. Ganz leise, so, als hätten die Wände Ohren. Er erzählte von seinen Zweifeln, was Allans Tod betraf. Er erzählte von den Stieropfern. Und er erzählte über die Bedrohung in der Höhle und seine Flucht, die ihn in die Kapelle geführt hatte. „Du hast die Malereien an den Felswänden in der Höhle gesehen, Fin. Da ist etwas. Ich weiß nicht, was es ist, das mich erwartet, aber Morgen stirbt es."

„Und du gehst ohne mich?"

„Ja, ohne dich!" Pat streckte sich auf dem Bett aus und Fin legte sich neben ihn.

„Du musst nicht denken, Fin, dass ich besonders mutig bin, nein, bei Gott nicht. Ich gehe seit Tagen durch die Hölle. Ich weiß nicht mehr, wem ich trauen kann. Ich habe gute Freunde verloren und Tommy, den ich sehr mochte, starb in meinen Armen.“ Bei der Erinnerung an diese Augenblicke im Moor liefen Patrick Tränen über die Wangen. Fin hörte aufmerksam zu und Pat sprach weiter. „Dann habe ich einen Menschen getötet. Ich habe zusehen müssen, wie ein junger Bursche erschlagen wurde und ich konnte nichts tun, nur zusehen. Ich hatte mit dem Leben schon abgeschlossen. Nein, unterbrich mich nicht. Ich will jetzt darüber sprechen und dann niemals wieder. Ich hatte große Angst auch das Leben zu verlieren. Dann dachte ich an dich, und daran, wie sehr ich dich liebe. Sieh mich nicht an, Fin. Ich hasse es, wenn jemand sieht, dass ich weine.“ Patrick sprach weiter, mit leiser Stimme, ruhig und ohne zu stocken.

„Ich hatte Angst, ich würde dich niemals wiedersehen. Dass ich dir niemals sagen könnte, wie sehr ich dich in Wirklichkeit liebe. Aber glaube mir, Fin, immer wenn es besonders schlecht und hoffnungslos aussah, musste ich nur an dich denken, und dann war alles nur noch halb so schlimm.“

Dann drehte sich Patrick zu Fin und wischte sich mit dem Ärmel über die Augen, denn er schämte sich seiner Tränen, die er vor Glück weinte und nicht vor Kummer.

Als sie sich umarmten, spürten sie, dass etwas anders war. Es war nicht der Wunsch nach Lust, als sie sich aneinanderpressten. Es war, als hätten sie sich noch nie berührt. Sie hielten einander fest, wie Ertrinkende einen rettenden Ast umklammern. Als wäre ihre Unschuld zurückgekehrt. Die Berührungen waren sanft und vorsichtig. Die Liebkosungen zärtlich und behutsam. Beide Männer hatten alle Wildheit abgelegt. In dieser Nacht schufen sie sich ihre eigene Liebe. Eine Liebe, die echter nicht sein konnte. Echter als ein Goldring es jemals wäre. Echter als Schwüre und Worte.

Sie verschmolzen zu einem einzigen Körper, zitterten, einer in den Armen des anderen, stöhnten, liebkosten einander, ohne an den Morgen zu denken. Ohne einen Gedanken an die Welt um sie herum, die sie verdammte und jagte, war es Liebe die sie erlebten, die ihnen das Leben bisher vorenthalten hatte.

Pat war erschöpf eingeschlafen und Fin wollte gerade das Schlafzimmer verlassen, als er den geisterhaften Ruf eines Käuzchens hörte. Er ging zurück zum offenen Fenster und sah hinaus. Im silbernen Licht des

Vollmondes schaute er auf ein Nebelmeer. Er erinnerte sich an ein altes Lied, das die Frauen der Seefahrer auf Mainland sangen, wenn ihre Männer hinausfuhren, um auf rauer See ihre Netze auszuwerfen, oder wie früher, wenn sie zum Raubzug aufgebrochen waren. Eher eine Beschwörung als ein Lied.

Fin drehte sich zu Patrick, der im Mondlicht lag und schlief, wie auf einem Altar.

Leise flüsterte Fin die alten Worte:

„Schneller als das scheue Wild seist du,
und flinker als der Hecht in der Tiefe,
ausdauernder sei dein Lauf,
als der des grauen Wolfes in den Wäldern,
dein Blick reiche weiter,
als das klare Auge des Wanderfalken über den Wipfeln.
Nie verlasse dich Mut und Zuversicht."

Dann schloss er das Fenster und verließ lautlos wie ein Schatten das Zimmer.

*

Der Tag begann mit mörderischer Hitze. Trotzdem war der Boden feucht und weich. Der Regenguss der vergangenen Nacht hatte der ganzen Gegend gutgetan. Die Vögel zwitscherten und hatten leichtes Spiel mit den Regenwürmern.

Rose hatte es sich nicht nehmen lassen, Catherine ihr bestes Kleid für die Trauung zu geben. Das gute Blaue. Mit der Stickerei am Saum und am Mieder. Über die Schulter wurde ein wollener Schal in tiefe Falten gelegt und mit einer Nadel festgesteckt. Auch die breite Schärpe um Cathies Taille war reich bestickt. Ihre prachtvollen roten Locken wollten aber so gar nicht zu ihrem blassen Gesicht passen. Doch als sie in der Kapelle dem wartenden Patrick entgegenschritt, erglühten ihre Wangen. Auch Rose hatte sich sorgfältig gekleidet. Sie versuchte es heute mit schlichter Eleganz, also legte sie nur ihre Bernsteinkette mit den kleinen Perlen an, die zu ihrem schlichten Leinenkleid passten, einige frische Blüten im Haar und fertig. Fin machte ihr ein Kompliment für ihren erlesenen Geschmack und sie war überglücklich. Fin, im schwarzen Rock und einem blütenweißen Hemd mit Rüschenkragen und Spitzenmanschetten machte mächtigen Eindruck auf die Bediensteten, die im Hof arbeiteten und sich fragten, was nun wieder los war. Pat hatte seinen festlichsten Kilt angelegt und der Säbel an seiner Seite sah nicht wie ein Spielzeug aus.

Es war eine Trauung im engsten Kreis. Pat versprach Cathy flüsternd ein großes Fest, wenn erst einmal wieder Ruhe in den Highlands eingekehrt war.

Sein Vater und Onkel Murdoch hatten erst am Morgen von der Hochzeit erfahren. Man konnte schwer sagen, was die beiden davon hielten. Zumindest erhoben sie keine Einwände. Die Zeremonie war feierlich und kurz, so wie Pat es sich gewünscht hatte. Als die kleine Gesellschaft ins Freie trat, verabschiedete sich Pater Mackanzie rasch, denn er wollte sich eiligst wieder der Betreuung der Unglücklichen widmen, die von den englischen Strafmaßnamen betroffen waren.

Patrick rief lauf nach Jack. „Sattle mir Nick und bring ihn hierher. Ich will keine Zeit verlieren." Dann eilte er entschlossen ins Kaminzimmer, wo er die gewaltige sächsische Axt abhängte, die dort die Wand zierte. Aus einer Schublade im Sekretär nahm er eine Duellpistole und lud sie sorgfältig.

„Wie es aussieht, ziehst du in den Krieg. Darf man wissen, gegen wen?" Der alte William war ihm leise in den Raum gefolgt und ließ sich nun schwer in einen der Sessel fallen.

Pat sah ernst in die Augen seines Vaters. Sah er dort Angst? Angst um den Sohn?

„Ich werde gegen ein Ungeheuer kämpfen, Vater. Gegen einen Drachen oder den Teufel persönlich. Ich weiß es nicht ganz genau."

„Bevor du gehst, hör mich an, mein Junge." William hatte zu seinem jüngsten Sohn nie ein sehr inniges Verhältnis gehabt. Allan und Rose waren ihm stets näher gewesen. Er wusste selbst nicht, woran es lag, aber so war es nun einmal.

Doch als sein jüngster Sohn so schwer bewaffnet vor ihm stand, da erkannte William, dass aus Pat ein Mann geworden war, und zwar ein Mann, wie er selbst einer gewesen war.

„Hör mir zu, mein Junge. Du bist jung und tapfer. Du hast den Mut, gegen einen Teufel anzutreten, ich weiß es. Aber ich kenne die Höhle. Die

Männer der Mac Laurins lernen sie alle einmal kennen. Sie birgt dunkle Geheimnisse, Pat. Du bist den Mächten, die dort herrschen nicht gewachsen. Vergiss, was du erlebt hast. Vergiss die Höhle einfach. So, wie ich es getan habe, seinerzeit, und wir werden in Frieden hier leben können."

„Du erstaunst mich, Vater." Pat war wirklich überrascht. „Hast du mir nicht immer gepredigt, wie viele unserer Ahnen in den Aufständen um Schottland und unsere Freiheit gekämpft haben? Du warst es, der mich gelehrt hat, Verantwortung zu übernehmen für unser Land, unseren Clan. Wir, als Männer!

Soll ich zulassen, dass irgendeine Bestie auf unserem Land ihr Unwesen treibt und dabei nur zusehen?"

Pat wollte wieder aus dem Zimmer stürmen, doch sein Vater hielt ihn zurück.

„Patrick, ich habe gehört, dass du dich überall nach Lilith Mac Laurin erkundigt hast. Das du Nachforschungen über ihren Tod anstellst."

„Nun ... ja, das stimmt", gab Pat zögernd zu, „es hat mich neugierig gemacht, warum so vieles vertuscht wurde. Ich glaube nicht an einen Selbstmord, oder ein Ausreißen."

„Daran tust du gut, mein Sohn", seufzte der Vater. „Die Zeit, in der die schöne Lilith lebte, war nicht gerade rosig für die Mac Laurins. Damals gab es jahrelang keinen Tropfen Regen. Es kommt selten vor, dass die Highlands austrocknen. Damals war es so. Der Boden platzte auf vor Hitze. Er war knochentrocken. Mehrere Ernten hindurch. War eine böse Zeit, damals. Viele Menschen sind verhungert. Es begann erst wieder zu regnen, als man Lilith tot aufgefunden hatte."

„Was versuchst du mir zu sagen, Vater? Woran ist sie in Wahrheit gestorben?"

Der alte Mann war sehr aufgeregt und musste sich räuspern. Seine Stimme klang brüchig. „Nach all den Jahren des Grübelns und Nachdenkens bin ich fest davon überzeugt, dass sie ein Opfer jenes höllischen Wesens geworden ist, welches in unserem See haust."

Pat überlegte kurz und schüttelte dann zweifelnd den Kopf. „Das kann nicht sein, Vater! Lilith starb vor mehr als neunzig Jahren. Welches Wesen lebt so lange? Und sie war unverletzt, als man sie fand ..."

„Es gibt ähnliche Todesfälle, die noch viel weiter zurückliegen, Pat. Ich weiß, du hast dich nie damit beschäftigt, aber wenn man alt wird, dann beginnt man in Urkunden und Dokumenten zu forschen. Im Jahre 1556 war es Conall Mac Laurin, der tot aufgefunden wurde. 1318 fand man Tuan Mac Cairil, den Gatten von Dana Mac Laurin, der in den Clan aufgenommen worden war. Und 1092 war es Dairmait, den man…"

„Hör auf damit, Vater, es ergibt doch überhaupt keinen Sinn. Deine Fantasie und dieser verfluchte Aberglaube hier haben dir einen Streich gespielt. Das war vor Jahrhunderten. Selbst das größte Ungeheuer wäre schon an Altersschwäche gestorben."

Beschwörend hielt William seinen Sohn fest. „Hast du nicht die Malerei an den Höhlenwänden gesehen? Schon vor Jahrtausenden fürchteten die Menschen das Wesen aus der Tiefe des Sees." Doch Patrick wollte nichts wissen von den mystischen Vorstellungen seines Vaters. Er riss sich los.

„Wie lange es auch gelebt hat, Vater, heute stirbt es!"

„Master Pat, Master Pat, schnell, nur schnell … die Engländer!" Jack, der Pferdeknecht, kam ins Kaminzimmer gerannt, mit Schreck geweiteten Augen.

„Die Engländer, Master, sie wollen die neue Mistress mitnehmen."

Es dauerte einen kurzen Moment, bis Patrick begriff. Aber dann gab es kein Halten mehr.

Draußen wurde Patrick Zeuge eines seltsamen Schauspiels:

Ein englischer Sergeant, begleitet von einigen Berittenen, war gerade dabei, Cathrine zu fesseln und abzuführen. Im gleichen Augenblick begann Cathy zu schreien und Fin kam, völlig ahnungslos, mit Rose am Arm, aus der Kapelle.

Cathy war den Tränen nahe. Es gelang ihr aber, sich dem Sergeant zu entwinden. Sie versteckte sich hinter Pat, der Anstalten machte, die Duellpistole zu ziehen. Zum Glück kam Fin gerade zu recht.

„Ja, um Himmels Willen, was ist geschehen?" Fin stellte sich zwischen den Soldaten und Patrick. Dann zog er mit größtmöglicher Ruhe sein Einglas aus der Rocktasche, um den Mann unter die Lupe zu nehmen.

Der Sergeant konnte sich nicht so recht entscheiden, ob er dem eleganten Gentleman Rede und Antwort stehen sollte, oder lieber das wilde Frauenzimmer verfolgen. Doch Fins Blick ging in anmaßende Autorität über, ein Trick, den er dem Lordkanzler abgeschaut hatte. Gewohnt, Höhergestellten zu gehorchen, blieb also der Engländer stehen, ließ aber

Cathy nicht aus den Augen. Mittlerweile hatte sich ein Ring von stummen Zuschauern gebildet, die alle mehr oder minder nichts zu tun hatten, als die Ohren zu spitzen.

„Nun? Wie heißt Ihr doch gleich?“ Fin sprach herrisch und befehlsgewohnt.

„Willson, Sir, Sergeant Willson!“ Der Mann salutierte. „Mir obliegt der Befehl im Militärposten nach dem Tod von Lord Cimberly. Ich muss die Ruhe wiederherstellen und die Vorgänge untersuchen, die sich seit dem Aufstand ereignet haben.“

„Und Ihr denkt, die Verhaftung dieser Lady wäre hilfreich? Seit dem Schicksal dankbar, Willson, dass ich Euch vor dieser Dummheit bewahrt habe. Darf ich vorstellen: Cathrine Mac Laurin, Gattin von Patrick Mac Laurin, dem Gentleman, der dort so grimmig dreinschaut und auf Euch angelegt hat. Oh, ich vergaß, mein Name ist Fingal Mc Intyre, Sekretär des Lordkanzlers in London. Angenehm Eure Bekanntschaft zu machen, Master.“ Damit verbeugte sich Fin graziös und blickte noch viel hochmütiger durch sein Einglas.

Willson wurde stur. „Aber ich kenne diese Person. Sie ist die Schwester eines Rebellen und ihr angeblicher Gatte war auch schon bei uns im Kerker, ist dann aber geflüchtet. Den nehme ich auch gleich mit.“

Willson machte Anstalten, sein Vorhaben in die Tat umzusetzen und winkte zwei Soldaten, ihm zu helfen.

„Ihr wisst, Willson, dass der Lord und ich Freunde waren, nicht wahr? Ich kenne seinen Bericht. Nun, dann solltet Ihr auch wissen, dass im Bericht über die Rebellen kein Mac Laurin erwähnt wird.“

„Aber ich habe ihn selbst gesehen, Sir.“ Willson fühlte sich im Recht und er wollte darauf beharren. Die Soldaten in seinem Rücken hörten mit und vor diesem Publikum konnte er sich keine Blöße geben. Voller Entrüstung polterte Fin los: „Wie, Sergeant, Ihr behauptet also, Lord Cimberly hätte absichtlich im Tagesbericht Informationen und Tatsachen unterschlagen? Ihr seid ein mutiger Mann, Willson. Selbstverständlich müsst Ihr gute Gründe für Eure Behauptung haben. Einen Peere des Königreiches anzuklagen ist schon ein gewagtes Unternehmen.“

Willson wurde blass. Er klang schon ziemlich eingeschüchtert, als er antwortete. „Anklagen, Sir? Aber wieso, das ist nicht meine Absicht.“

„Mein guter Mann, Ihr könnt doch nicht annehmen, dass Master Mac

Laurin nicht eine Untersuchung des Falls beantragen wird. Ihm wird von Euch Hochverrat vorgeworfen. Auch seiner Gattin. Und seht Euch um! Dutzende von Ohren verfolgen jedes unserer Worte. Ich selbst werde mir gestatten, den Fall vor den Lordkanzler zu bringen. Lord Cimberly war einer seiner engsten Freunde, müsst Ihr wissen. Außerdem geht es um die Interessen der Krone. Das Vermögen des Lords fällt an das Empire. Ihr wisst doch, wie willkommen diese Tatsache ist? Ach, wie sich unser guter König freuen wird, möge Gott ihn segnen." Fin schlug ein Kreuzzeichen vor der Brust und faltete scheinheilig die Hände. Dann dozierte er weiter: „Nun ja, Ihr dagegen werft dem Lord Untreue vor. So sagtet Ihr doch?"

Willson beeilte sich, das zu verneinen. „Aber nein, Sir, das tue ich nicht! Ihr habt mich falsch verstanden. Ich tue nur meine Pflicht. Wenn Master Mac Laurin und seine Gattin unschuldig sind, wird das Gericht das feststellen." Der Mann war aufgeregt und puterrot im Gesicht. Der ganze Auftritt war ihm zuwider. Fin jedoch tat gelangweilt und ließ sein Einglas hin und her baumeln.

„Ja, ja ich weiß schon. Ihr erhebt Anklage gegen die Mac Laurins ... die Mac Laurins ihrerseits erheben Einspruch. Das führt dazu, dass eine höhere Instanz in Edinburgh bemüht werden muss ... Ihr müsst Beweise bringen ... ach, Ihr habt doch Beweise, Willson? ... und auch die Mac Laurins müssen Beweise bringen ... Ihr zweifelt an Cimberlys Wort, das führt dazu, das der Kronanwalt in London eingeschaltet wird ... Und somit werden alle Untersuchungen nochmals durchgeführt, alle Zeugen nochmals vernommen – wohlgemerkt in London. Ach, könnt Ihr Euch einen Aufenthalt in London leisten, Willson? – und das dauert dann im günstigsten Fall drei bis vier Jahre. Und solange darf Lord Cimberlys Vermögen nicht der Krone übergeben werden, da er in ein Hochverratsverfahren verwickelt ist. Unglücklicherweise, das alles in einem Moment, in dem unser guter König jeden Penny für den Krieg in den Kolonien braucht. Und Ihr glaubt, der Lordkanzler, das Oberhaus und die Krone sehen dem tatenlos zu, Sergeant Willson? Ich sehe in Eurem Gesicht, dass Ihr berechtigte Zweifel daran hegt. Seht Ihr, Master, darum nannte ich Euch vorhin einen mutigen Mann!"

Willson wusste vor Verwirrung nicht ein noch aus. Fin nahm ihn beiseite und erklärte sanft: „Es ist nicht leicht für Euch, die Verantwortung für den Militärposten zu tragen, nicht war, Willson?", dabei legte er dem

Mann die Hand freundschaftlich auf die Schulter.

„Nein, bei Gott! Es ist eine verflucht schwere Aufgabe. Sir!“ Willson schwitzte in seiner Uniform wohl mehr aus Angst vor seiner düsteren Zukunft als vor Hitze.

„Dennoch denke ich, dass Ihr der richtige Mann auf diesem Posten seid, Sergeant. Wenn ich Euch allerdings einen Rat geben dürfte …“

„Ja, Sir, seid so gut. Ich wäre für jede Unterstützung dankbar. Es ist gar nicht so leicht, seine Pflicht zu tun und bei der Obrigkeit kein Missfallen zu erregen.“ Willson versuchte, sich geschickt aus der Affäre zu ziehen.

„Wenn Ihr mich fragt, lasst die Sache mit der Rebellion einschlafen. Die Anführer sind tot. Ihr habt die Ruhe also wieder hergestellt. Das ist doch mal eine gelungene militärische Operation gewesen! Cimberlys Ende ist natürlich tragisch, aber mal ganz unter uns, Sergeant: Wer vermag schon ein Ehedrama zu verhindern, nicht wahr? Man weiß ja, wie unangenehm Cimberly sein konnte. Ein Mac Laurin wurde nie verhaftet, konnte deshalb auch nicht ausbrechen. Ist doch logisch, oder? Ihr habt die Sache also bestens im Griff. Seht Ihr, so einfach ist das! Und, Willson, ganz im Vertrauen, Euch kann ich es ja sagen, denn Ihr seid ein vernünftiger Mann: Die hohen Beamten wollen keinen Wirbel hier, im Norden. Die Minister in London haben die Nase gestrichen voll von dem ewigen Gezänk in Schottland. Sind irgendwie alles Raufbolde, was, was …?“ Lachend piekste Fin den armen Willson in den Bauch und grinste ihm verschwörerisch zu.

Willson war völlig eingeschüchtert und wagte kaum zu atmen. „Das hört sich alles so leicht an, Sir, aber ich bin nur ein einfacher Mann, ohne große Bildung, wie die feinen Herren. Ich weiß nicht, ob es mir gelingt, den Bericht so abzufassen, dass die ganze Angelegenheit auch wirklich …“

„Keine Sorge, Sergeant, einem tüchtigen Soldat Englands stehe ich gerne mit Rat und Tat zur Verfügung.“ Fin verneigte sich leicht gegen Willson.

Der machte einen tiefen Atemzug. „Da hab ich ja noch mal Glück gehabt, dass Ihr mich rechtzeitig gewarnt habt, Sir! Ich bin Euch sehr zu Dank verpflichtet, Sir.“

„Nichts zu danken, guter Mann. Ich komme in den nächsten Tagen vorbei und helfe Euch, den Bericht zu schreiben. Einen schönen Tag wünsche ich Euch und Euren Männern, Sergeant.“ Dann reichte er Willson ein silbernes Geldstück. „Für die durstigen Kehlen unsere tapferen Soldaten.

Ein gutes Ale weiß man doch immer zu schätzen, nicht?“

Willson salutierte zackig, bestieg sein Pferd und verabschiedete sich militärisch knapp. Endlich mal ein Gentleman, mit dem man ein vernünftiges Wort reden konnte. Im Grunde war ein Ale um Meilen besser als eine Auseinandersetzung mit diesen halsstarrigen Kilt Trägern.

*

„Ach, Fin, mein Liebster, ich habe gleich gewusst, dass du alles in Ordnung bringen wirst.“ Rose war überwältigt. Sie hatte zwar nicht alles gehört, aber es verstand sich von selbst, dass ihr Bruder so etwas nicht fertiggebracht hätte.

Doch der hatte andere Dinge im Kopf. Pat packte den alten Hamish am Arm und zog ihn zu sich her. „Du kennst doch die beiden Türen, die aus der Kapelle hinab führen in den unterirdischen Gang! Wenn ich weg bin, hole Steine und Mörtel und mauere die Türen zu. Hast du verstanden?“

Hamishs Augen blitzten unternehmungslustig. „Ja, Master, habt keine Sorge, ich werde es richtig machen.“

Pat sprang auf Nicks Rücken und ohne ein weiteres Wort, ohne einen Blick zurück, ließ er dem Pferd die Zügel schießen. Wie der Wind war er zum Burgtor hinaus und ritt den Weg entlang.

Rose schimpfte. „So ein Rüpel! Hat sich nicht mal von der armen Cathy verabschiedet. Sieh nur, wie ängstlich sie ihm hinterherschaut.“ Fin seufzte gedankenverloren. „Vielleicht ging er deshalb ohne Gruß. Ist ihm auch so nicht leichtgefallen.“

Fin zögerte nicht länger. Er ging ins Haus, hinauf in Patricks Zimmer, zum geheimen Waffenversteck unter den Dielen. Dort nahm er einen langen Dirk, dazu einen kurzen Dolch und auch der Speer musste mit. Dann ging er hinaus auf den Burghof. Gerade im richtigen Augenblick sah er Hamish, der mit gewohnt langsamen, schlurfenden Schritten über den Hof hinkte.

„Hamish, du magst Master Patrick doch gern“, ein unverständliches Brummen hinter dem riesigen Schnauzbart war die Antwort. „Master Patrick vertraut dir, nicht wahr?“ Hamish wollte einfach weitergehen, doch Fin versperrte ihm den Weg. „Du weißt, wohin er geritten ist. Ich muss hinterher. Er hat niemanden, der ihm beisteht und er wird Hilfe bitter nötig haben ... Verdammt, du Holzkopf, ich habe hier schon meinen besten Freund beerdigen müssen, ich will nicht auch noch meinen ... Schwager verlieren!"

Hamish blinzelte hinter seinen buschigen Augenbrauen hervor. Er hatte Recht, dieser modische Geck aus London. Hamish betrachtete Fin etwas genauer. Scheinbar war er zufrieden mit dem, was er sah, denn er nuschelte nur kurz: „Folgt mir, Master!", und machte sich langsam auf den Weg zur Kapelle.

Nick flog nur so dahin. Er kannte die Gegend und würde trotz der Geschwindigkeit keinen Fehltritt tun. Es war nicht lange her, da hatte Patrick sich lustig gemacht über tapfere Männer, die scheinbar sinnlos andere, ebenso tapfere Männer zum Kampf herausforderten. Pat hatte nie viel fürs Kämpfen übriggehabt. Doch heute war es anders. Er spürte seine eigene Kraft, spürte, wie sein Blut heißer floss als sonst, und er fühlte, dass die Sache, für die er kämpfte, eine gerechte war. Die Unruhe des Kriegers vor der Schlacht war über ihn gekommen. In seinem Kopf hatte ein Plan Gestalt angenommen. Er wollte leise in die Höhle schleichen und dort kein Licht entzünden. Im Dunkel verborgen wollte er warten, ob sich der Feind zeigte. Wenn ja, dann entschlossen aus der Höhle heraus angreifen. So sollte es eigentlich zu machen sein.

Die Oberfläche des Sees war spiegelglatt. Wie poliertes Glas lag der See ruhig und friedlich im Sonnenlicht. Gab es hier überhaupt einen Feind?

„Hoo, Nick, hoo!" Das Pferd blieb stehen. Pat rutschte geschmeidig von Nicks Rücken herab. Er nahm ein Ohr des Pferdes in die Hand und flüsterte hinein. „Warte hier auf mich, lauf nicht weg, ja?"

Zur Antwort erhielt Pat ein zustimmendes Wiehern. Der Braune wusste genau, was von ihm erwartet wurde. Leichtfüßig stieg Pat hinab zum Seeufer. Ein Schauder kroch ihm über den Rücken. Hier in der Nähe mussten der Lord und seine Frau gestorben sein. Ein kleiner Kahn lag immer noch am Ufer. Pat wunderte sich. Wem der wohl gehörte? Doch das war jetzt unwichtig. Nach einigem Suchen fand er den Eingang zur Höhle. Patrick kroch gewandt hinein. Schon befand er sich im vorderen Bereich des riesigen Saales.

Patrick hatte erwartet, völlige Dunkelheit vorzufinden, doch er hatte sich geirrt. Eine Lampe brannte und erhellte mit ihrem goldbraunen Licht diesen Teil der Höhle. In der Nähe der Lampe, kaum vom Gestein zu unterscheiden, hockte ein Mensch auf dem Boden. Patrick kniff die Augen zusammen und blinzelte angestrengt ins Halbdunkel, um etwas zu erkennen. Dann lachte er bitter auf.

„Ich wusste, dass ich dich hier finden würde, Onkel Murdoch. Irgendwie wusste ich es!“ Pat ging auf die sitzende Gestalt im hellen Gewand zu. Der alte Mann blickte auf und nickte niedergeschlagen.

„Und ich wusste, dass du hierher zurückkehren würdest. Ich kenne dich, mein Junge! Das hier lässt dir einfach keine Ruhe. Und dabei ist doch alles umsonst gewesen, alles umsonst.“

Das klang nach tiefer Verzweiflung und großem Kummer. Aber es war nicht die Zeit für Mitgefühl. Pat sprach ruhig weiter.

„Ich soll dir Grüße ausrichten, von Allan!“ Damit griff er in seinen breiten Gürtel und zog ein Spitzentaschentuch heraus. Das schleuderte er zornig seinem Onkel vor die Füße. „Hier, versuche es einmal ... ja, ja, ich meine, was ich sage!“ Murdoch sah ihn verständnislos an. Pat kam ganz nahe zu ihm heran. „Versuche mal, nach was es schmeckt.“

„Wie meinst du das, ich verstehe dich nicht, Pat.“

„Es ist nicht salzig, Onkel Murdoch. Es schmeckt überhaupt nicht salzig. Wo Allan es doch bei sich trug, als er ertrank ... im Meer ertrank!“

Pat sprach überlegt und langsam. Er zwang sich zur Ruhe, obwohl er innerlich kochte. Hier, bei diesem Mann, in dieser Höhle, war die Lösung des Geheimnisses zu finden. Patrick konnte es förmlich mit den Händen greifen.

Murdoch Mac Laurin stand auf. Er war ein großer Mann und der Schein der Lampe warf seinen Schatten riesengroß und bedrohlich an die Wand.

„Er starb nicht im Meer.“

„Ich weiß!“, zischte Pat zornig, „Allan starb auf seinem eigenen Land. Und er war glücklich, als er starb. Er lächelte. Starb er vielleicht wie Lilith Mac Laurin und all die anderen vor ihr?“ Pat hatte immer lauter gesprochen und seine Worte hallten wider in der Tiefe der Höhle.

Murdoch winkte müde ab. „Davon verstehst du nichts, Pat. Wir hätten dich in alles eingeweiht, wie deinen Bruder auch, nur viel später. Aber jetzt ...“, hilflos ließ Murdoch die Arme sinken. „Alles war geregelt und in bester Ordnung. Doch diese Juwelen machen alles zunichte."

„Was redest du da? Diese Juwelen retten den ganzen Clan auf Generationen hinaus. Und die Pächter dazu." Pat war wütend aufgebraust. Es schien, als sei ein Zusammenstoß unausweichlich.

„Hast du nicht zugehört, Pat? Wir hatten die Sache schon geklärt. Alles wäre gut geworden, auch ohne die schöne Lady und ihr großzügiges Geschenk." Murdoch stand jetzt würdevoll und gebieterisch vor seinem Neffen. Sein langes Gewand, seine fast weißen Locken und der wallende Bart gaben ihm etwas von einem Patriarchen der Urzeit. Aber Pat ließ sich nicht beeindrucken.

„Was geht mich der verdammt Schmuck an? Ich will die Wahrheit über Allans Tod wissen. Warst du es, Onkel Murdoch?" Endlich war die Frage heraus, die Patrick so lange auf der Seele gelegen hatte.

Der alte Mann schüttelte den Kopf. „Nein, Pat! Ich war es nicht. Du weißt doch, dass ich ihn liebte, wie einen Sohn."

„Und wieso dann all diese Lügen?"

„Du erinnerst dich doch an die Bittgottesdienste, Patrick? Dein Vater und Allan saßen dabei immer in der vordersten Bank. Aber das allein war eben nicht genug. Du weißt, was man vom Clanoberhaupt erwartet! Wir tragen die Verantwortung für einige hundert Menschen, Pat. Und wir haben alles versucht, wirklich alles! Allan hat den Kredit erkämpft, in London. Auf die zukünftige Ernte. Es fehlte nur noch das richtige Wetter. Die verfluchte Sonne, nach dem verfluchten Regen!" Murdoch griff nach ein paar bereitliegenden Ästen und entzündete ein kleines Feuer.

„Komm Pat, setzt dich zu mir. So spricht es sich leichter."

Patrick setzte sich, blieb aber auf der Hut.

„Wir gaben in der Kapelle unsere Seele dem Herrn, damit er uns beistehe. Und den alten Göttern gaben wir hier ... Allans Leben!"

Murdoch hatte klar und deutlich gesprochen. Dennoch schien es Patrick, als hätte er nicht richtig gehört.

„Ihr habt waaas?", keuchte Patrick. Es nahm ihm den Atem. Pat starrte seinen Onkel an, als sähe er ihn zum ersten Mal. War dieser Mann wirklich Murdoch Mac Laurin? Oder war er ein Fremder? Ein Wahnsinniger?

Von einem Augenblick zum anderen wurde Murdoch wieder der ernste, verständige Mann, den Pat so schätzte.

„Versteh doch, Pat. Wir und die Generationen vor uns waren schon oft in schwierigen Lagen. Und trotzdem haben wir es immer wieder geschafft uns selbst zu helfen. Unsere Götter haben uns nie verlassen. Verstehst du? Doch wenn du von den Göttern etwas erbittest, musst du eine Gabe bringen, etwas Kostbares. Du musst etwas opfern. Wir alle wissen das. Auch Allan wusste das. Und er war einverstanden. Er war das Kostbarste, was der Clan zu geben hatte. Auch Lilith wusste das und die anderen vor ihr."

In Patricks Kopf begann es zu dröhnen. Hörte er das alles wirklich? Wie ein Nebel legten sich die grausigen Worte um seinen Verstand. Menschenopfer? Doch dann sah er seinen Onkel leibhaftig vor sich und riss die Axt aus dem Gürtel. Der Widerschein der Flammen fiel auf die Schneide und färbte sie blutrot.

„Lüge, nichts als Lüge", schrie er, „du willst nur deine wahnsinnige Tat rechtfertigen. Du hast einen schrecklichen Mord begangen und versuchst jetzt, dich mit abergläubischem Geschwätz reinzuwaschen. Niemals hätte Allan bei so etwas Irrsinnigem mitgemacht! Du hast ihn ermordet, du allein, und das ist die Wahrheit, sonst nichts." Patrick hob den Arm, bereit, zuzuschlagen.

Murdoch rührte sich nicht. Ganz niedergedrückt und mit krummem Rücken saß er da.

„Patrick, ich schwöre, ich habe niemals Hand an Allan gelegt. Ich liebte ihn zu sehr. Außerdem gibt es da andere, die im Rang höher stehen als ich."

„Welche anderen? Sprich, verdammter Bastard, bevor ich dir den Kopf vor die Füße lege."

„Das Ritual verlangt nach einem Meister, der alle Geheimnisse kennt und Bescheid weiß. Das bin nicht ich, Patrick."

Pat verlor jede Geduld. „Wer, verfluchter Lügner, wer hat Allan ermordet?" Nur noch der brennende Wunsch, den Namen des Schuldigen zu erfahren, hielt Patrick davon ab, die Axt niedersausen zu lassen.

„Und wieder bist du es, Patrick. So wild und ungezähmt wie immer!"

Pat fuhr herum, wie von der Tarantel gestochen. Die Stimme war aus dem hinteren Teil der Höhle gekommen. Patrick versuchte das Dunkel mit Blicken zu durchdringen, doch das war nicht nötig, denn eine Gestalt trat mit gemessenen Schritten aus dem Schatten in den Schein des kleinen Feuers.

Angewidert spuckte Pat aus, als er den Sprecher erkannte.

„Ich wusste es." Pat zischte voller Hass. „Natürlich Ihr, wer sonst? Wann immer es für uns Mac Laurins schlecht ausgeht, hat ein verfluchter Mackanzie seine Finger im Spiel."

Herablassend und selbstsicher entgegnete Pater Mackanzie: „Wenigstens an diesem Ort solltest du deine kleinlichen Sticheleien unterlassen, Junge." Patricks Axt beindruckte ihn scheinbar nicht.

Der Pater kam langsam näher. Er trug ein ähnliches Gewandt wie Murdoch. Mit lächelndem Mund schritt er auf den jungen Mac Laurin zu.

„Unhöflich und wild, wie stets, nicht wahr, Patrick? Da war Allan doch ein ganz anderer. Er machte sich große Sorgen um die Ernte, musst du wissen. Darum war er auch bereit, das letzte Mittel, das Verzweifelste, in die Waagschale zu werfen. Nur zu schade, dass durch das noble Geschenk der Lady sein Opfer so sinnlos wurde."

Pater Mackanzie war ans Feuer getreten. Einladend zeigte er neben sich. Doch Pat blieb misstrauisch in einiger Entfernung stehen.

Der Pater fuhr fort. „Du glaubst vielleicht, dass du es mit ein, zwei Spinnern oder Verrückten zu tun hast, die ihre Zeit damit verbringen, sich Gruselgeschichten auszudenken. Dem ist durchaus nicht so, mein lieber Patrick. Wir sind weit gestreut und durch ein feingewebtes Netz miteinander verbunden. Wir haben Brüder in ganz Britannien. Unsere Verbindungen reichen nach Frankreich, Irland und nach Dänemark. Es gab uns schon immer und es wird uns immer geben. Unsere Bruderschaft wird immer mächtiger und ..."

„Ach was", unterbrach Pat verächtlich. „Hier wird es euch jedenfalls nicht mehr geben! Dessen seid gewiss! Alle beide. Der Zugang zur Kapelle ist schon zugemauert. Eure blutigen Stieropfer wird es nicht mehr geben, das versichere ich euch. Und was euch beide angeht, wer auch die Schuld am Tod meines Bruders trägt, wird diese Höhle nicht lebend verlassen. Das schwöre ich."

Patrick hatte leidenschaftlich gesprochen. Jetzt stand er breitbeinig da, warf den Kopf stolz in den Nacken und schien zu überlegen, welchen der beiden alten Männer er töten sollte. Mackanzie erkannte seine Entschlossenheit.

„Du willst gegen uns kämpfen?" fragte höhnisch der Pater. „Lächerlich! Du kannst nicht siegen, Pat! Die Götter sind auf unserer Seite." Er warf noch weitere Äste und trockenes Stroh ins Feuer und die Flamme loderte wieder auf.

Pat stieß seinen Onkel mit dem Fuß an. „Wie konntest du es so weit kommen lassen, Onkel? Wie konntest du zulassen, dass dieser Teufel unseren Allan schlachtet?“ Doch Murdoch reagierte nicht, sondern blieb zusammengesunken und stumm sitzen.

An seiner Stelle erklärte Mackanzie. „Wir sind keine Bestien und schlachten niemand. Merk dir das! Es war eine Art ... Messe? Dein Onkel war nicht dabei. Ich und Allan waren allein.“ Der Pater blies in das Feuer. Durch das Stroh hatte es zu qualmen begonnen. Der Rauch zog langsam an Pat vorbei, zum Höhleneingang hinaus.

„Wie gesagt, wir waren allein, Allan und ich. Wir verrichteten einige Rituale, die du ohnehin nicht verstehen würdest, auch wenn ich dir davon erzählen würde. Und dann gingen wir hinaus, an eine steile Stelle am Ufer, wo der See gleich sehr tief ist.“ Der Pater unterbrach sich kurz und schaute lauernd auf Patrick. Den hatte der Rauch ganz eingehüllt. Er rieb sich von Zeit zu Zeit die Augen. Endlich trat er etwas beiseite, damit der Rauch an ihm vorbeiziehen konnte. Er wollte nicht direkt im Qualm stehen.

„Weiter, verdammter Bastard, sprich weiter, Menschenschlächter!“

Mackanzie fuhr langsam fort. „Du hast hier einen großen Käfig aus Weidengeflecht gefunden? In diesen Käfig stieg dein Bruder und dann ...“

Der Rauch hatte mittlerweile den vorderen Teil der Höhle vernebelt.

„... und dann“, wiederholte der Pater höhnisch, „habe ich den Käfig im See versenkt.“ Pat kam auf Mackanzie zu. Er schwankte leicht und keuchte.

„Du Teufel, verfluchter! Du hast Allan ersäuft wie eine Katze!“ Pat konnte kaum noch die Augen offenhalten. Die Axt wurde plötzlich viel zu schwer und glitt zu Boden.

Kichernd fuhr Mackanzie fort. „So holte der Gott im See sein Leben. Er hat unser Opfer angenommen. Die Ernte wird gut werden und die Mac Laurins sind mal wieder davongekommen.“

Noch einmal regte sich Widerstand in Patrick. „Ihr habt ihn dazu getrieben, ich weiß nicht wie, aber freiwillig hätte Allan niemals bei diesem teuflischen Spuk mitgemacht. Erst habt ihr ihn betäubt und dann ermordet.“ Patrick sprach langsam und undeutlich. Er konnte sich nicht mehr auf den Beinen halten. Also sank er auf die Knie und kämpfte um sein Bewusstsein.

„Geh, Murdoch, hole das Boot. Wir werden dem See heute einen zweiten Mac Laurin schenken." Murdoch ging hinaus, mit zitternden Knien und gebeugtem Rücken. Er war ein gebrochener Mann.

Mackanzie lachte laut und gehässig, als er sich zu Pat hinunter neigte.

„Keine Angst, mein Junge, mich stört der Hanfrauch nicht. Ich bin ihn gewohnt. Doch davon weißt du ja nichts. Aber ich weiß etwas, du verfluchter Satan. Ich kenne dein Geheimnis, du widernatürlicher Sodomit! Ich habe dich gesehen, mit diesem Mc Intyre. Wie ihr euch auf dem Boden gewälzt habt, wie ihr eure gotteslästerliche Unzucht betrieben habt. Dann wagst du es auch noch Cathrine Burns zu heiraten? Dieses gottesfürchtige Mädchen? Zuerst schwängerst du sie mit einem Satanskind und dann heiratest du in Gottes Haus! Und ich musste auch noch den Segen über euch sprechen! Schon da zeigt sich deine Verderbtheit. Du Ausgeburt der Hölle! Du verfluchte Kreatur! Dass du deinem Vater diese Schande antust! Teufelsdreck, elender, du willst mir etwas vorwerfen? Ich kam hierher, um dir Essen zu bringen und Ale. Und was fand ich? Euer ekelhaftes Stöhnen klingt mir immer noch in den Ohren. Du widernatürliche Bestie. Es wundert mich, dass der Herr nicht die Höhle über euch einstürzen ließ."

Patrick war völlig hilflos. Der Pater aber geriet immer mehr in Fahrt. Seine Stimme war schrill und hallte durch die ganze Höhle.

„Du wirst im hintersten Winkel der Hölle brennen, ohne Gnade, in alle Ewigkeit, ohne Vergebung! Oder vielleicht ist selbst die Hölle zu gut für dich? Vielleicht spuckt dich der Gott im See gleich wieder aus, du verfluchte Satansbrut." Mackanzie richtete sich zu voller Größe auf und drohte mit hoch erhobener Faust. „Deinen Mc Intyre werden meine Brüder in London zur Strecke bringen. Das wird lustig werden. Ist nicht der erste, den man fängt. Es soll ein Schauspiel für das Volk werden, das verspreche ich dir. Höllenqualen soll er erleiden. Er soll erfahren, was es heißt …"

Ein scharfes Zischen zerschnitt die Luft. Der Pater erhielt wie von Geisterhand einen gewaltigen Stoß in den Rücken. Die Wucht des Stoßes ließ den Mann zwei, drei Schritte nach vorne taumeln. Mit dem Ausdruck ungläubigen Erstaunens blickte Mackanzie auf die blutige Speerspitze, die aus seiner Brust ragte. Dann wurden seine Augen starr und er stürzte der Länge nach zu Boden. Wie ein gefällter Baum lag er neben dem betäubten Patrick. Aus seinem Rücken jedoch ragte der sechs Fuß lange Schaft eines

Jagdspeers. Patrick blinzelte benommen. In der Dunkelheit erkannte er die Gestalt eines großen, schlanken Mannes, mit schwarzem Rock und blütenweißen Spitzenmanschetten.

Der Hanf war verbrannt und der Rauch zog schnell ab. Die Luft wurde wieder klarer und die Sicht besser. Fin goss Patrick etwas Seewasser ins Gesicht. Jetzt schüttelte er ihn derb und fragte fürsorglich:

„Na? Geht's wieder, mein Alter? Du bist mir schon der richtige Drachentöter. Bewaffnet bis an die Zähne und legt sich dann zum Schlafen hin."

„Ich kann mich nicht erinnern ..." Pat schüttelte die nassen Locken und versuchte seine Gedanken zu ordnen.

Als er den toten Pater sah, blieben seine Augen lange an der reglosen Gestalt haften.

„Er hat meine Eltern getraut. Uns Kinder hat er alle getauft. Was für ein Wahnsinn! Ich kann es nicht begreifen."

„Mein lieber Pat, ich habe es mir schon lange abgewöhnt, jeden verstehen zu wollen."

Pat stand auf und besah den Jagdspeer. „Warst du das? Guter Wurf, Fin. Wird doch nicht was dran sein, an der Geschichte mit den Walen? Wie kommst du hier her?"

„Ist jetzt nicht wichtig, Pat. Sag mir lieber, wo dein Onkel ist?"

*

Murdoch hatte das kleine Boot gefunden und es ins Wasser geschoben. Der See war ruhig. Er würde schnell vorankommen, wenn er die Ruder nur kräftig durchzog. Murdoch wollte gar nicht daran denken, was ihm jetzt bevorstand. Noch einen Neffen verlieren! Großer Gott! Das war schlimm, sehr schlimm. Er musste einen Augenblick abwarten und zur Ruhe kommen. Plötzlich bemerkte er einen Gegenstand im Boot, der in den heißen Sonnenstrahlen blinkte. Murdoch griff danach. Wo kam das denn her? Ein silbernes, flaches Fläschchen lag da auf den Holzplanken. Er öffnete es und roch daran. Hmmm! Das war unverkennbar Cognac. Der kam ihm gerade recht. Einen kräftigen Schluck konnte er jetzt gebrauchen. Aber es war ohnehin nicht mehr viel drin, also trank er es ganz aus. Das würde ihm nach der Aufregung sicher guttun. Murdoch war müde und streckte sich aus, was in dem kleinen Boot gar nicht so leicht war.

Von diesem Zeitpunkt an, weiß niemand, was mit Murdoch Mac Laurin geschah.

Vielleicht ging er in die Neue Welt, vermuteten die einen. Vielleicht fraß ihn das Ungeheuer aus der Tiefe, sagten die anderen. Vielleicht aber fand er ein stilles Grab auf dem Grunde des Sees.

*

Als Patrick und Fin zum Schloss zurückritten, hatte der alte Nick zwei Reiter zu tragen. Er wieherte unwillig, aber da Pat ein langsames Tempo einschlug, trabte er am Ende brav vor sich hin. Fin saß hinter Pat und hatte seine Arme um die Mitte seines Vordermannes gelegt.

„Und du bist wieder ganz klar im Kopf?“ Fin drückte einen sanften Kuss in Patricks Haar, unsichtbar für denjenigen, der vielleicht irgendwo in den Highlands unterwegs war und zufällig die beiden Reiter bemerkte.

„Ist ein Teufelszug.“ Pat brummte. Er machte sich Vorwürfe. „Ich hätte das merken müssen.“

„Ist doch egal. Es ist vorbei.“ Fin war großzügig. Er war glücklich. Er schaute auf die Highlands. Jetzt, am frühen Abend, zog langsam der Nebel seinen Feenschleier über das Land und nur die schroffen Felsenspitzen ragten daraus hervor. Sie glühten golden in den letzten Sonnenstrahlen. Fin drückte Patrick noch etwas fester an sich. Gab es etwas Schöneres auf der Welt, als diesen glücklichen Augenblick?

„Wann wirst du abreisen?“ Patricks nüchterne Stimme ließ Mc Intyres Traumwelt wie eine Seifenblase zerplatzen. Er seufzte.

„Ja, du hast recht. Bald, leider. Vielleicht schon morgen oder übermorgen. Ich muss Mary die Wahrheit sagen. Irgendwie ... habe ich Angst davor.“

Patrick schaute über die Schulter nach hinten, in Fins Gesicht und lachte laut auf. „Du? Hast Angst? Mal was Neues!“

Fin hatte noch eine andere Sorge. „Was ist mit deinem Onkel? Er ist verschwunden. Wird er nicht wiederkommen und dich töten? Verstehst du, heimlich! Er könnte dir irgendwo auflauern.“

Pat schüttelte den Kopf. „Ach was! Niemals! Er weiß, dass er nie wieder zurückkommen darf, weil ich ihn sonst erwische. Und auflauern? Er ist ein Mac Laurin. Er lauert nicht auf." Pat war eine Weile still, dann fragte er ernst. „Wann kommst du wieder?"

„Wenn es geht, im Herbst. Dann würde ich gerne Hochzeit feiern, mit Rose."

Patrick nickte. „Hör mal Fin, wollt ihr nicht im Schloss bei uns wohnen, Rose und du? Es gibt jede Menge Platz."

„Nein, ganz gewiss nicht!" Mit so einem entschiedenen Nein hatte Pat nicht gerechnet. Er war gekränkt und wollte protestieren, aber Fin sprach weiter.

„So was klappt niemals. Wir wären viel zu nahe zusammen. Da schleichen sich Vertraulichkeiten ein. Ein einziger Fehler reicht schon. Bald würde jeder wissen, was mit uns los ist. Nein, nein, wenn wir sicher leben wollen, dann müssen wir ständige Nähe meiden. Vielleicht möchte Rose in London leben?"

Das war nicht, was Patrick im Stillen geplant hatte. Entrüstet machte er sich Luft. „Und was wird dann aus unserer Schafswolle - Weberei-Stoff-Geschichte? Wir wollten doch ..."

Fin hatte nur auf diese Frage gewartet, hatte aber nicht als erster davon anfangen wollen. Er drückte Pat einen leidenschaftlichen Kuss in den Nacken und kicherte.

„Langsam, langsam, Master. Du wirst doch neue Häuser bauen, in Nairn, für die obdachlosen Familien. Dann baue gleich einige mehr für die Weber, die ich mitbringen werde und vielleicht auch eines für mich und meine zukünftige Frau? Das Dorf ist nahe genug für uns beide, Schwager, glaub mir. Die Entfernung ist sicher und trotzdem nahe genug. Wir können uns ruhig vor den anderen streiten und anschreien. Wenn die Leute denken, wir können uns nicht leiden, ist das eine Garantie für unsere Zukunft."

Als Nick in den Burghof trabte, stürzte Rose gleich auf die beiden Männer zu. Sie hatte sich den ganzen Tag im Hof aufgehalten, und sehnsüchtig Ausschau gehalten. Sie umarmte Fin und ließ ihn gar nicht mehr fort, so dass Patrick die Gelegenheit bekam, allein ins Haus zu gehen. Sollte Fin sich doch mit seiner aufsässigen Schwester herumplagen!

Er ging gleich ins Kaminzimmer, wo sein Vater im Sessel saß und nachdenklich in die Flammen starrte.

William hörte Pat eintreten und wandte sich um. Eine Woge der Zuneigung flutete durch den alten Mann, der zufrieden lächelte. Sein Sohn war wohlbehalten zurückgekehrt!

Patrick ging zum Schreibtisch, entlud die Duellpistole und legte sie sorgfältig in die Schublade zurück. Dann hängte er die sächsische Axt wieder an ihren Platz an der Wand. Sein Vater beobachtete ihn dabei aufmerksam.

„Nun?", fragte er. Pat kam zu seinem Vater und blieb ruhig vor ihm stehen.

„Allans Tod ist gerächt." Der alte William nickte.

„Und Murdoch?", wollte er wissen.

„Kommt nicht zurück."

„Was ist mit dem Ungeheuer?"

Pat seufzte müde. „Es gibt kein Ungeheuer im See. Es hat nie eines gegeben. Alles Schwindel. Das einzige Ungeheuer, das ich gesehen habe, hat Cathy und mich heute Morgen getraut."

„Gut." William Mac Laurin war nicht glücklich, aber er war zufrieden. Er schaute auf seinen Sohn und Stolz erfüllte ihn.

„Was ist mit Mc Intyre? War er dir eine Hilfe?"

Pat winkte ab. „Ach der ... ja schon. Ist brauchbar. Er reist wohl morgen ab. Oder vielleicht übermorgen. Wird auch langsam Zeit, dass er verschwindet. War jetzt lang genug hier. Ich kann den Kerl irgendwie nicht leiden."

Nachwort des Autors

Für die Schotten ist die Schlacht von Culloden, die im April 1746 n. Chr. geschlagen wurde, ein bis heute traumatisches Ereignis geblieben. Dass die Blüte der schottischen Männer auf dem Schlachtfeld fiel, ist dabei nicht das eigentliche Drama. Da hatten die Schotten schon Schlimmeres erlebt. Was Culloden so unauslöschlich macht, ist das Massaker, welches drei lange Monate hindurch von den englischen Truppen in den Highlands verübt wurde. Die Truppen des Herzogs von Cumberland, Sohn von König George II, durften drei Monate lang jeden Mann, jede Frau, jedes Kind töten, das sie in den Highlands antrafen. Und das taten sie auch. Sie verbrannten Gehöfte, Dörfer, Vorratsspeicher, selbst das Vieh im Stall wurde vernichtet. Dafür wurden sie vom König gelobt und erhielten Titel und Orden. Selbst für damalige Zeiten war dieses Verhalten rücksichtslos und grausam.

Das Clansystem wurde verboten, der Kilt wurde verboten, der Dudelsack, die gälische Sprache, Lieder, Ortsnamen, alles verboten, unter Androhung der Todesstrafe. Erst 1782 n. Chr. wurde manches wieder erlaubt.

Wenn Sie also einen Film sehen, oder ein Buch lesen, aus der Zeit 1746 bis 1782 n. Chr., in dem die schottischen Protagonisten im Kilt durch die Highlands wandern, dann ist das kurz gesagt falsch.

Die Orte sind alle authentisch und auch heute noch auf der Landkarte zu finden. Selbst der See der Mac Laurins, der Moray Firth, ein Fjord, ist auf der Landkarte eingezeichnet.

Vieles an diesem Roman ist Erfindung. Die Personen und ihr Verhältnis zueinander. Was keine Erfindung ist, sind die brutalen und grausamen Gesetze, die für Sodomiten in Anwendung kamen. Allein schon das Wort sollte implizieren, dass Homosexualität im sündhaften Sodom und Gomorrha praktiziert wurde und Gottes Zorn nach sich zog.

Eine Bewertung dieser Meinung erübrigt sich, denn wer meinen Roman gelesen hat, weiß, wie schwer und gefährlich das Leben, und vor allem das Überleben von Homosexuellen durch die Jahrhunderte war.

Man sollte ebenfalls nicht vergessen, dass in den meisten Ländern auch heute Homosexualität illegal ist und schwer bestraft wird. Auch in Europa, wo man sich gerne im Ruf der Toleranz sonnt, sieht es nicht mehr so rosig aus, wie noch vor wenigen Jahren. Mit zunehmender Radikalisierung steigt die Bereitschaft, Minderheiten zu diskriminieren und zu diffamieren. Von religiösen Fanatikern ganz zu schweigen.

Hier ist unser aller Wachsamkeit gefragt.

Eliot, 10.11.2021

Anita Rehm **Rosa Wasser**
120 Seiten ISBN print 978-3-86361-975-6 Auch als Ebook

Die heile Welt von Wilhelm Kaiser brach zusammen, als er die homosexuellen Neigungen seiner beiden ältesten Söhne entdeckte. Selbst ein ‚Wunderdoktor' konnte seine Söhne nicht auf den ‚richtigen Weg' bringen. Um sich aus den Fängen ihres despotischen Vaters zu befreien, verfolgten die Brüder unterschiedliche Richtungen. Hauptsache raus aus der verhassten, katholischen Heimatstadt und ihrem erzkonservativen Elternhaus.
Andreas, der Introvertierte, ging eine Scheinehe ein.
Thomas, der Extrovertierte, zog nach Berlin.
In der Anonymität der Großstadt konnte der 20-Jährige endlich seine Homosexualität ausleben, baute sich eine neue Identität auf und nannte sich Tom. Seinen beruflichen Werdegang fand er in der Gastronomie. Er schaffte es in Berlin einer der erfolgreichsten Nachtclubbesitzer zu werden.
Jedoch bestimmten Drogen, Alkohol und Schulden zuletzt sein Leben. Am Ende ließ er sich mit den falschen Personen ein. Mit 59 Jahren wurde er Opfer eines bestialischen Raubmordes. Erst nach Tagen fand man ihn tot in der Badewanne seiner Wohnung.

Ben Ebenho **Der Junge im Nebel**
164 Seiten ISBN 978-3-86361-918-3 Auch als Ebook

Nach dem Tod ihres Mannes und ihrer Stieftochter lebt Felicia in einem Alters- und Pflegeheim, wo sie von ihrem Lieblingspfleger Nico und ihrer Tochter Sophia betreut wird.
Felicias Demenz führt dazu, dass es ihr zunehmend schwerer fällt, die Gegenwart im Heim und ihre außergewöhnliche Vergangenheit auseinander zu halten. Wie sicher kann sie sich sein, dass ihre Erinnerungen an die langen Spaziergänge am Strand, die Ausflüge an den See, den Überfall hinter der Turnhalle, den tödlichen Unfall und die Operation nicht vielleicht nur Träume waren. Eines aber weiß sie sicher, nämlich dass der Junge, den sie mehr liebt als vielleicht sogar sich selbst, sie in nicht allzu ferner Zukunft an den Traualtar führen wird. Und dass sie bereit ist für diese, ihre Liebe zu kämpfen, wenn's sein muss auch gegen ihre eigene Tochter. Sophia weiß nichts von alledem, aber sie kann auch die Stimmen im Kopf ihrer Mutter nicht hören, die Stimmen der Ahnen aus dem Jenseits. Immer wieder spricht sie ihre Mutter auf das Foto in ihrer Hand an. Wer ist der gutaussehende, blonde Junge, der Sophia seltsam vertraut vorkommt?

www.himmelstuermer.de

MIX
Papier | Fördert gute Waldnutzung
FSC® C083411

Zeitfracht Medien GmbH
Ferdinand-Jühlke-Straße 7
99095 Erfurt, Deutschland
produktsicherheit@kolibri360.de